D1702028

Hofer
Wanted

Hofer
Wanted

Ausstellung
TIROLER LANDESMUSEUM FERDINANDEUM INNSBRUCK
24. April 2009 – 15. November 2009

tiroler
landes
museen
ferdinandeum
volkskunstmuseum

Impressum:

Herausgeber
Direktor PD Dr. Wolfgang Meighörner
Tiroler Landesmuseen-Betriebsgesellschaft m.b.H.
6020 Innsbruck, Museumstraße 15
© 2009 Tiroler Landesmuseen-Betriebsgesellschaft m.b.H.

Alle Rechte vorbehalten. Die Verwertung der Texte und Bilder, auch auszugsweise, ist ohne schriftliche
Zustimmung des Herausgebers urheberrechtswidrig und strafbar. Dies gilt auch für Vervielfältigungen,
Übersetzungen, Mikroverfilmungen und die Verarbeitung mit elektronischen Systemen.

Wir danken unseren Partnern: Stadt Innsbruck, Innsbrucker Verkehrsbetriebe, Tirol Milch, Ö1 Club

Graphische Gestaltung: daz* design und grafik, Innsbruck
Umschlag: L2M3 Kommunikationsdesign, Stuttgart
Druck: Fotolito Longo, Bozen

Vertrieb:
Studienverlag Ges.m.b.H., Erlerstraße 10, A-6020 Innsbruck
E-Mail: order@studienverlag.at
Internet: www.studienverlag.at

Bibliografische Information der Deutschen Bibliothek
Die Deutsche Bibliothek verzeichnet diese Publikation in der Deutschen Nationalbibliografie;
detaillierte bibliografische Daten sind im Internet über <http://dnb.ddb.de> abrufbar.

ISBN 978-3-7065-4792-5

AUSSTELLUNG

KONZEPT UND GESAMTLEITUNG
Claudia Sporer-Heis

BESUCHERKOMMUNIKATION
Katharina Walter (Leitung), Ursula Purner,
Friedrich Stepanek

ÖFFENTLICHKEITSARBEIT & PRESSE
Peter Pock (Leitung), Christine Lütt

RESTAURIERUNG GEMÄLDE
Wilma Wechner (Leitung), Ulrike Fuchsberger,
Marlene Sprenger

RESTAURIERUNG PAPIER
Borislav Tzikalov (Leitung), Claudia Eger

AUSSTELLUNGSBAUTEN
Hannes Würzl (Leitung), Oswald Gleirscher,
Walter Kelmer, Markus Maurmair, Marcus Steurer,
Bernhard Weber, Franz Zangerl

HAUSTECHNIK
Martin Vögele

AUSSTELLUNGSDESIGN, GESTALTERISCHES
GESAMTKONZEPT, SZENOGRAFIE
büromünzing designer+architekten bda, Stuttgart
Uwe Münzing (CD), Anne Sievers, Fabian Friedhoff

GRAPHISCHE GESTALTUNG, AUSSTELLUNGSGRAPHIK
UND -KOMMUNIKATION
L2M3 Kommunikationsdesign, Stuttgart
Sascha Lobe (CD), Sven Thiery, Dirk Wachowiak

AUDIOVISUELLE MEDIEN
Eine Mythosreportage
Florian Grünmandl. Monika Willi, Siegfried Steinlechner,
Innsbruck–Wien

Film-/TV -& Theaterzuspielungen
vfx postproduction, Siegfried Steinlechner, Wien

AUDIOKOLLAGEN
Andreas Wolf, Wien

DAS BUCH ZUR AUSSTELLUNG

Die Publikation erscheint anlässlich der Ausstellung
Hofer Wanted, die vom 24. April bis 15. November 2009
im Tiroler Landesmuseum Ferdinandeum gezeigt wird.

HERAUSGEBER
Wolfgang Meighörner
Tiroler Landesmuseen-Betriebsgesellschaft m.b.H

REDAKTION
Claudia Sporer-Heis

BEITRÄGE
Karl C. Berger, Tiroler Landesmuseen
Günther Dankl, Tiroler Landesmuseen
Franz Gratl, Tiroler Landesmuseen
Susanne Gurschler, Innsbruck
Eleonore Gürtler, Tiroler Landesmuseen
Günther Hebert, München
Susanne Schaber, Wien
Roland Sila, Tiroler Landesmuseen
Claudia Sporer-Heis, Tiroler Landesmuseen
Siegfried Steinlechner, Wien

SCANS
Gerhard Raffl

FOTOGRAFIE
Frischauf-Bild, Innsbruck

GRAPHISCHE GESTALTUNG
daz* design und grafik, Innsbruck

COVER
L2M3 Kommunikationsdesign, Stuttgart

LEIHGEBER

Augustinermuseum Rattenberg, Dr. Hermann Drexel
Florian Bloch und Robert Hechenblaikner, Innsbruck
Mag. Hans Crepaz, Wien
Prof. Wolfgang Flatz, Atelier Flatz, München
Prof. Paul Flora, Innsbruck
Prof. Martin Gostner, Innsbruck
Friedrich Hebsacker, Überlingen
DI Günter und Rosemarie Horn, Wien
Dietmar Kainrath, Innsbruck
Kaiserjäger-Museum, Mag. Josef Ammann, Innsbruck
Prof. Gerald Kurdoglu Nitsche, Landeck
Chris Moser, Niederau
Wilfried Primus, Innsbruck
Gerhard Raffl, Innsbruck
Univ.-Prof. Dr. Helmut Reinalter, Innsbruck
Ruth Ritzenfeld, Innsbruck
Gerd Sallaberger, Innsbruck
Mag. Wolfgang Sölder, Innsbruck
Mario Spinn, Innsbruck
Tiroler Landesarchiv, HR Dr. Richard Schober, Innsbruck
Max Weiler–Privatstiftung Wien, Yvonne Weiler
Hannes Weinberger, Stams
Galerie Widauer, Norbert Brunner, Innsbruck

INHALTSVERZEICHNIS

VORWORT

2009 jährt sich der Aufstand der Tiroler gegen die bayerische Landeshoheit zum 200. Male. Zugleich jähren sich die bisherigen Feiern von 1909, 1959 und 1984. Es ist erstaunlich: Sowohl der Aufstand selbst, aber noch stärker seine Rezeption, die sich stets auch in der Ausprägung der Feierlichkeiten manifestierte, haben zu einer nahezu eigenständigen Mythenbildung und zu einem kollektiven Selbstverständnis geführt. Dass dies in der Fachwelt mittlerweile unumstritten ist, zeigen Untersuchungen aus den letzten Jahren, die aus universitärem und/oder fachlich einschlägigem Umfeld stammen.

Für die Tiroler Landesmuseen war und ist es selbstverständlich, dass sie im Gedenkjahr einen Beitrag zu dieser Thematik beisteuern. Nicht zuletzt das Ferdinandeum war als der Ort, der seit 1823, also seit seiner Gründung, die wohl umfangreichste Sammlung von näherungsweise unzweifelhaften „Hoferiana" aufweist, ein wesentlicher „Player" im Kontext dieser regionalen Identitätsfindung. Aktiv sammelnd (man denke an die Initiativen, die zur Herausgabe von Denkwürdigkeiten aus dem Besitz Hofers führten!), und nicht zuletzt auch durch den Anspruch, „Gedächtnis Tirols" zu sein, hat es die Rolle des zeitweiligen „Oberkommandanten von Dyroll" maßgeblich mitgeprägt bzw. dokumentiert. So kamen beispielsweise bereits früh die in einem Medaillon gefassten Barthaare Hofers in die Sammlung, die ihm angeblich anlässlich seiner Verhaftung von Soldaten ausgerissen worden waren. Nicht nur, dass diese sehr archaische Handlung, die an die Samson-Überlieferung aus der Bibel erinnert, im wahrsten Sinne des Wortes Hand anlegte an das Erscheinungsbild Hofers schlechthin – er wurde schließlich im italienischen Sprachraum vorrangig als der *barbone* tituliert, nein, dieser Sachverhalt belegt auch, dass den Beteiligten die für Tirol durchaus epochale Wirkung sehr bewusst war und dass man sich eine Erinnerung daran bewahren wollte.

Wissenschaftliche Forschung ist dem belegbaren Erkenntnisgewinn verpflichtet. Und naturgemäß ist der Forscher ein neugieriger Zeitgenosse. Was also lag näher, als sich mit der Frage zu befassen, ob nicht eine einschlägige DNA-Analyse der überlieferten Materialien sinnvoll sein würde? Wir haben davon Abstand genommen, weil der zu erwartende Erkenntnisgewinn nicht erkennbar war und weil die nicht mehr durchgängige Deszendenz in der männlichen Linie der Hofer-Nachkommen die so erschreckende und zugleich faszinierende Eindeutigkeit eines Ergebnisses nicht gewährleistet hätte. So mag es zukünftigen Generationen vorbehalten sein, mit dann vielleicht weiter ausgefeilten Methoden diese Untersuchung vorzunehmen und sich zugleich der Frage auszusetzen, ob der mögliche Erkenntniszugewinn dies rechtfertigt.

Aber nicht nur das Museum hat sich des Themas bemächtigt; mittlerweile ist bis hin zur Tourismus-Werbung Tirol häufig gleichgesetzt mit dem Namen und dem Mythos Andreas Hofers. Nicht zuletzt belegt eine einschlägige Umfrage der in Tirol dominierenden Tageszeitung diese Rolle. Dass bei dieser Umfrage offenbar ausschließlich Einwohner des Bundeslandes Tirol befragt wurden, ist ebenso falsch wie unwichtig, belegen die Umfrage an sich und deren Aufbau doch, dass das Selbstverständnis des „alten" Tirol heute in mindestens vier, eher fünf Sichtweisen aufgespalten ist, die alle mehr oder weniger geographisch geprägt sind. Die Vorstellungen von Tirol sind im Trentino, sind in Ladinien und Südtirol ebenso wie im Bundesland Tirol de facto durchaus unterschiedlich. Die retrospektive Sicht ist wahrscheinlich vor allem bei den „Exil-Tirolern" am stärksten ausgeprägt. Es wäre gewiss spannend, gerade diesem letztgenannten Blickwinkel mehr Aufmerksamkeit zu widmen.

Es lag daher nahe, ja war geradezu Verpflichtung, sich mit dem Thema der Rezeption des „Volkshelden" aus dem Passeiertal zu befassen. Und in Anbetracht der reichhaltigen und vielfältigen Bestände, die sich in den Sammlungen kumuliert haben, war auch ein interdisziplinärer Anspruch geradezu eine Selbstverständlichkeit. Die Rolle Hofers in der historischen Entwicklung, die durchaus unterschiedliche Rezeption seiner Person und seiner Taten in der kunsthistorischen Ausprägung, seine Funktion in den Massenmedien und in der Werbung, seine sich wandelnde Konnotation im politisch sich wandelnden Umfeld, all dies muss aufgezeigt und in einen tragfähigen Kontext gestellt werden. Auch die Bedeutung Hofers und des Aufstandes in der Ausprägung eines bis heute virulenten und aktiven Trachten-Wesens darf in einem Land, das sich wie kaum ein zweites dieser Traditionen aktiv erinnert, nicht übergangen werden.

Tirol ist ein façettenreiches Land, es hat eine façettenreiche Geschichte. Es ist die Aufgabe der Tiroler Landesmuseen, diese zu dokumentieren und zu kontextualisieren, denn die Bürgerinnen und Bürger dieses Landes (unter Einschluss von Südtirol und des Trentino) haben einen berechtigten Anspruch auf die Vermittlung dieser, letztlich ihrer Geschichte. Dazu zählt ebenso, dass der Blick durchaus auch auf die Gegenseite gerichtet wird, dass dem *audiatur et altera pars* sein Recht eingeräumt wird. Dies insbesondere in einem Land, das seine Landeshymne auf genau diese eine Person fokussiert hat, die in ihrem Text eine durchaus weiter gespannte, über Tirol hinausgehende Sicht vorträgt.

Ausstellungen dieser Größenordnung sind Teamarbeit. Es ist daher angenehme Verpflichtung, Dank abzustatten. Vorerst dem Land Tirol, das mit der Bereitstellung der entsprechenden Mittel die Darstellung überhaupt erst ermöglicht hat. Auch der Stadt Innsbruck schulden wir Dank für ihre Unterstützung. Allen Leihgebern – institutionellen wie privaten – danke ich von Herzen für die Bereitschaft, uns ihre Kostbarkeiten für eine geraume Zeit anzuvertrauen. Ferner der Kustodin der Historischen Sammlungen, Claudia Sporer-Heis, die als Kuratorin der Ausstellung mit hoher Expertise, Zähigkeit und Sachkompetenz wesentlich zum Erfolg des Vorhabens beigetragen hat. In diesen Dank schließe ich *expressis* verbis alle Mitarbeiterinnen und Mitarbeiter aus den Tiroler Landesmuseen mit ein. Uwe Münzing und seinem Büro, einem schwäbischen und daher bewusst landsmannschaftlich nicht involventen Gestalter, verdanken wir die Ausstellungsarchitektur. Das vorliegende Begleitbuch, dessen Autorinnen und Autoren dankenswerterweise aus den unterschiedlichsten Richtungen zum Verständnis des „Phänomens Hofer" beigetragen haben, wurde in das Programm des StudienVerlags aufgenommen.

Möge die Ausstellung viele Besucherinnen und Besucher und das Begleitbuch viele Leserinnen und Leser finden. 200 Jahre nach den grausigen Vorgängen um den Aufstand der Tiroler ist es an der Zeit, sich auch mit den Auswirkungen bis in die Gegenwart zu befassen.

Innsbruck, im April 2009
Wolfgang Meighörner

BEITRÄGE

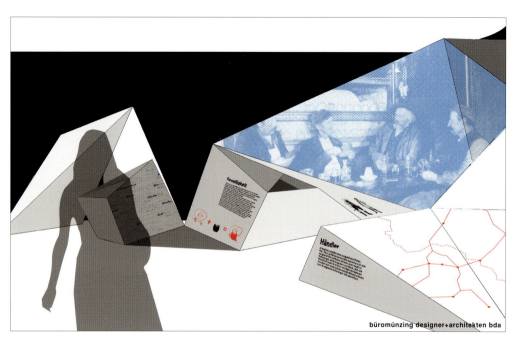

büromünzing designer+architekten bda

büromünzing designer+architekten bda

HOFER WANTED
IST KEINE „HELDEN-AUSSTELLUNG"

Claudia Sporer-Heis

EIN RUNDGANG

Hofer Wanted – Hofer soll hier also gesucht werden? Als ob der große „Held" unseres Landes nicht ohnehin allen „bei uns in Tirol" bekannt wäre! Schließlich hat er ja irgendwann einmal (ach ja, vor 200 Jahren, deswegen feiern wir ja heuer) das Land von den Bayern und Franzosen befreit, hat am Bergisel Schlachten gewonnen und verloren, musste fliehen, wurde verraten und in Mantua erschossen. Am Bergisel steht ja heute noch sein Denkmal! Seit wann eigentlich?
Oder vielleicht doch: *Hofer Wanted* im Sinn von: „Hofer gewünscht"? Ja, wie hätten wir ihn denn gerne? Als Symbol für die Freiheit oder als Souvenir, als Werbeträger für Feigenkaffee, Schokolade, Bier oder Käse, als Filmheld oder gar als „Taliban"? Wer ist dieser „Hofer" nun eigentlich wirklich? Und – was wurde in den vergangenen 200 Jahren aus ihm gemacht?

Begeben wir uns zunächst auf eine Spurensuche. Versuchen wir, das nebulose Bild, behaftet mit Geschichten und Erinnerungen, die am Beginn der Ausstellung von Martin Gostner in seiner Wattearbeit *Matrix Mantua* ganz bewusst thematisiert werden, zu schärfen.
Versteckt zwischen „Bergsplittern" finden wir Objekte und Informationen, die uns einen Andreas Hofer näher bringen, der als junger Mann das verschuldete Wirtshaus seines früh verstorbenen Vaters in St. Leonhard in Passeier übernehmen musste und einen ausgedehnten Pferde- und Weinhandel begann, der ihn weit herumkommen ließ und auch bekannt machte. In der Schule hatte er Lesen, Schreiben und Rechnen, während verschiedener Arbeitsaufenthalte in „Welschtirol" (Trentino) auch Italienisch gelernt. Andreas scheint nicht nur ein sehr frommer, sondern auch ein geselliger Bursche gewesen zu sein, ein

Raufer („Robler"), der viele Wettkämpfe gewonnen haben soll, und außerdem ein Meister des „Giltspiels", eines Kartenspiels, das heute „Perlaggen" genannt wird. Selbstverständlich beteiligte sich der Sandwirt an den Schießübungen der Scharfschützen, avancierte zum Kommandanten der Passeirer Schützen und später zum kaisertreuen Oberkommandanten der aufständischen Tiroler Landesverteidiger des Jahres 1809. In dieser Funktion scheitert Andreas Hofer schlussendlich und wird am 20. Februar 1810 in Mantua erschossen. Aber tot ist er deswegen noch lange nicht! Er wird zum Mythos und lebt so heute noch weiter.

Während wir die Stufen hinaufsteigen, hören wir aktuelle Interviews mit bekannten Tiroler Persönlichkeiten zum Thema „Mythos Andreas Hofer". Dabei werden wir vom wohl eindrucksvollsten Symbol dieses Mythos, dem Andreas-Hofer-Denkmal am Bergisel, gleichsam von oben „beobachtet" und am Ende der Stiege „empfangen".
Eine Sammlung von „Patriotika" aufzubauen, war eine der wesentlichsten Aufgaben des 1823 gegründeten Ferdinandeums. Die damals zuständigen Herren bemühten sich deshalb selbstverständlich auch um die Erwerbung von noch vorhandenen „Reliquien" des Freiheitskämpfers Hofer und leisteten damit einen wesentlichen Beitrag zu seiner Mythifizierung. Hosenträger, Essbesteck, Pfeife, Gewehr, Ehrenmedaille und sogar seine Haare (mit Echtheitszertifikat!), lauter „Kostbarkeiten", die uns in geheimnisvoll wirkenden Mythoskuben begegnen.
Gleichzeitig exhumieren fünf Tiroler Kaiserjägeroffiziere die Gebeine Andreas Hofers in Mantua und bringen diese nach Innsbruck. In Wien ist man entsetzt. Einen drohenden Reliquienkult für einen Aufständischen, auch wenn er auf Seiten des Kaiserhauses gekämpft hat, kann man nicht unterstützen. Das politische Schachspiel beginnt.

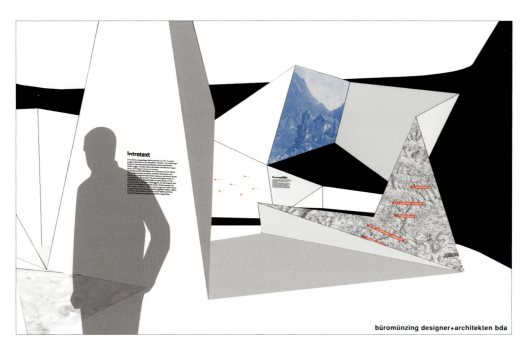

büromünzing designer+architekten bda

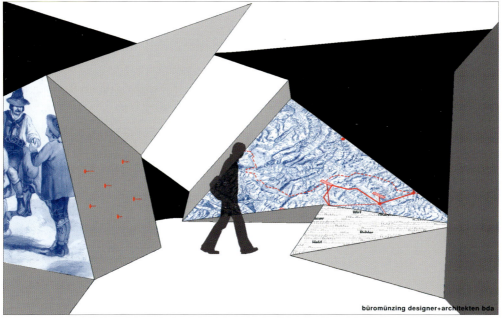

büromünzing designer+architekten bda

In den nächsten beiden Jahrhunderten wird der Sandwirt zur Spielfigur der Politik, die in der Ausstellung durch verschiedene Fähnchen symbolisiert wird. Er wird hin- und hergeschoben, immer dorthin, wo man ihn gerade braucht. Einmal gilt er als Märtyrer für die Freiheit Tirols, dann steht plötzlich seine Kaisertreue im Vordergrund, er wird zum deutschen Nationalhelden, um im Stände- staat zum heimattreuen, gottesfürchtigen Österreicher zu mutieren. Die Nationalsozialisten bezeichnen ihn als „deutschen Kämpfer", und in der Zeit nach dem Zweiten Weltkrieg wird er zum Symbol für den Kampf um Südtirols Freiheit. Auch heute spielt der Mythos Hofer – wenn auch nicht mehr so offensichtlich – noch immer eine wesent- liche Rolle, sei es im Zusammenhang mit der Diskussion um die Tiroler Landeshymne, das neue *Museum am Bergisel* und der damit verbundenen Translozierung des Riesenrundgemäldes, oder dem Mittragen einer Dornen- krone beim Landesfestumzug.

Am „Kunsttisch" beschäftigen wir uns einerseits mit der Entwicklung des Hoferporträts, andererseits mit der Historienmalerei rund um den „Helden" Hofer. Während ein Franz von Defregger mit seinen Bildern den heute noch gültigen Prototypen des Andreas-Hofer-Porträts schuf, setzen sich die modernen Künstler des 20. und 21. Jahrhunderts mit dem Mythos Hofer auch ironisch und kritisch auseinander.

Die Flut an Erzählungen, Gedichten und Dramen, die sich im 19. Jahrhundert mit Andreas Hofer und seiner Geschichte befassen, ist kaum überschaubar. Der Tiroler Dramatiker Franz Kranewitter begeht den Fauxpas, den „Helden" als schwachen, von Misserfolgen gezeichneten Menschen darzustellen. Dies bringt ihm nicht nur Kritik, sondern auch eine stark zensurierte Aufführung ein. Lesetische mit

aufgelegter Literatur sowie einigen Musikbeispielen, die sich mit der musikalischen Rezeption, wie z.B. der Tiroler Landeshymne, beschäftigen, erlauben uns Einblicke in diese beiden Kunstgattungen.
Auch das Anfang des 20. Jahrhunderts neue Medium „Film" bediente sich der Thematik der Tiroler Freiheitskämpfe. In den eingebauten Mikrokinos sind neben Ausschnitten aus Theateraufführungen auch Szenen aus älteren und neueren Filmproduktionen wie „Die Freiheit des Adlers" oder „Ach Himmel, es ist verspielt" im Vergleich zu sehen.

Wie sich der Mythos Andreas Hofer im Laufe der Jahr- zehnte im Alltag dargestellt hat, wird in der Ausstellung im wahrsten Sinne des Wortes als „schräge Sache" auf einer schiefen Ebene präsentiert. Gerade die Wirtschaft hat sich der Person Hofers immer wieder bedient, aber auch Straßen wurden nach ihm benannt und Alltags- gegenstände mit seinem Konterfei verziert. Eine bunte Vielfalt vom Souvenir aus dem 19. Jahrhundert bis zum Damenslip des 21. Jahrhunderts zeigt einen allgegen- wärtigen Sandwirt. Waren wir am Beginn der Ausstel- lungsrundgangs noch auf der Suche nach Andreas Hofer, so haben wir uns inzwischen ein eigenes Bild machen können. Jeder und jede für sich.

Das vorliegende Begleitbuch versteht sich als einerseits wissenschaftliche, andererseits aber auch essayistische Ergänzung zur Ausstellung. Zum einen werden verschie- dene Themen, etwa die kunsthistorischen oder musikwis- senschaftlichen Aspekte, vertieft, zum anderen kommen zusätzliche – volkskundliche und politisch-historische oder auch literarisch-humoristische – Sichtweisen zur Sprache. Eine Besonderheit bilden die Beiträge zum per- sönlichen Verhältnis zweier Autorinnen zu Andreas Hofer und ihrer Heimat.

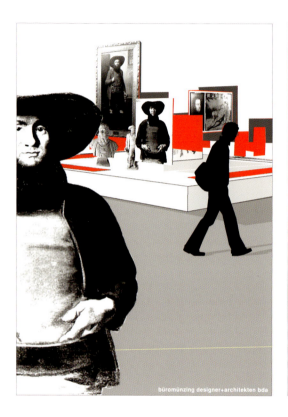

büromünzing designer+architekten bda

büromünzing designer+architekten bda

Georg Köck, Bildnis Andreas Hofers, 1860, Öl auf Leinwand, TLMF, Ältere Kunstgeschichtliche Sammlungen, Gem 1773

DIE ERHEBUNG DER TRACHTEN

Karl C. Berger

HOFERS TRACHT

1852 notierte Beda Weber (1798-1858) über Andreas Hofer: „Sein Gang war gemessen und würdevoll, seine Stimme weich und hell, sein Auge voll Friede und Heiterkeit, sein ganzes äußeres Wesen harmonisch und einnehmend. Er kleidete sich nach der Tracht seines Heimatthales. Eine grüne Jacke, ein rother Brustfleck, ein schwarzer Ledergurt mit den Anfangsbuchstaben seines Namens, schaflederne schwarze Hosen, ein schwarzer Seidenflor um den Hemdkragen, ein schwarzer breitkrämpiger Hut auf der Seite aufgestülpt, mit dem Bildnisse der Mutter Gottes, Blumen und Wildfedern geziert, blaue Strümpfe und weit ausgeschnittene Schuhe waren im spätern Alter seine Kleidungsstücke. Trotz dem tüchtigen Korne in seiner männlichen Gestalt hatte sein Charakter doch eine ungemeine, den Passeirern eigene Weichheit und Zartheit, die sich in den kleinsten Zügen seines Thuns und Lassens offenbarte."[1]

Sicherlich wurde diese Passage seit der Zeit, als sie Pater Beda in einem unverkennbar wohlwollenden Stil niederschrieb, schon unzählige Male gelesen. Mehr als vierzig Jahre nach dessen Tod skizzierte der in Lienz geborene spätere Abgeordnete zur Frankfurter Nationalversammlung den Tiroler Freiheitshelden als sanftmütigen und edlen, wenn auch manchmal etwas rauen Charakter. Das eigenartig wirkende Arrangement zwischen Lob hinsichtlich des ursprünglichen und noblen Wesens Hofers und Beschreibung von dessen Tracht ist, wie im Folgenden skizziert werden soll, kein zufälliges Aneinanderreihen: Die Zeilen Beda Webers sind vielmehr Ausdruck eines bestimmten Ideengebildes. Dieses Bedeutungsgewebe prägte das gebildete Bürgertum seit der Mitte des 18. Jahrhunderts, bestimmte die Interpretation der Ereignisse von 1809 wesentlich mit und spitzte sich an der Wende vom 19. zum 20. Jahrhundert schließlich in der „Vertheidigung der Volkstracht"[2] zu.

Die Kleidung Hofers, wie sie von Beda Weber geschildert wird, entspricht nicht dem, was heute als Passeirer Tracht gilt. Hofer war zeitgemäß, vielleicht gar etwas modern gekleidet: Erst die zweite Hälfte des 18. Jahrhunderts hatte der Tracht in Tirol nämlich jene Prägung gebracht, die noch heute als wesentlich gilt.[3] Damals wurden gestrickte Socken populär, ebenso wie Hosenträger, Florhalsband oder die verzierten Zinnranzen, die ihrerseits bereits im frühen 19. Jahrhundert von den Federkielranzen verdrängt wurden. Die günstige wirtschaftliche Lage – von 1703 bis 1796 gab es keine kriegerischen Ereignisse – brachte ein reiches Angebot an Stoffen, Bändern und Borten. Selbst importierte, teure Seide wurde nun auch im bäuerlichen Umfeld verwendet. Keine Zeit zuvor hatte eine größere Entfaltung gebracht. Doch wenige Jahrzehnte später schien es, als ob diese Blüte das letzte Aufbäumen der Tracht vor ihrem endgültigen Niedergang gewesen wäre: Im Laufe des 19. Jahrhunderts bewertete die Bevölkerung am Land die Tracht als altmodisch und legte sie deshalb ab. Wie kam es aber dazu, dass heute Trachten, beispielsweise bei Fronleichnamsprozessionen fester Bestandteil des Umgangs sind? Wie wurde aus dem von der bäuerlichen Bevölkerung verschmähten Gewand ein festliches Attribut? Was wurde aus der Kleidung Hofers und seiner Zeitgenossen?

SCHWINDEN DER VOLKSTRACHTEN

Gerade durch die historische Entwicklung und die zahlreichen regionalen Einheiten blieben Verfügbarkeit, Leistbarkeit und Mode die zentralen Faktoren für frühere Kleidungsgewohnheiten. Beginnend bei Wanderhändlern und Wirten, kleideten sich deshalb im Laufe des 19. Jahrhunderts jene, die es sich leisten konnten, nach städtischem Vorbild. Merklich betrübt berichteten beispielsweise Reiseschriftsteller von dieser Entwicklung. Gustav Rasch, ein launiger Berliner,

Josef Anton Kapeller, *Ein Tiroler Bauer aus der Gegend bey Sterzing zum Landsturme gerüstet*, 1799, kolorierte Radierung, TLMF, Bibliothek, FB 4709

ten – wurde im bürgerlichen Umfeld eingehend betrauert. Wer Schuld an dieser Entwicklung trage, stand einwandfrei fest: „Es ist die fortschreitende Kultur, welche, nachdem sie ihre einschneidende segensvolle und schädliche Tätigkeit in den Städten und Bezirken des Flachlandes geltend gemacht und denselben ihren nivellierenden Stempel aufgedrückt hat, nunmehr auch die von ihr bisher nicht berührten Alptäler in ihre Bannsphäre zieht."[8] Die Alpenländer würden, so hoffte man, ein natürliches Bollwerk gegen die als negativ empfundene Veränderung durch die Moderne bilden. In der posthum erschienenen Arbeit des bayerischen Malers und Literaten Josef Friedrich Lentner *Über die Volkstracht im Gebirge* schreibt dieser bezeichnenderweise als Einleitungssatz: „Was in den Ebenen längst verschwemmt und überflutet worden, bewahren uns die Berge."[9] Bereits im 18. Jahrhundert hatte sich die bürgerliche Neugierde zunehmend auf die damals weitgehend unerforschten Alpen und deren Bewohner gerichtet. Vor dem Hintergrund der gescheiterten nationalstaatlichen Einigung Deutschlands kamen sie nun neuerlich in den Blickpunkt des Interesses, hoffte man doch auf Relikte einer alten, idealisierten und scheinbar unverfälschten Kultur zu stoßen.

DER BIEDERMANNSROCK DES ALTTIROLERS

Niedergeschlagen haben sich diese Vorstellungen beispielsweise in Trachtengraphiken sowie (später) in Trachtenfotografien. Im arrangierten Zusammenspiel von ausgewähltem Motiv und Hintergrundbild sowie Mimik und Gestik der Modelle sollte vermittelt werden, wie die Menschen in den Alpen lebten – oder vielmehr, wie es sich das gebildete Bürgertum erträumte, wünschte und schließlich auch glaubte, dass die Menschen in den Alpen leben würden.[10] Eine solche Inszenierung des Landlebens war wesentlich durch ein Zusammenrücken von einer als authentisch wahrgenommenen Natur und ländlicher Kultur, von einer gedachten Symbiose zwischen traditioneller Lebensweise und (Berg-) Landschaft bestimmt. Der Mythos vom freiheitsliebenden und naturverbundenen Leben im Alpenraum schwingt in diesem Arrangement ebenso mit wie unterstellte Einfachheit und geordnete Klarheit. Solchermaßen sollten die Dar-

der 1874 seine wechselhaften Tirolerlebnisse in seinem Büchlein *Touristen-Lust und Leid in Tirol* festhielt, vermerkte etwa, dass sich in manchen Tiroler Tälern der Mann bereits „die Tracht ‚der Herren' zugelegt" habe.[4] In die gleiche Kerbe schlug ein Zeitungsschreiber, indem er klagte: „Bald werden wir dies schöne Geschlecht mit Sonnenschirmen und Fächer, die Männer mit Cylinder und Spazierstock auf's Feld marschieren und die Feldfrüchte in Blumenkörben nach Hause tragen sehen."[5] Selbst Ludwig von Hörmann, der, wie es in einem Nachruf hieß, „Begründer einer [...] Tiroler Volkskunde"[6], glaubte noch 1908, dass das „Schwinden der Volkstrachten unaufhaltbar und deren vollständiger Untergang [...] wenigstens für die Alpengegenden [...] voraussichtlich innerhalb der nächsten fünfzig Jahre"[7] als sicher zu betrachten sei. Dieser *Niedergang der alpinen Volkstracht* – so der Titel seines Kommentars in den Innsbrucker Nachrich-

Josef Weger, *Trachten aus dem westlichen Theile Tirols*, 1819, kolorierte Lithographie, TLMF, Bibliothek, FB 4709

stellungen von Ursprünglichkeit, alten Ordnungen und Beständigkeit des Ländlichen berichten.[11] In diesem Sinne bot sich einen Rettungsanker an: Das einfache, ursprüngliche Leben, so die Botschaft, sei noch nicht gänzlich verloren, die Landbevölkerung halte an ihren Wurzeln fest. „Gelingt es" heißt es 1894 in einem Kommentar im Tiroler Boten, „die ländliche Tracht zu retten, so sind diese Nachteile der kosmopolitischen Nivellierung [...] abgeschwächt."[12] Ein primäres Ziel musste es deshalb sein, die verschiedenen Formen sowie das äußere Erscheinungsbild der Trachten zu konservieren und zu erhalten. Doch sollte sich dieses Vorhaben nicht nur auf das Formale und Materielle beschränken: Die „Vertheidigung der Volkstracht" sei nämlich „nicht nur äusserlichem Zweck gesprochen, sondern gründet tiefer, sie sucht das Gemüth der Bergbewohner so unverfälscht zu erhalten, wie ihre Gewandung und damit behält die

Welt der Berge ihre mächtige Anziehungskraft."[13] Nicht nur Lebensweise und ländliche Natur, auch Charakter und Eigenart der alpinen Bevölkerung seien mit der Tracht verwoben. Denn unter „dem Biedermannsrocke des Alttirolers schlägt gewiss seltener ein Schurkenherz, als unter dem Galaanzug des Hochstaplers, und die derb beschlagenen Bundschuhe unseres Gebirgsbewohners taugen nicht zur Ausführung gottentfremdender Abenteuer [...]."[14] Durch das Kleiden nach städtischem Vorbild würde der Tiroler sein eigentliches Wesen mit einer kulturellen Fassade[15] verdecken. Gerade deshalb war man sich keineswegs eins, ob und wie der Niedergang der Tracht überhaupt aufzuhalten sei. Peter Rosegger, die „erste lebende Autorität in Sachen des steirischen Volksthums"[16], schrieb 1894 in der Zeitschrift *Heimgarten* im Zusammenhang mit Rettungsversuchen in der Steiermark einen Bericht, der auszugsweise im Boten für Tirol und Vorarlberg wiedergegeben wurde: „Ein Verein zur Wiedereinführung der steirischen Tracht bei unseren Landsleuten hat nach meiner Meinung keinen Sinn. Das heißt, Ruinen künstlich erhalten, es ist ein gänzliches Mißverstehen des Volksthümlichen." Rosegger führte seine Gedanken aus: „Wenn der Bauer aber seine Stoffe und sogar den Schneider dazu aus der Stadt holt, um sich ‚ländlich' zu kleiden, so ist das Maskerade. (...) Wer wirkliches Volksthum haben will der soll mitmachen und mittrachten, dass das ursprüngliche natürliche Volksthum nicht ganz zerstört werde"[17] Roseggers Forderung blieb freilich ungehört. Denn im gleichen Jahr wurden in Innsbruck erste organisierte Maßnahmen beschlossen, um dem Verschwinden der Trachten nicht nur entgegenzutreten, sondern auch Trachten in der ländlichen Bevölkerung neu zu verankern. Schließlich sei dem „Ritter im Lodenwams […] in der neuen Kluft […] nicht mehr behaglich"[18], weshalb man danach trachtete, diesen zu missionieren.

WAHRUNG DER HEIMATLICHEN TRACHT UND SITTE

In Tirol war es der Landesverband für Fremdenverkehr, der in seiner Generalversammlung 1894 „eine Aktion zur möglichsten Erhaltung der Volkstrachten"[19] einleitete. Dazu wurde ein Komitee gegründet, dem unter anderem auch der ehemalige Kustos des Tiroler Landesmuseums Ferdinandeum Conrad Fischnaler und der damalige Direktor der Innsbrucker Universitätsbibliothek Ludwig von Hörmann angehörten.[20] Erstes Vorhaben war es, ein „großes tirolisch-nationales Sommerfest in Innsbruck" für das Jahr 1895 zu organisieren. Wesentlicher Motor der Trachten-Rettungsmaschinerie wurden die neu entstandenen Vereine zur *Erhaltung der Volkstracht*. Diese rekrutierten ihre Mitglieder fast ausschließlich im städtischen Dunstkreis, wodurch deutlich wird, dass das Bürgertum zum Motor der Trachtenerhaltung geworden war.[21] Im Passeiertal bei Meran regte der Bezirksrichter die Gründung des ersten solchen Vereins in Tirol an, welcher, wie es im *Tiroler Boten* 1894 hieß, „anfangs weit mehr Anklang bei den Herrischen als bei der Bauernschaft" fand.[22] Die Vereinsstatuten des *Vereins für Erhaltung der Volkstracht in Passeier* erläuterten

die Motivationen und Ziele: Im § 1 wird erklärt: „Zweck des Vereins ist die Wahrung der heimatlichen Tracht und Sitte, Wiederauffrischung des alten Volksgesangs, durch Hebung des patriotischen Bewußtseins; nach Möglichkeit Anlegung eines Depot von Nationalkleidung und Ortsmerkwürdigkeiten."[23] Mitglied durfte – wenig überraschend – nur werden, wer „nachweislich unbescholtenen Rufes" war und sich verpflichtete, „die Volkstracht: kurze Hose ec. mit Berücksichtigung der Witterung wenigstens an Sonn- und Festtagen oder bei feierlichen Veranlassungen zu tragen."[24] Nach dem Vorbild des Südtiroler Vereins entstanden weitere in Kufstein und in den heutigen Innsbrucker Stadtteilen Pradl und Wilten. Die Vereine hatten klingende Namen wie *Gebirgstrachten- und Schuhplatlerverein D'Alpler* um das Beispiel aus Wilten anzuführen. Wie der Wiltener Verein benannten sich viele nach geographischen Besonderheiten, um die Region, das Regionale oder die Natur bzw. das Alpine zu betonen. Das Kufsteiner Pendant taufte man in Anspielung auf den markanten Gebirgszug beispielsweise *D'Koasara*[25]. 1908 wurde der österreichweit operierende *1. Österreichische Reichsverband für Alpine, Volks- und Gebirgstrachten-Erhaltungsvereine* gegründet. Ein Jahr später, am 20. August 1909, organisierten sich die Tiroler Mitglieder im *Tiroler Verband der Volks- und Gebirgstrachten-Erhaltungs- und Schuhplattler-Vereine*. Das „naturgetreue Bild alter Tiroler Sitten und Gebräuche" sollte konserviert werden, da dieses „besonders für die Fremden sehr anziehend" sei.[26] Dazu wurden im ganzen Land zahlreiche *Heimatabende*"oder *Trachtenfeste* organisiert. Höhepunkt des Verbandes sollte die *Jahrhundertfeier 1909* sein. Im Zuge dessen organisierten die Obmänner am 31. August 1909 ein Trachtenfest in der Ausstellungshalle, dessen Hauptattraktionen „ein Jahrmarkt in Tirol", die Wahl des „Tiroler Schützenkönigs", eine „Alttiroler Bauernhochzeit" sowie ein Fahnenschwingen waren.[27] Die Teilnahme an solchen Trachtenfesten war vielversprechend. Eine Jury bewertete die bunten Gewänder, für die es lukrative Preise zu gewinnen gab – bei der Jahrhundertfeier insgesamt 200 Kronen.[28] Nur nebenbei sei erwähnt, dass solche Juryentscheide das Aussehen bzw. die Veränderung von Trachten beeinflusst haben.

Trachtenfest in Niederdorf/Pustertal (?), 1908–1910

EINE JAHRHUNDERTFEIER

„Der größte Erfolg aber", so ist in den *Neuen Tiroler Stimmen* zu lesen, „dieser unablässigen Arbeit, die Liebe zur heimischen Tracht zu befestigen und die allerorts eingedrungene halbstädtische Kleidung wieder zu verdrängen, wurde durch den großartigen Festzug anläßlich der Jubiläums-Feierlichkeiten in Innsbruck erzielt."[29] Die *Jahrhundertfeier* am 29. August 1909, welche an die Freiheitskämpfe unter Andreas Hofer von 1809 erinnern sollte, leitete mit ihren zahlreichen Vorbereitungs- und Rahmenveranstaltungen einen ungeahnten Trachtenboom ein. Dieser erlaubte es, die Idee der Tracht verstärkt dem bäuerlichen Zielpublikum zu vermitteln. Erste Erfahrungen mit der Durchführung von solchen Trachtenumzügen hatte man in Innsbruck beim „großen Schützenfestzug" 1885 bereits gesammelt. Als Vorbereitung für 1909 wurden Festausschüsse gegründet, die unter der Patronanz von Mitgliedern des Kaiserhauses standen. Diese bildeten Unterkomitees in den Gerichtsbezirken, existierten bereits

Schützenvereine, wurden diese in die Organisation eingebunden.[30] Die Kompanien sollten mit Trachten eingekleidet werden, die mitunter auch neu kombiniert oder neu gestaltet wurden. Bei solchen Neugestaltungen suchte man nach historischen Vorbildern und fand solche etwa in Votivbildern oder Hausmalereien. Stand kein älteres Muster mehr zur Verfügung, orientierte man sich bei der Kreation neuer Uniformen an den Nachbartälern[31] Zum farbenfrohen Festumzug 1909 und zu den dicht gedrängten Rahmenveranstaltungen waren freilich nicht nur weltliche und geistliche Würdenträger erschienen: Selbst der Kaiser war angereist. Dieser sollte einen Zug sehen, „der durch historische Treue mächtig wirkte".[32] Die „Nationaltracht"[33] sollte mithelfen, das kollektive Gedächtnis an die Freiheitskämpfe – ohnedies mit den pathetischen Monumentalwerken eines Franz von Defregger verbunden – nachhaltig zu prägen. Dem Maler Albin Egger Lienz oblag das Zusammenstellen jener Gruppe, die ein übergroßes Holzkruzifix tragen sollte.[34] Dafür forschte er in Ost- und Südtiroler Tälern nach Personen mit originellen oder auffälligen und markanten

Kreuzträgergruppe bei der „Jahrhundertfeier" in Innsbruck, 1909

Gesichtszügen.[35] Denn, so formierte es Alois Menghin einige Jahrzehnte zuvor, in „unsere Nationaltrachten gehören echte wahre Menschen hinein, Menschen, deren Haltung und Geberde [sic!] von Natur aus dafür passt."[36] In der Tracht würden sich nämlich Aussehen und Gesichtszüge der „typische[n] Gestalten, die sich wohl noch allenthalber finden"[37] fortsetzen. Nicht zuletzt deshalb frohlockte die zeitgenössische Presse: „Den gewaltigsten Eindruck beim Festzug machte ohne Zweifel die Kreuz-Gruppe [...]. In zerfetzten Landeskitteln, mit schweren Nagelschuhen, in groben Hemden, Wettermänteln und Wollstrümpfen kommen sie aus den armen Tälern, um im Zeichen ihres Glaubens den Feind zu vertreiben. [...]. Jeder, der dieses Bild mitangesehen, war ergriffen."[38] Die beim Umzug in der Landeshauptstadt Innsbruck geschossene Fotografie zeigt die Träger des mächtigen Kreuzes. In einer Reihe stehen die Teilnehmer des Umzugs mit historischen Waffen in zerlumpten, altertümlichen Kleidern, zu welchen der in städtischer Manier gekleidete Schaulustige am rechten Bildrand einen bemerkenswerten Kontrast bildet.

KAISERTREUE WEHRHAFTIGKEIT

Bei der Jahrhundertfeier wurden erstmals ganze Schützenkompanien und Talschaften einheitlich mit einer Tracht eingekleidet. Die vielfältige und vielschichtige Kleidung wurde damit zur Uniform. Mit dieser Übernahme der Tracht durch Schützenkompanien (Musikkapellen folgten diesem Vorbild erst später) wurde ebendiesen die Legitimation für das Tragen einer „echten" Tracht übereignet. Damit aber führte man die Tracht nicht nur von einem privaten in einen öffentlichen Bereich über; sie wurde auch als wirkungsvolles Instrument einer Gesellschaftspolitik etabliert, die sich Anfang des 20. Jahrhunderts monarchistisch, konservativ, gottesfürchtig und antidemokratisch zeigte.[39] „Weht auch schon durch die reine Bergluft der socialdemokratische Geist der Unzufriedenheit?"[40] fragte sich bereits 1894 Anna Mayer-Bergwald, um mit dem Verweis auf die Bedeutung der ländlichen Tracht dies postwendend zu revidieren. Durch das Tragen der Tracht sollte ein patriotisches Bekenntnis zum Kaiserhaus und zur katholischen Kirche

Meraner Fahnenschwinger, Ende 19. Jh., Fotografie von C.A. Czichna, TLMF, Bibliothek, W 12701

abgegeben werden.[41] Dementsprechend zeigen Trachtendarstellungen des 18. Jahrhunderts in einer erstaunlichen Übereinstimmung mit Fotografien des 19. und 20. Jahrhunderts schmucke Modelle oder ganze Trachtengruppen, die vor National- und Landesfahnen, patriotischen Denkmälern, aber auch Kruzifixen, Kapellen oder Kirchen abgelichtet sind. Mitunter lehnen sich die Abgebildeten auf einen Stutzen, um ihre Wehrhaftigkeit zu unterstreichen. Genau deshalb sollte der Weiterbestand der Tracht nun auch vom Staat gefördert werden: 1911 übersandte die k.k. Statthalterei in Innsbruck „an den Landesverkehrsrat und an die Museen und Gewerbeförderungsinstitute in Tirol und Vorarlberg" einen Erlass des k.k. Ministeriums für öffentliche Arbeiten, in welchem „didaktische Maßnahmen" gefordert wurden, die darauf abzielten, „der bäuerlichen Bevölkerung jene Fertigkeiten, namentlich aber jene Techniken zu vermitteln, welche bei der Herstellung überkommener ländlicher Trachten zur Anwendung gelangen."[42] Durch Abhalten von Kursen, welche „die Erhaltung bestehender Trachten in der gegebenen Form, keineswegs aber Veränderungen derselben zum Ziel haben sollten", trachtete man, „das Interesse der gesamten Bevölkerung für dieselben [Trachten] zu wecken". Die Lehrgänge sollten in den einzelnen Tälern so abgehalten werden, dass „die Kursteilnehmer thunlichst wenig von ihrer Berufstätigkeit abgezogen werden." Ärmeren Lernwilligen wollte man durch das Beistellen der „erforderlichen Materialien und Stoffe" einen zusätzlichen Anreiz bieten. Bei der Durchführung dachte man an die „kunstgewerblichen Museen, die Gewerbeförderungsinstitute, die Bildungsanstalten für Frauengewerbeschulenlehrerinnen, die Frauengewerbschulen selbst und die Fremdenverkehrsverbände".[43] Durch die Betonung von ästhetischen Details, Farben oder Formen, wie sie auch in solchen Kursen vermittelt wurden, sollten Elemente, die als regional und typisch angesehen wurden, betont werden. Diese wurden schließlich zum Unterscheidungsmerkmal zwischen Talschaften oder Vereinen erkoren. Der Verweis auf Historisches diente als bestätigender Nachweis der Rechtmäßigkeit des Tuns und der Formgestaltung. Dadurch und durch Verwendung der Tracht als Uniform wurde letztendlich auch einer Vielfalt

entgegengewirkt. Dies überrascht nicht, wurde doch von Anfang an erklärt, dass man nur „gewisse Hauptformen der Tracht, die bequem sind und kleidsam"[44] erhalten könne und wolle.

TRACHTEN WIE ZU HOFERS ZEITEN?

Für Andreas Hofer hatten seine grünen Hosenträger vor allem eine Aufgabe: Sie sollten seine Hosen halten. Für ihn und seine Tiroler war Tracht das, was am Körper getragen wurde. Eine Tracht konnte damals noch etwas über den sozialen Status und Stand ihres Trägers aussagen und half, verschiedene Gesellschaftsgruppen voneinander zu unterscheiden. Im Laufe des 19. Jahrhunderts aber erfuhr das, was um 1800 im bäuerlichen Umfeld getragen wurde, eine kaum für möglich gehaltene Aufwertung. Die im Kern eigentlich rückständige, altmodische und überholte Kleidung lud sich seit dem späten 18. Jahrhundert mit Bedeutungen auf und stand für Begriffe wie Patriotismus und Religiosität, Standfestigkeit und Wehrhaftigkeit, Freiheit und Charakterstärke, Natürlichkeit und Ländlichkeit, Tradition und Ursprünglichkeit. Innerhalb weniger Jahrzehnte erhob sie sich zu einer in mehreren Gesellschaftsschichten getragenen Attitüde. Sogar Kaiser Franz Josef stülpte sich so etwas Ähnliches wie eine Tracht über: Der Herrscher wollte sich volksnah zeigen. Tracht vermochte solchermaßen sogar Standesdifferenzen auszugleichen.[45] Aufs Ganze gesehen fokussierten sich im Laufe des 19. Jahrhunderts auf die Tracht alle jene stereotypen Vorstellungen, die im 18. und 19. Jahrhundert mit den Alpen, mit Tirol und den Tirolern verbunden wurden. So war schon 1810 zu lesen: „alles in den Bewohnern dieses wahrhaft freyen und glücklichen Landes athmet Kühnheit, Freyheit und edlen Biedersinn; […] sie haben in ihren Sitten die alte edle Einfalt rein erhalten; kein fremdes Verderben hat sie angesteckt. […] Die Freiheit weckt die Thätigkeit, spannt die Kräfte, belebt das Ehrgefühl, und vereinigt sich mit einer glücklichen Naturbeschaffenheit eines Landes, um eine hohe Vaterlandsliebe zu erzeugen, die ein Feuer in den Seelen verbreitet, worin auch manche andere menschliche Tugend besser gedeihen."[46]

Tracht aus „Tirol Eggental", Anfang 20.Jh., Ernst Schmid, Innsbruck

ANMERKUNGEN

[1] Weber, Beda: Andreas Hofer und das Jahr 1809 mit besonderer Rücksicht auf Passeier's Theilnahme am Kampfe, Innsbruck 1852, S. 6.

[2] Mayer-Bergwald, Anna: Zur Erhaltung der Volkstrachten in Tirol, in: Fremden-Zeitung. Central-Organ zur Förderung des Fremdenverkehrs in Oesterreich 7/22, 1898, S. 12.

[3] Vgl. Menardi, Herlinde: Geschichte und Entwicklung der Tracht in Tirol, in: Beitl, Klaus/ Bockhorn, Olaf (Hg.): Kleidung-Mode-Tracht. Referate der Österreichischen Volkskundetagung 1986 in Lienz (Osttirol), Wien 1987, S. 245-262, S. 249.

[4] Rasch, Gustav: Touristenlust und Touristenleid in Tirol, Stuttgart 1874, S. 86.

[5] [o.Verf.]: Hochpustertal, in: Bote für Tirol und Vorarlberg, Extra-Beilage, 12.7.1881, S. 1.

[6] Sinwel, R.: Ludwig von Hörmann. Zur hundertsten Jährung seines Geburtstages, in: Tiroler Heimatblätter 11, 1937, S. 323-326.

[7] Hörmann, Ludwig von: Der Niedergang der alpinen Volkstrachten, in: Innsbrucker Nachrichten, 25. 7.1908, S. 1.

[8] Hörmann: Volkstrachten (wie Anm. 7), S.1.

[9] Lentner, Friedrich J[osef]: Über Volkstracht in Gebirge, in: Zeitschrift für österreichische Volkskunde 11, 1905, S. 1.

[10] Scharfe, Martin: Über die Religion. Glaube und Zweifel in der Volkskultur, Köln 2004, S. 22.

[11] Keller-Drescher, Lioba: Bilder lesen. Trachtengrafik im Kontext, in: Gerndt, Helge/Haibl, Michaela (Hg.): Der Bilderalltag. Perspektiven einer volkskundlichen Bildwissenschaft, Münster 2005, S. 299-309, hier: S. 300 u. S. 303.

[12] L[echner], Z.K.: Ueber die Wiederbelebung alter Volkstrachten, in: Bote für Tirol und Vorarlberg, 10.10.1894, S. 1843.

[13] Mayer-Bergwald: Erhaltung der Volkstrachten (wie Anm. 2), S. 12.

[14] Menghin, Al[ois]: Ueber die Erhaltung der alten Landestrachten, in: Bote für Tirol und Vorarlberg, 6.11.1886, S. 2128-2129, S. 2129.

[15] Scharfe, Martin: Bagatellen. Zu einer Pathognomik der Kultur, in: Zeitschrift für Volkskunde 91, 1995, S. 1-26, S. 2f.

[16] Zit nach: L[echner]: Wiederbelebung, (wie Anm. 12), S. 1842.

[17] Zit nach: L[echner]: Wiederbelebung, (wie Anm. 12), S. 1842.

[18] L[echner]: Wiederbelebung, (wie Anm. 12), S. 1843.

[19] [o. Verf.]: Zur Erhaltung der Volkstracht, in: Neue Tiroler Stimmen, 12.2.1894, S. 3.

[20] Mayer-Bergwald: Erhaltung der Volkstrachten (wie Anm. 2), S. 12.

[21] Vgl. Grieshofer, Franz: Trachtenvereinsgeschichte und – geschichten, in: Lipp, Franz C. (Hg.): Tracht in Österreich, Geschichte und Gegenwart, Wien 1984, S. 194-199, S. 194-199.

[22] L[echner]: Wiederbelebung, (wie Anm. 12), S. 1842.

[23] Tiroler Landesmuseum Ferdinandeum, Bibliothek, FB 1330/8: Vereinsstatuten des Vereins für Erhaltung der Volkstracht in Passeier, §1.

[24] Tiroler Landesmuseum Ferdinandeum, Bibliothek, FB 1330/8:Vereinsstatuten (wie Anm. 23), §2, §5.

[25] Tiroler Landesmuseum Ferdinandeum, Bibliothek, FB 4346/25: Gebirgstrachtenerhaltungs-Verein Kufstein, Programmeinladung.

[26] Landesverband der Heimat- und Trachtenvereine für Tirol (Hg.): 70 Jahre Landesverband der Heimat- und Trachtenvereine für Tirol, 31.August-3.September 1978 in Innsbruck, Innsbruck 1978, S. 6.

[27] [o. Verf.]: Tiroler Trachtenfest in der Ausstellungshalle, in: Offizielle Festzeitung Tiroler Jahrhundertfeier 1809-1909, Nr. 8, 31.8.1909, S. 2.

[28] Landesverband der Heimat- und Trachtenvereine für Tirol (Hg.): 70 Jahre Landesverband (wie Anm. 25), S. 6.

[29] Pilewitzer, E.: Ueber die Tiroler Volkstracht, in: Neue Tiroler Stimmen, 21.9.1909, S. 1ff., S. 2.

[30] Bauer, J.E.: Denkschrift der Tiroler Landes-Jahrhundertfeier in Innsbruck, Innsbruck 1910. S. 60.

[31] Lener, Annemarie: Die Entwicklung der Tiroler Tracht im 19. und 20. Jahrhundert, Phil. Diss., Innsbruck 1983, S. 30.

[32] Lener, Entwicklung (wie Anm. 30), S. 30.

[33] Zum Begriff „Nationaltracht" vgl. Albrecht, Peter: Die Nationaltracht im letzten Viertel des 18. Jahrhunderts, in: Jahrbuch für Volkskunde N.F. 10, 1987, S. 43-66.

[34] Bauer, Denkschrift (wie Anm. 29), S. 60.

[35] [o. Verf.]: Egger-Lienz und sein Meisterwerk im Festzug 1909, in: Tiroler Tageszeitung, 12.9.1959, S. 10.

[36] Menghin, Al[ois]: Ueber die Erhaltung der alten Landestrachten, in: Bote für Tirol und Vorarlberg, 8.11.1886, S. 2145.

[37] Menghin: Ueber die Erhaltung (wie Anm. 36), S. 2145.

[38] [o. Verf.]: Die Jahrhundertfeier in Innsbruck am 28. und 29. August 1909, in: Lienzer Zeitung, 4.9.1909 (Nr. 36), Zweite Beilage, S. 2.

[39] Köstlin, Konrad: Zur Frühgeschichte staatlicher Trachtenpflege in Bayern, in: Lehmann Andreas/Kuntz Andreas (Hg.): Sichtweisen der Volkskunde. Zur Geschichte und Forschungspraxis einer Disziplin, Hamburg 1988, S. 301-319, 305.

[40] Mayer-Bergwald: Erhaltung der Volkstrachten (wie Anm. 2), S. 12.

[41] Grieshofer, Franz: Von Jungfrauen, Blasmusikkapellen und Hausierern… Zur Emblematik der Kastelruther Tracht, in: Österreichische Zeitschrift für Volkskunde XLVII/96, 1993, S. 289-309, S. 296.

[42] [o. Verf.]: Die Förderung der alten Trachten im Lande, in: Neue Tiroler Stimmen, 11.12.1911, S. 1.

[43] [o. Verf.]: Förderung (wie Anm. 40), S. 1.

[44] L[echner], Z.K.: Ueber die Wiederbelebung alter Volkstrachten (Schluß), in: Bote für Tirol und Vorarlberg, 11.10.1894, S. 1850.

[45] Jankowitsch, Regina Maria: K&K Eitelkeiten. Mode und Uniformen unter Kaiser Franz Josef, Wien 1997, S. 50-57.

[46] Louis, D.: Tyrol und die Tyroler. Statistisch–historisch– und geographisches Gemälde, nach den authentischen Quellen dargelegt von D. Loius, Hamburg [ca. 1810], S. 20 und S. 33.

HTTP://WWW.GOOGLE.AT/SEARCH?:
BILD+ANDREAS+HOFER+20.+JAHRHUNDERT&BTNG=SUCHE

Günther Dankl

Ein Ausstellungstitel wie *Hofer Wanted* suggeriert, dass damit eine bestimmte Person, auf deren Ergreifung eine Belohnung ausgesetzt ist, mittels Foto oder Phantomzeichnung gesucht wird. Er setzt somit voraus, dass von der Person ein genaues Bild existiert oder diese zumindest von ihrer äußeren Erscheinung her bekannt ist. Wenn also kein geringerer als der Tiroler „Held" Andreas Hofer in einer Ausstellung immer noch „gesucht" wird, so weist das darauf hin, dass sich dieser knapp 200 Jahre nach seinem Tod nach wie vor einer eindeutigen Festlegung und Festnahme entzieht.

„Der Ruhm, der Menschen zum Heldenwesen macht, beruht auf zwei zentralen kulturellen Mechanismen: auf Erzählungen und auf Medien", schreibt Wolfgang Müller-Funk über die „Anatomie des Helden."[1] Es gibt keine andere historische Persönlichkeit Tirols, die so unterschiedlich interpretiert und damit auch dargestellt wird wie Andreas Hofer. In Wissenschaft, Literatur, Film und bildender Kunst kursieren die unterschiedlichsten Meinungen, Bilder, Darstellungen und Interpretationen zu und über die Figur des Wirtes aus St. Leonhard im Passeiertal, dessen letzten drei Jahre seines Lebens von 1807 bis 1810 aufs Engste mit der Geschichte des Landes Tirol und den politischen Ereignissen in Tirol verknüpft sind. Unmittelbar nach seinem Tod in Mantua 1810 wurden über die gängigsten Printmedien jener Zeit, die Radierung und die Lithographie, das „Bild" des Sandwirtes in nahezu ganz Europa verbreitet. Darauf sowie auch auf die unterschiedlichen Darstellungen und Interpretationen der geschichtlichen Ereignisse und der Persönlichkeit Hofers aufbauend, entstand jener „Mythos Andreas Hofer", von dem sein Bild immer noch überschattet bzw. geradezu belastet wird.[2] Eleonore Gürtler geht

in ihrem Beitrag in der vorliegenden Publikation jenen Spuren in der Kunst des 19. Jahrhunderts nach, die zum Entstehen des Heldenmythos beigetragen haben und damit maßgeblich das Bild Andreas Hofers als Symbolfigur der Tiroler Identität geprägt haben. Während gegen Ende des 19. Jahrhunderts und vor allem zu Beginn des 20. Jahrhunderts anlässlich der Jahrhundertfeier von 1909 die Mythisierung der Erhebung der Tiroler und ihres Anführers einen Höhepunkt erlebte, hat der vor allem durch die Kunst Franz von Defreggers genährte Mythos im Laufe des 20. Jahrhundert viel von seiner vormaligen Ausstrahlungskraft und Bildwürdigkeit eingebüßt. Im Gegensatz zur jeweiligen aktuellen Tagespolitik, der Andreas Hofer nach wie vor als Galionsfigur für die Vermittlung ihrer Inhalte und Ziele diente, oder der geschichtlichen und literarischen Aufarbeitung, in der man sich verstärkt bemühte, die Persönlichkeit Hofers abseits des Mythos aufzuarbeiten, wird dem Bild „des Hofer" in der bildenden Kunst kaum mehr eine tragende Rolle beigemessen. Bei den Landesfestumzügen 1959 und 1984 ist es nicht mehr Andreas Hofer selbst, dessen Bild mitgetragen wird, sondern eine Dornenkrone, die als neues Zeichen für die „Teilung Tirols" Symbolhaftigkeit erlangte und bis heute für Zündstoff sorgt. Die für die Ausstellung *Hofer Wanted* getätigten Recherchen ergaben, dass der Figur Andreas Hofers als Werbeträger oder Auslöser bzw. Opfer aktueller, zumeist gesellschaftspolitischer Sachverhalte mehr Aufmerksamkeit geschenkt wird[3] als ihm als Thema der bildenden Kunst Bedeutung beigemessen wird. Von den zur Ausstellung gelangten Arbeiten sind bezeichnenderweise mehrere Beiträge erst auf Anfrage hin ganz aktuell für die Ausstellung entstanden.

HOFER – WATTIERT UND PRIVAT
(MARTIN GOSTNER/ALBIN EGGER-LIENZ)

Watte „repräsentiert für Gostner das ‚Weiche',
‚Formbare', das er mit dem ‚historischen Unpräzisen der
offiziellen Geschichtsschreibung wie auch persönlichen
Erinnerung' verbindet", beschreibt Silvia Eiblmayr
Martin Gostners (geb. 1957) häufige Verwendung
der Watte als sinnliches und assoziativ hoch besetztes
Material seiner Arbeiten.[4] Auch in der für die
Ausstellung geschaffenen Arbeit *Matrix Mantua* (2009)
bedeckt der Künstler eine am Boden liegende menschliche Figur mit einer Schicht von Watte, die für ihn ein
„morphologisches Alphabet" bildet. Bewusst am Beginn
der Ausstellung platziert, stellt Gostner mit diesem
allegorischen Einstiegsszenario mehr Fragen, als er
konkrete Antworten über die Person Andreas Hofers
gibt. Die Watte steht bei Gostner für ein Reservoir
von Geschichten und Erinnerungen, aus dem heraus
reflektierend erst ein Bewusstseins- und Denkprozess
in Gang gesetzt wird. Der Betrachter wird
zum Nachdenken über die historische Figur Andreas
Hofer angeregt bzw. angehalten, sich selbst eine
Bild davon zu machen, zugleich wird damit aber auch
ein Hinweis darauf gegeben, dass sich mögliche
Antworten auf die Frage „Wer war Andreas Hofer?"
möglicherweise erst im Zuge des Ausstellungsrundganges
ergeben: „Seine [Gostners] Arbeiten enthalten jenes
reflexive Moment von ‚Nachträglichkeit' (S. Freud),
das – vom Künstler bewusst anerkannt – impliziert,
dass das Neue, das Aktuelle immer aus einem unauf-
hörlichen und unauflöslichen Prozess von antizipierter
Zukunft und rekonstruierter Vergangenheit entsteht."[5]
Dabei scheint zu Beginn des Jahrhunderts noch alles
mehr oder weniger klar gewesen zu sein. 1904 malte
kein Geringerer als *Albin Egger-Lienz* (1868–1926)
nach der Vorlage des ganzfigurigen Porträts des
Andreas Hofer von Franz von Defregger (1897, Tiroler
Kaiserjägermuseum), ein „tirolerisches Prestigebild"
(M. Hörmann), das sich heute in Privatbesitz befindet.
Egger-Lienz, der mit seinen beiden in München

geschaffenen Monumentalkompositionen *Ave Maria
nach der Schlacht am Bergisel* 1809 von 1894/96
(Tiroler Landesmuseum Ferdinandeum, Moderne Galerie, Inv.-Nr. Gem 457) und *Das Kreuz* von 1891/1901
(Tiroler Landesmuseum Ferdinandeum, Moderne Galerie,
Inv.-Nr. Gem 1189) bereits eine „erklärte Absatzbewe-
gung" (M. Hörmann) von seinem Vorbild Defregger
hin zu einer strengen Gestaltung und expressiven
Monumentalisierung vollzogen hat, lehnt sich in diesem
von der Größe her beeindruckenden Gemälde dennoch
wiederum ganz an Defregger an, was auf eine
Auftragsarbeit schließen lässt. Und tatsächlich hing
das Gemälde im Andreas-Hofer-Saal des ehemaligen
Gasthofs Stern in Innsbruck, wo es bis zur Auflassung
des Gasthofes den Platz eines bereits 1894 entstandenen und dem von 1897 ähnlichen, jedoch heute ver-
schollenen Porträts Andreas Hofers eingenommen hat.
Rund fünf Jahre später, um 1909, schuf Egger-Lienz ein
weiteres Porträt des Sandwirtes. Es ist das Mittelstück
von drei gleichformatigen Gemälden, die einem
Triptychon gleich, die drei „Helden" von 1809
verkörpern. Auf der linken Seite dargestellt ist Josef
Speckbacher (Tiroler Landesmuseum Ferdinandeum,
Moderne Galerie, Inv.-Nr. Gem 1913), auf der rechten
Pater Haspinger (Tiroler Landesmuseum Ferdinandeum,
Moderne Galerie, Inv.-Nr. Gem 1911). Losgelöst von
den geschichtlichen Ereignissen von 1809 und dem
Betrachter direkt ins Auge schauend und beide Hände
in den breiten Gürtel geschoben, vermittelt das Bild,
im Gegensatz zu jenen von Speckbacher und Haspinger,
die in heroischer Haltung erscheinen, nicht mehr den
„Heroen", sondern eher den „privaten" Andreas Hofer.
Alle drei Bilder dürften, so Gert Ammann,[6] im Umfeld
der Jahrhundertfeier 1909 entstanden sein, in der –
wie bereits erwähnt – der Kult um den „Freiheitskampf" von 1809 kulminierte. Am 29. August 1909
wurde am Rennweg in Innsbruck ein großer historischer
Umzug veranstaltet. Rund 30.000 Schützen, Musiker
und Honoratioren marschierten in Anwesenheit von
Kaiser Franz Joseph durch ein jubelndes Spalier.
Die Vorbereitungen zu dieser „Zentenarfeier" hatten

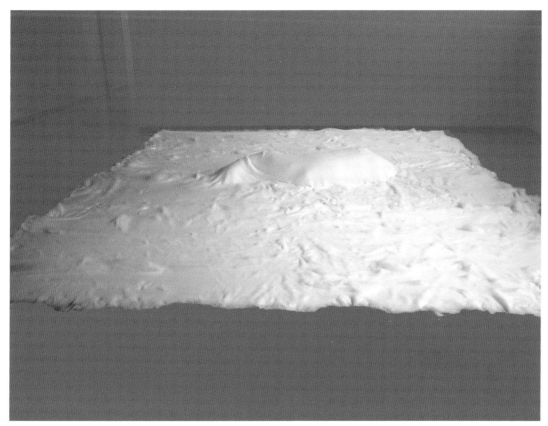

Martin Gostner, Matrix Mantua, 2009, Watte, Besitz des Künstlers

bereits sieben Jahre zuvor begonnen. Egger-Lienz hat nachträglich in einem nach einer Fotografie geschaffenen „Ereignisbild" den *Huldigungsfestzug der Tiroler Schützen bei der Jahrhundertfeier am 29. August 1909 in Innsbruck* festgehalten (Tiroler Landesmuseum Ferdinandeum, Moderne Galerie, Inv.-Nr. Gem 1190). Albin Egger-Lienz hatte damals den Auftrag übernommen, die beiden Gruppen mit dem Kreuz und Haspinger in Anlehnung an seine beiden Historienbilder *Das Kreuz* und *Haspinger Anno Neun* von 1908/09 (Lienz, Museum Schloss Bruck, Inv.-Nr. AEL 36) selbst zu gestalten. In beiden Darstellungen, in denen Egger-Lienz das Geschehen von 1809 ins Monumentale und zur allgemeingültigen Situation hin steigert, fehlt die Person des Andreas Hofer. Vielleicht auch mit ein Grund, warum der Künstler in dem um 1909 entstandenen Porträt, dessen ursprüngliche Datierung Wilfried Kirschl aufgrund eines Briefzitates in die Jahre 1911/12 legt,[7] mehr den Privatmann als den „Kriegshelden" Andreas Hofer in den Mittelpunkt gerückt hat.

Albin Egger-Lienz, Andreas Hofer, 1904, Privatbesitz, TLMF, Bibliothek, W 12.173

Albin Egger-Lienz, Andreas Hofer, um 1909, Öl auf Leinwand, TLMF, Moderne Galerie, Gem 1912

HOFER – VEREINNAHMT
(ALBERT PLATTNER/OLAF GULBRANSSON)

Dass Andreas Hofer insbesondere in den Jahren
während und nach dem Ende des Ersten Weltkrieges
von den verschiedensten Seiten für ihre politischen
Ansichten und Meinungen vereinnahmt wurde, darauf
braucht hier nicht näher eingegangen zu werden.
Die dazu erschienene Literatur liefert genügend
Beispiele und Hinweise dafür. Interessant dabei ist,
dass auch eine Reihe von anerkannten Künstlern Bilder
und Porträts des Sandwirts geschaffen haben, die dieser Vereinnahmung bildhafte Grundlage und Nahrung
geboten haben. 1917 wirbt ein von *Albert Plattner*
(1869–1919) gefertigtes Porträt eines energisch blickenden Hofer für die Kriegsanleihe im Ersten
Weltkrieg. In der rechten Hand bietet er dem Betrachter
die von Kaiser Franz I. erhaltene goldene Ehrenmedaille
als Pfand an, zugleich streckt er die geöffnete Hand
auch gleichsam empfangend entgegen. Drei Jahre
später prangt dasselbe Bildnis, nun jedoch auf den
Kopf und die obere Brusthälfte beschränkt, auf dem
Aufruf zur Volksabstimmung am 24. April 1921.
Der einst gegen die Bayern in den Kampf gezogene
Hofer wirbt nunmehr für den Anschluss an
Deutschland – und damit unmittelbar auch an Bayern.
Aber auch in Bayern selbst vollzieht Andreas Hofer
eine Wandlung vom Saulus zum Paulus, wenn er,
wie etwa in einer Zeichnung – erschienen in der
bekannten Münchener Satirezeitschrift *Simplicissimus*
vom 13. Jänner 1930 – am Grab des am 14. Dezember
1929 verstorbenen Josef Noldin unter dem Titel
„Die Unterdrücker wechseln – aber Tirol bleibt!"
einen Kranz niederlegt.[8] Autor dieser mit 1929
datierten Zeichnung ist der bekannte norwegische
Maler, Grafiker und Karikaturist *Olaf Gulbransson*
(1873–1958), der als Zeichner für den Simplicissimus
internationale Bekanntheit erlangte und mit seinen
zwischen 1902 und 1944 nahezu 2.400 geschaffenen
Zeichnungen den typischen Simplicissimus-Stil prägte.
Gulbranssons Zeichnung ist eine Reaktion auf den Tod

Plakat zur Volksabstimmung am 24. April 1921,
TLMF, Historische Sammlungen, PL 294

des Südtiroler Rechtsanwaltes Josef Noldin (1888–
1921), der in Südtirol nach dem Verbot des Deutschen
als Amtssprache Privatschulen, die deutschsprachigen
Unterricht abhielten, organisierte und dafür 1927
nach Lipari verbannt wurde.[9] Hofer steht nunmehr als
Symbol für das Schicksal Südtirols, das nunmehr rund
120 Jahre nach den Ereignissen von 1809 unter einer
weiteren „Fremdherrschaft" leidet. In Verkennung bzw.
Missachtung der Geschichte wird nun Italien mit der
vermeintlichen französischen Besetzung Tirols in den
Jahren 1806 bis 1809 gleichgesetzt.

Andreas Hofer und die Kriegsanleihe, 1917, Plakatentwurf von Albert Plattner, TLMF, Historische Sammlungen, PL 211

ANDREAS HOFER AN NOLDINS GRAB

NOLDIN

OLAF GULBRANSSON 29

DIE UNTERDRÜCKER WECHSELN – ABER TIROL BLEIBT!

Olaf Gulbransson, Andreas Hofer an Noldins Grab, 1930, Farbstift, Tusche laviert, TLMF, Graphische Sammlungen, G 28

HOFER – VERKLÄRT
(RUDOLF HOLZINGER/FRANZ WALCHEGGER/
ARNULF RAINER)

Um 1930 schuf der Wiener Künstler *Rudolf Holzinger*
(1898–1949) ein in kräftigen schwarzen Umrisslinien
rasch hingesetztes Bild, das den äußerst schemenhaft
ausgeführten Hofer in kniender Haltung zeigt.[10]
Das Gewehr in der linken Hand von sich streckend,
blickt Hofer gleichsam mit flehendem Blick nach oben.
Zugleich weist er mit dem rechten ausgestreckten
Arm und dem Zeigefinger der Hand nach unten auf den
Boden. Oberhalb des ausgestreckten Armes erscheint
der Tiroler Adler. Es scheint, als ob Andreas Hofer die
Gnade Gottes für sein Vaterland erfleht bzw. Mut für
den Kampf mit der Waffe erbittet. Hofer wird damit
mit der Religion und dem Glauben in Verbindung
gebracht, zugleich wird er aber an sich und seiner
Mission zweifelnd dargestellt.
Ganz religiös-verklärt hingegen erscheint Andreas
Hofer auf dem im Zusammenhang mit den 150-Jahr-
Feierlichkeiten 1959 entstandenen Bild 1809 des
Osttirolers *Franz Walchegger* (1913–1965).
Im typischen Walchegger-Stil der 1950er Jahre gehalten, erscheint Hofer im Vordergrund als mächtige,
nahezu flächig-abstrakt gestaltete Figur, zu deren
linker und rechter Seite im Hintergrund Pater Haspinger
bzw. Josef Speckbacher angeordnet sind. Rechts neben
dem stilisierten Kopf Hofers und gleichsam aus dessen
Schulter herauswachsend, befindet sich der nach oben
ausgestreckte Arm Haspingers mit dem Kreuz in der
Hand. Walchegger gestaltet hier die Darstellung der
drei Tiroler „Helden" gleich einer Trinität, wobei dem
in der Mitte stehenden Hofer gerade durch das rechts
von ihm erscheinende Kreuz eine stark religiöse und
verklärte Bedeutung beigemessen wird.
1988 hat der international bekannte österreichische
Künstler *Arnulf Rainer* (geb. 1929) aus Anlass der
200-Jahr-Feierlichkeiten der Französischen Revolution
eine Serie von Überzeichnungen und Übermalungen
geschaffen, in denen er sich mit deren Akteuren,

Franz Walchegger, *1809*, 1959, Bindertechnik/Platte, Lienz,
Museum Schloss Bruck, AEL 36

Opfern und Zeugen auseinandersetzte. Das Anlass-
thema erweiterte der Künstler in der Folge zu einer
enzyklopädischen Auseinandersetzung mit der Zeit um
1800 insgesamt, um diese „als Schale um den Kern zu
legen"[11]. Das im Zuge dieses Projektes entstandene
Blatt *Andreas Hofer* von 1989 folgt Rainers Stilprinzip
der Übermalung bzw. Überzeichnung. Als Grundlage
dient ihm die Fotokopie einer Lithographie des Malers
und Lithographen Carl Schindler (1821–1842).[12]
Arnulf Rainer geht in seiner Überarbeitung der Lithographie äußerst behutsam mit dem Halbfiguren-Porträt
Andreas Hofers um. Er taucht ihn ebenfalls in eine
Art Aura der Verklärung und entrückt ihn. Der Künstler
fügt sich damit in die Reihe jener Interpretationen ein,
die Hofer nicht mehr als ausschließlich kriegerischen
„Helden", sondern vielmehr als auratische und charismatische Figur sehen.

Rudolf Holzinger, Andreas Hofer, um 1930, Tempera auf Leinwand, Besitzer unbekannt

Arnulf Rainer, Andreas Hofer, 1989, Aquarellkreide, Schwarzstift über Photostat, TLMF, Graphische Sammlungen, R 180

Max Weiler, Entwurf zum Fresko *Innsbrucks Geschichte* im Innsbrucker Hauptbahnhof, 1954,
Eitempera, Deckweiß, Bleistift auf Papier, Wien, Max Weiler – Privatstiftung

HOFER – STILISIERT (MAX WEILER)

Franz Walchegger hat in seiner Darstellung des Hofer
auf jegliche detailgetreue Ausführung und jede
herkömmliche, konstruierte Perspektive verzichtet.
Ohne jegliche Binnenzeichnung gestaltete er die
Figur einzig und allein aus der Fläche und der Farbe
heraus, um dadurch das Moment des „Entrückten" zu
verstärken. In ähnlicher Weise hat dies bereits fünf
Jahre zuvor *Max Weiler* (1910–2001) in dem für den
Innsbrucker Hauptbahnhof geschaffenen Wandge-

mälde *Innsbrucks Geschichte* getan, nunmehr nicht
um das Singuläre der Figur Hofers herauszustreichen,
sondern vielmehr deshalb, um dadurch das Kollektive,
Gemeinsame zu untermauern. Den Auftrag für die
Ausgestaltung der nach der Kriegszerstörung wieder
aufgebauten Bahnhofshalle mit den Darstellungen aus
Innsbrucks Geschichte und Gegenwart hat Max Weiler
1954 aufgrund eines Wettbewerbs erhalten. Für das
historische Innsbruck wählte der Künstler rechts Szenen aus der Zeit um 1500 (Maximilian I., Turnierszene,
Goldenes Dachl). Dieser Gruppe steht, durch eine über-

Max Weiler, Entwurf zum Fresko *Innsbrucks Geschichte* im Innsbrucker Hauptbahnhof, 1954,
Eitempera, Bleistift, Tusche auf Papier, Wien, Max Weiler – Privatstiftung

Max Weiler, Entwurf zum Fresko *Innsbrucks Geschichte* im Innsbrucker Hauptbahnhof, 1954,
Eitempera, Bleistift auf Papier, Wien, Max Weiler – Privatstiftung

große, schwarze Malve davon getrennt, auf der linken Seite eine Szene aus den „Tiroler Freiheitskämpfen von 1809" gegenüber. Erste Entwürfe zu dieser Ausgestaltung zeigen, dass der Künstler dafür ursprünglich ein tanzendes Trachtenpaar und eine ganzfigurige Darstellung des Andreas Hofer vorgesehen hatte. Als Vorlage dafür haben ihm die bekannten Darstellungen des 19. Jahrhunderts gedient, wie eine Detailstudie des Kopfes und die Skizzierung der Figur zeigen. In der endgültigen Ausführung hat Weiler das Trachtenpaar durch eine seitlich heranpreschende Männergruppe und den im ersten Entwurf noch realistisch gehaltenen Hofer durch eine dynamisch nach vorne schreitende,

stilisiert dargestellte Figur mit ausgestreckter Hand und Säbel ersetzt: „Wissen Sie, dass ich die Studien zu den Entwürfen meiner größeren Werke zuerst recht naturalistisch zeichne? Dann versuche ich, der Arbeit eine immer eindeutiger werdende, farbige und zeichnerische Form zu geben, bis ich jenen Ausdruck gefunden habe, der mir das Wesentlichste der auszudrückenden Vorstellung wiederzugeben scheint."[13] Nicht mehr die detailgetreue Schilderung der Ereignisse von 1809 steht damit im Vordergrund, sondern – ähnlich wie dies für den Künstler auch für die Art der Darstellung selbst gilt – die „gemeinsame Gesinnung" und „das (kollektive) Selbstbewusstsein" der Zeit.[14]

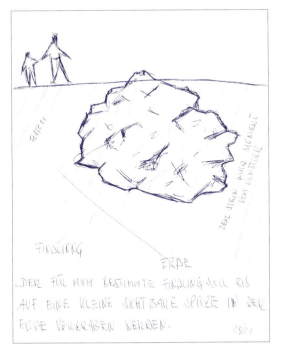

FLATZ, Andreas Hofer, 2001/2005, Projektskizze auf Papier / Fotografie, München, Flatz, Besitz des Künstlers

HOFER – SUBJEKTIV
(FLATZ/NORBERT BRUNNER)

Dass der heute in München lebende österreichische Aktionskünstler *FLATZ* (geb. 1952) zu den Bewunderern des „Helden" Andreas Hofer gehört, mag nur auf den ersten Blick verwundern. An Hofer hat er jedoch, so Flatz selbst, bereits „als Kind [...] viel über Mut, Loyalität, sowie Niedertracht und Verrat begriffen. Ich war von ihm fasziniert und er ist bei mir als positiver Held konnotiert".[15] 1987 hat der Künstler mit den Arbeiten an dem 1989 abgeschlossenen Werkzyklus *Zeige mir einen Helden und ich zeige dir seine Tragödie* begonnen, insgesamt 40 als

Diptychon ausgeführte und in Stahlrahmen gespannte Arbeiten (Siebdrucke auf Leinwand).[16] In äußerst konsequenter Weise zeigt er dabei jeweils auf der linken Seite ein unterschiedlich farbig gehaltenes Porträt des/der jeweiligen „Helden/Heldin" und rechts davon dessen/deren „Tragödie", für die er ausschließlich eine rote Farbgebung wählt. Im Zuge der Vorbereitung dafür hat der Künstler „ca. 200-300 Biographien von Menschen, die mich interessiert, fasziniert, aber auch abgestoßen haben"[17], gelesen. Aufgrund der oben erwähnten Ausführungen ist es kein Zufall, dass Flatz neben Arbeiten zu Jeanne d'Arc, Napoleon Bonaparte, Sitting Bull, Leo Trotzki, Rosa Luxemburg, Adolf Hitler, Benito Mussolini,

FLATZ, Andreas Hofer, 1989, Siebdruck auf Leinwand (2-teilig) in Stahlrahmen, TLMF, Moderne Galerie, Gem 3849

Sophie Scholl, Che Guevara, John F. Kennedy, Martin Luther King, Nelson Mandela oder Ulrike Meinhof z.B., um nur einige der für den Zyklus ausgewählten Personen zu nennen, auch eine Arbeit über Andreas Hofer geschaffen hat, der bei ihm als positiver Held konnotiert ist. Für die linke Seite hat der Künstler das von Franz von Defregger geschaffene, bekannte Bruststück von 1880 als Vorlage gewählt (Tiroler Landesmuseum Ferdinandeum, Ältere Kunstgeschichtliche Sammlungen, Inv.-Nr. Gem 1694). Aus formalen Gründen seitenverkehrt wiedergegeben und mit türkiser Farbgebung versehen, hebt sich lediglich das nunmehr nach rechts auf seine „Tragödie", die Erschießung in Mantua, blickende „erleuchtete" Gesicht des Andreas Hofer aus dem dunklen Umfeld ab. Als Vorlage für die rechte Seite dient ihm ein Stich aus der zweiten Hälfte des 19. Jahrhunderts.[18] Mächtig im Vordergrund wie auf einer Bühne zentral platziert liegt der ganz in Rot getauchte sterbende Hofer, während klein im Hintergrund und durch die Rauchwolke des Schieß-

pulvers nahezu verdeckt, die beteiligten Offiziere und der Priester das dramatische Geschehen teilnahmslos verfolgen. FLATZ setzt hier bewusst die mediale Bildsprache des 19. Jahrhunderts ein, um sie dann mit der modernen, massenmedialen Bildsprache unserer Zeit in Verbindung zu bringen. Damit gelingt es ihm, eine subjektive Tragödie zu gestalten, die den Betrachter nicht unberührt lässt. Einige Jahre später hat sich FLATZ nochmals mit der Figur des Anführers der Tiroler Truppen bei der Erhebung 1809 auseinandergesetzt. In der Skulptur Andreas Hofer von 2001/2005, die der Künstler im Zuge seiner Arbeiten im Kontext von Natur und Land Art geschaffen hat, hat er einen mächtigen Findling so weit in die Erde vergraben, dass nur mehr die Spitze aus dem Boden ragt, wie dies die dazugehörige Projektskizze zeigt. Während gleichsam nur ein kleiner Teil des gesamten Ausmaßes des Findlings (= Hofer) für den Betrachter sichtbar ist, „bleibt die wahre Größe verborgen", wie es dazu gleichsam als Erklärung zu dieser Arbeit heißt.[19]

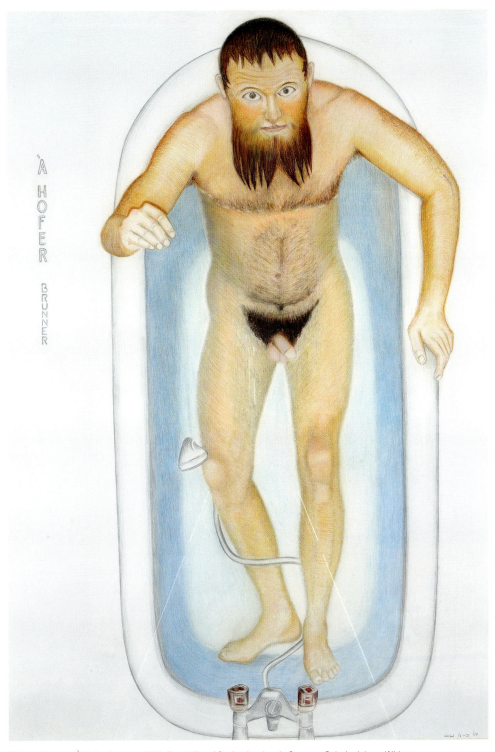

Norbert Brunner, À Hofer Brunner, 2007, Buntstift auf Papier, Innsbruck, Courtesy Galerie Johann Widauer

Äußerst subjektiv geht auch der Osttiroler Künstler *Norbert Brunner* (Lienz) (geb. 1959) mit der Person Andreas Hofer um. Ähnlich wie bei Flatz bestimmt auch bei ihm zum einen „der allgemein politische Kontext die Wahrnehmung und Rezeption des Werkes", wobei auch der Titel der Arbeit eine nicht unwesentliche Rolle spielt, zum anderen ist darüber hinaus auch „die Semantik des Dargestellten, d.h. die Bedeutung und Funktion der Bild- und Zeichensprache entscheidend".[20]

Sein Andreas Hofer liegt, in einer Draufsicht wiedergegeben, nackt in der Badewanne. Links davon findet sich die Bezeichnung: *À HOFER BRUNNER*. Der Bezug zu Jean Louis Davids Bildnis des ermordeten Marat von 1793, eine der berühmtesten Darstellungen der Ereignisse der Französischen Revolution, ist offensichtlich. Mit der Bezeichnung wie auch dem Motiv der Badewanne stellt Brunner Andreas Hofer auf die Ebene von Jean Paul Marat, eines der Wortführer der Jakobiner, der 1793 in der Badewanne erstochen wurde. Während jedoch David in seinem Historienbild den Toten in ikonenhafter Pose darstellt, zeigt Brunner seinen Hofer lebendig und äußerst volksnah: Er setzt den von unten auf den Betrachter Blickenden dessen Blick nackt aus. Damit vermittelt der Künstler nicht nur dessen „Unschuld", sondern zugleich auch seine persönlich empfundene Sympathie dem „Volkshelden" gegenüber, die fernab jeglichen Pathos' und jeglicher Überhöhung angesiedelt ist.

HOFER – SIMULTAN UND OBJEKTIV (GERALD KURDOGLU NITSCHE/ HANNES WEINBERGER/RENS VELTMAN)

Eigens für die Ausstellung auf die „Spuren" von Andreas Hofer begeben hat sich *Gerald Kurdoglu Nitsche* (geb. 1941). Neben einem rasch hingesetzten Porträt in Öl auf Rupfen hat der Künstler die Konturen aller ihm bekannten Porträts und Bildnisse des Andreas Hofer auf ein Millimeterpapier übertragen und auf Karton aufgeklebt. Das Ergebnis ein verwirrendes, einem Schnittbogen gleichendes Linienspiel aus dem sich beim näheren Hinsehen bestimmte und immer wiederkehrend Charakteristika, wie die breite Hutkrempe, der Vollbart oder die Haltung der Arme ausneh-

men lassen. Nitsches A.H. *Erlebnis 2, simultan* ist damit der Versuch, ein objektives Bild des Menschen und „Oberkommandanten der Tyroler Insurgenten" zu schaffen, darüber Bescheid wissen, dass sich dieses nur aus der Summe der zahlreichen subjektiven Darstellungen ausnehmen lässt.

Den Versuch, das Bild Andreas Hofers objektiv zu gestalten, unternimmt auch *Hannes Weinberger* (geb. 1952). Als Ausgang seines Porträts dient ihm eine vergrößerte Schwarz-Weiß-Fotokopie der bekannten kolorierten Umrissradierung von Johann Georg Schedler (1777–1866), das den barhäuptigen Hofer mit dem rechten Arm auf einen Felsen aufgestützt und in der linken Hand den Säbel haltend zeigt. Hofers Gesicht hat der Künstler mit einer aus Karton ausgeschnittenen Kopie einer Originalmaske aus der griechischen Tragödie bedeckt. Auf den senkrecht vorgespannten Schnüren hat er eine Anzahl von Ingredienzien angebracht, darunter ein Herz-Jesu-Andachtsbildchen, einen Rosenkranz, ein Heiligblutfläschchen, ein Knochenfragment, eine getrocknete Alraune und ein Porträt Kaiser Franz' I. von Österreich. Weinberger sucht damit aufzuzeigen, dass Andreas Hofer in seinen Ansichten und von seiner Herkunft her noch ganz dem mystischen, mittelalterlichen Denken verhaftet gewesen ist. Er zeigt ihn als eine tragische Figur, die – einer Marionette gleich – als Spielball der Politik gedient hat und zugleich einer zutiefst religiösen Überzeugung gefolgt ist. Sein Werk ist der Versuch, dem Menschen „Andreas Hofer" gerecht zu werden und die Frage nach der Persönlichkeit Hofers abseits des künstlich geschürten Mythos zu stellen.

Den Weg zwischen subjektiver Anschauung und objektiver Dokumentation geht auch der Medienkünstler *Rens Veltman* (geb. 1952), der in seiner für die Ausstellung konzipierten Arbeit „ahofers_stube_pano_09.jpg" entsprechend seiner phänomenologischen Methode heutige Andreas-Hofer-Stuben diverser Gasthöfe in Tirol und Südtirol mit einer Panoramakamera abbildet. Zumeist bestückt mit Reproduktionen bekannter Porträts des 19. Jahrhunderts und anderen historischen oder nachgebildeten Requisiten, geben sie nach wie vor Zeugnis von jenem Bild des „Andreas Hofer", das zu entmythifizieren nicht zuletzt auch diese Ausstellung beitragen soll.

Sandwirth Andreas Hofer, Obercommandant der
Tyroler Insurgenten in Tyrol 1809

Hannes Weinberger, *Sandwirth Andreas Hofer, Oberkommandant der Tyroler Insurgenten in Tyrol 1809*, 2009,
verschiedene Ingredienzien in Holzkasten über Photostat, Besitz des Künstlers

Gerald Kurdoglu Nitsche, *A.H.- Erlebnis 1, transparent*, 2009, Öl auf Rupfen, Besitz des Künstlers

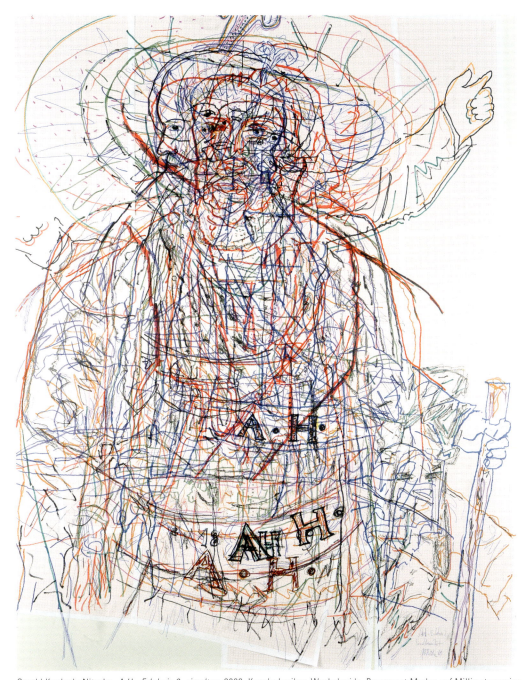

Gerald Kurdoglu Nitsche, *A.H.- Erlebnis 2, simultan*, 2009, Kugelschreiber, Wachskreide, Permanent Marker auf Millimeterpapier auf Karton, Besitz des Künstlers

Rens Veltman, *ahofers_stube_pano_09.jpg*, 2009, digitale Panoramen, Besitz des Künstlers

ANMERKUNGEN

1 Müller-Funk, Wolfgang: Anatomie des Helden, in: Müller-Funk, Wolfgang/Kugler, Georg (Hg.): Zeitreise Heldenberg. Lauter Helden, Katalog Niederösterreichische Landesausstellung 2005, Horn–Wien 2005, S. 3–14, S. 3.

2 Vgl. dazu u.a.: Pizzinini, Meinrad: Andreas Hofer. Seine Zeit – sein Leben – sein Mythos, Innsbruck–Wien 2008. – Grüne Bildungswerkstatt Tirol (Hg.): Mythos: Andreas Hofer, Wien 2008. – Reinalter, Helmut (Hg.): Anno Neun 1809–2009, Innsbruck 2009.

3 Vgl. dazu den Beitrag von Roland Sila in der vorliegenden Publikation.

4 Eiblmayr, Silvia: Der große Server. Zur Ausstellung Seitlich aus der Requisite kommend von Martin Gostner, in: Eiblmayr, Silvia: Martin Gostner. Seitlich aus der Requisite kommend, Katalog Galerie im Taxispalais 2002, Ostfildern-Ruit 2002, S. 6.

5 Eiblmayr: Der große Server (wie Anm. 4), S. 6.

6 Ammann, Gert: Albin Egger-Lienz 1868 1926, Katalog der Bestände im Tiroler Landesmuseum Ferdinandeum, Innsbruck 1996, S. 34 38.

7 Vgl. Ammann: Albin Egger-Lienz (wie Anm. 6).

8 Simplicissimus 42, 1930, S. 112.

9 Vgl. dazu Benedikter, Thomas (Hg.): „Ich will nicht Gnade sondern Recht". Josef Noldin 1888 1929, Bozen 2000.

10 Von dem Wiener Künstler Rudolf Holzinger sind nur ganz wenige Lebensdaten bekannt. Laut dem Künstlerlexikon von Thieme-Becker hat er 1931 den Staatspreis für Malerei erhalten. In dieser Zeit war Holzinger auch in Innsbruck mit der Arbeit an Fresken im Pradler Friedhof beschäftigt. Es liegt die Vermutung nahe, dass das sich heute in unbekanntem Privatbesitz befindliche Gemälde daher im Zusammenhang mit diesen Fresken entstanden sein könnte. Vgl. [o.Verf.]: Holzinger, Rudolf , in: Thieme, Ulrich/Becker, Felix (Hg.): Allgemeines Lexikon der bildenden Künste von der Antike bis zur Gegenwart 17, Leipzig 1924 (Reprint München 1992), S. 479.

11 Sander, Oskar: Vorwort, in: Arnulf Rainer. Enzyklopädie und Revolution, Katalog Festspielhaus Bregenz 1989, Bregenz 1989, S. 7.

12 Laut Angabe im Katalog der Ausstellung diente Rainer als Vorlage eine Lithographie von G. Schindler, was jedoch auf einem Irrtum oder Lesefehler beruhen muss. Carl Schindler hatte aufgrund seiner Vorliebe für das Militär- und Soldatengenre die Bezeichnung „Soldaten-Schindler" erhalten. Er war der Lieblingsschüler von Peter Fendi, in dessen Atelier eine Andreas-Hofer-Büste gestanden ist.

13 Max Weiler, Tagebucheintragung vom 12. 2. 1955. Zit. nach: Verein der Freunde des Werkes Max Weilers (Hg.): Max Weiler. Aus der Natur gemacht. Bilder von 1927 bis 1997, Innsbruck Wien 1997, S. 108.

14 Max Weiler (1974): „Große Bilder äußern das Selbstbewusstsein ihrer Zeit. Sie sind nicht eigentlich zum vertiefenden Anschauen da, sondern sind, wie Fahnen oder Wappen, Zeichen einer gemeinsamen Gesinnung. […] Große öffentliche Bilder hängen mit Politik oder mit Gemeinde (Kirche) zusammen. Ein Politiker, der diesen Namen verdient, wird diese Gelegenheit nicht meiden, sondern nützen." Zit. nach: Verein der Freunde des Werkes Max Weilers (Hg.): Max Weiler (wie Anm. 13), S. 109.

15 Flatz: E-Mail an den Verfasser vom 26. Februar 2009.

16 Vgl. FLATZ, Werkkatalog 1. Bilder, Skulpturen und Objekte, München 1989, S. 107

17 Flatz: E-Mail vom 26. Februar 2009.

18 Siehe Abb. im Beitrag von Eleonore Gürtler .

19 Die Schattenseite ans Licht holen, in: natur + kosmos. Das Magazin für Natur, Umwelt, nachhaltiges Leben, März 2009, S. 77.

20 Gappmayr, Gabi: Norbert Brunner – Im Fluss der Zeichen, unveröffentlichter Text zur Ausstellung „No Brunner No Südtirol", Galerie Johann Widauer, Innsbruck 2008.

HANS WEIGAND — PANORAMA

Günther Dankl

Das Panoramabild des 19. Jahrhunderts hat sowohl eine historiographische als auch eine populärkulturelle Bedeutung. Es war der Versuch, das Schlachtengemälde aus seinen mythologischen Codes zu lösen und im realistischen Sinn neu zu definieren. Die Hügelperspektive des Feldherren sollte sich mit der Nahsicht des kämpfenden Soldaten vereinen, die disparaten Erfahrungen zum Bild einer Nation zusammenschweißend. Es ist ein historisches Imax-Kino, das nach wie vor nichts von seiner Faszination eingebüßt hat. Heute noch bestehende Beispiele sind u.a. das Panorama der „Bergiselschlacht" in Innsbruck, der „Schlacht bei Waterloo" in Braine-l'Alleud (Belgien), das

Bourbaki-Panorama in Luzern oder das Mesdag-Panorama in Scheveningen bei Den Haag (Niederlande).
In seinem monumentalen Format und durch den überwältigenden Maßstabswechsel zwischen Mikro- und Makroebene hatte das Rundgemälde auch einen beträchtlichen Unterhaltungswert. Im Rahmen von Weltausstellungen gehörte es zu den Publikumsmagneten. Lichtwechsel simulierten die sich verändernde Tageszeit, aus dem Bild herausragende Kulissenteile verstärkten die illusionistische Inszenierung. Der Betrachter hatte den Eindruck, in das Geschehen einzutauchen, bewahrte aber gleichzeitig Distanz und Überblick. Ähnlicher Mittel hat sich später später das Kino bedient.

Hans Weigand gehört zur Generation von Künstler/inne/n, für die der Umgang mit Video und Computer zum selbstverständlichen Werkzeug ihres Kunstwollens gehört. Seine spartenübergreifende Arbeitsweise erstreckt sich von Malerei, Skulptur, Fotografie, Film und Video über Musik und Druckgraphik, bis zu Typographie, Architektur, Design, Buchproduktion und dem Einsatz des Computers als technisches und ästhetisches Mittel. Dabei gibt es keine Entwicklung von einem Medium zum anderen, sondern er überschreitet kontinuierlich die Grenzen zwischen Techniken und Medien und arbeitet parallel in allen Bereichen.

Die Idee des Rundgemäldes aufgreifend, entwickelt Weigand ein großformatiges, ovales, 30 Meter langes Panoramabild, in dem seine Bildwelt auf neue Weise dreidimensional erlebbar ist. Ein Historienbild heutiger Zeit, worin sich die Surfkultur der amerikanischen Westküste mit Kriegsszenen ebenso vermischt wie das Hippieparadies mit dem Golfplatz oder Konsummüll mit religiösen Ikonen.

Von außen wird die Bildinstallation als freistehendes Objekt wahrgenommen, das Bild zeigt so gewissermaßen seine tektonische Seite. Die illusionistische Wirkung kommt erst im Inneren des Ovals zum Tragen. Die Scheinwerfer einer abgesenkten Decke bringen die chromatischen Nuancen und Kontraste der Malerei zur Geltung. Das große Format umschließt den Betrachter wie ein Bühnenbild, auf dem er zu agieren beginnt. Der panoramatische Eindruck wird nicht durch eine geschlossene Erzählabfolge produziert, sondern durch die malerische Nachbearbeitung des Künstlers, der das collagierte Material in mehreren Durchgängen übereinander schichtet. Stephan Oettermann definiert das Panorama als „Maschine, in der die Herrschaft des bürgerlichen Blicks gelernt und zugleich verherrlicht wird, als Instrument zur Befreiung und zur erneuten Einkerkerung des Blicks, als erstes optisches Massenmedium im strengen Sinne".[1] Als solches erfreuten sich die Panorama-Riesenrundgemälde um die Jahrhundertwende einer großen Beliebtheit. Um größtmögliche Publikumswirkung zu erreichen, gingen die Panoramen auf Reisen. So auch das von Hans Weigand, das vom Kunsthaus Zug kommend nach der Zwischenstation in der Ausstellung *Hofer Wanted* nach Berlin und Wien weiterreist.

[1] Oettermann, Stephan: Das Panorama. Geschichte eines Massenmediums, Frankfurt am Main 1980, S. 9

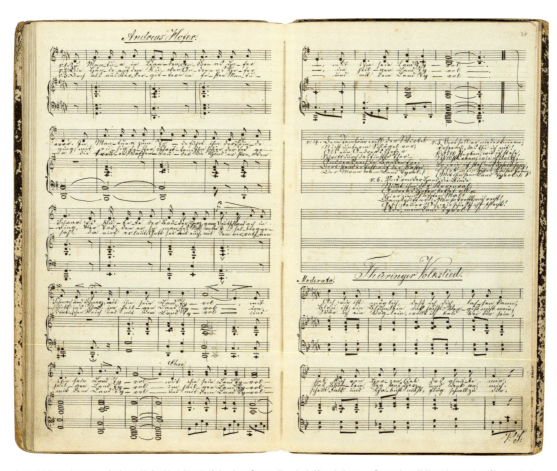

Leopold Knebelsberger, *Andreas-Hofer-Lied*, Abschrift in einer Sammelhandschrift unbekannter Provenienz (Mitteldeutschland?), um 1850, TLMF, Bibliothek, FB 32347

„IN PATUA ZU MANDEN"

INTRODUKTION, THEMA MIT SECHS VARIATIONEN UND CODA ZUR TIROLER LANDESHYMNE

Franz Gratl

INTRODUKTION

In regelmäßigen Abständen sorgt die Tiroler Landeshymne, das *Neue Andreas Hofer-Lied*[1], in Tirol und über die Grenzen des Landes hinaus für Diskussionen. Wie jede Hymne ist auch *Zu Mantua in Banden* ein durch Dekret der Regierenden etabliertes identitätsstiftendes Symbol.[2] Nationalhymnen sind „nationale Symbole"[3]. Die Symbolkraft des Andreas-Hofer-Liedes geht durchaus über die Grenzen des österreichischen Bundeslandes Tirol hinaus und wirkt auch auf Südtirol und das Trentino; sie umspannt somit Tirol in seiner historischen Dimension, die einst propagierte „tirolische Nation"[4] – oder zeitgemäßer die Europaregion Tirol. Innerhalb der Hymnen Österreichs ist die Tiroler Landeshymne ihres Textes wegen ein Unikum, handelt es sich doch um eine Ballade, die eine einzige Episode aus dem Leben eines einzelnen „Helden" thematisiert, eben, wie es im Titel des Gedichtes von Julius Mosen heißt: *Andreas Hofers Tod*. Nicht die Vorzüge des Landes werden besungen wie in der Vorarlberger Hymne *Du Ländle, meine teure Heimat*, auch nicht die Tugenden der Bewohner wie in der burgenländischen Landeshymne *Mein Heimatvolk! Mein Heimatland*, schon gar nicht beides wie in der Kärntner Hymne *Dort wo Tirol an Salzburg grenzt*. Auch die anrührend naive Gleichsetzung von Heimat- und Mutterliebe, wie sie in der oberösterreichischen Landeshymne *Hoamatland* vorgenommen wird („Hoamatland, Hoamatland! / han di so gern, / Wiar a Kinderl sein Muader, / A Hünderl sein' Herrn […]"), ist in *Zu Mantua in Banden* nicht zu finden. Warum ist ausgerechnet die Tiroler Landeshymne ein Zankapfel, manchen ein unumstößliches Denkmal, manchen ein Stein des Anstoßes? Um Antworten auf diese Frage zu finden, werden im Folgenden Entstehung, Verbreitung und markante Stationen der bewegten Rezeptionsgeschichte des *Andreas-Hofer-Liedes* skizziert; zum Komponisten konnten dabei neue Dokumente aus einem Teilnachlass Leopold Knebelsberger ausgewertet werden, der als Schenkung der Kommission für Musikforschung der Österreichischen Akademie der Wissenschaften 2008 in die Musiksammlung des Tiroler Landesmuseums gelangte.

THEMA

Der aus Marieney im Vogtland stammende Dichter Julius Moses[5] (1803–1867) schrieb die Ballade *Andreas Hofers Tod* 1831 (oder nach anderen Angaben 1832) als Student in Jena im nationalliberal-revolutionären Geist der florierenden studentischen Burschenschaften jener Zeit. 1833 wurde das Gedicht unter dem Titel *Sandwirth Hofer* im Leipziger *Deutschen Musenalmanach* erstmals publiziert. Hofer als Held im Kampf gegen jede Art von Unterdrückung, als großer Sohn der „deutschen Nation" im Kampf gegen die übermächtigen Franzosen,[6] diente den Burschenschaftlern als Identifikationsfigur. Sigurd Paul Scheichl hat dem Dichter Julius Mosen zu dessen 200. Geburtstag einige Zeilen gewidmet und kommt zu dem Schluss: „Insgesamt ist Mosen wohl eine typische, im Ganzen recht sympathische Figur, aber kein wichtiger Autor."[7] Dem Gedicht attestiert der Germanist nach eingehender Analyse „den Effekt schlichter Monumentalität" und „populäre Wirkung".[8] Einem anderen regionalen, sozialen und geistigen Umfeld als der Dichter entstammte der Komponist der Melodie der Tiroler Landeshymne, Leopold Knebelsberger.[9] Er wurde am 15. September 1814 als Sohn des Lehrers, Mesners und Organisten Paul Knebelsberger in Klosterneuburg geboren. Der Vater vermittelte ihm eine Grundausbildung auf Geige und Orgel sowie im Gesang. Aufgrund seines hervorragenden musikalischen Talentes wurde Leopold Knebelsberger

Leopold Knebelsberger mit Gattin Anna, Sohn Paul (* 1850) und Töchtern (wahrscheinlich Marie, *1851, und Wilhelmine, Geburtsdatum unbekannt), um 1864, TLMF, Musiksammlung, Teilnachlass Leopold Knebelsberger

nach Wien geschickt, wo er von dem Komponisten Conradin Kreutzer (1780–1849) und dem Violinvirtuosen Joseph Mayseder (1789–1863) Unterricht erhielt. Schon als Jugendlicher verdiente er sich seinen Lebensunterhalt dadurch, dass er als Musiker in Gasthäusern auftrat. Er spielte bei diesen Darbietungen eine Vielzahl von Instrumenten, neben der Geige unter anderem Hackbrett, Zither, Gitarre und Kornett (Flügelhorn). 1849 ehelichte Leopold Knebelsberger die Sängerin Anna Hellmich aus Preßnitz in Böhmen und übersiedelte in die Heimatstadt seiner Frau. Schon vorher, ab ca. 1843, unternahm er erste Konzertreisen nach Deutschland, zunächst unter anderem als Mitglied der Tiroler Nationalsängertruppe Peter Meister[10] und des Kärntner Mischitz-Quintettes, das „kärntnerisches Singen im Ausland bekannt machte"[11]. Offenbar gab trat Knebelsberger mit den Kärntnern in einer Fantasietracht auf, denn „von einer eigentlichen Nationaltracht Kärntens kann keine Rede sein, und wenn man liest, wie norddeutsche und selbst dänische Blätter bei Erwähnung der Kärntner Sänger in Lob über ihre kleidsame und geschmackvolle Nationaltracht sich ergehen, war es Illusion, denn sie war nur eine gewählte Komposition von tirolerisch-steirischer Tracht, etwa den Hut ausgenommen."[12] Um 1849 gründete Leopold Knebelsberger seine eigene „Nationalsängergesellschaft". Mit dieser Truppe bereiste er Städte in Österreich, Deutschland und Böhmen. 1858 und 1859 trat die „Kärntner [sic!] Nationalsängergesellschaft Leopold Knebelsberger" als Vokalquintett von fünf Männerstimmen unter anderem in Kiel, Hamburg, Lübeck, Stettin, Berlin, Leipzig, Dresden und Prag auf, 1862 auch in Königsberg. Die Besetzung der Formation änderte sich um 1860 und an die Stelle der rein vokalen trat eine vokal-instrumentale Mischbesetzung; nun war auch Knebelsbergers Frau Anna als Sängerin und Zitherspielerin mit von der Partie. In Bremen präsentierte die Sängergesellschaft als Kuriosum die Philomele (auch Stahlgeige), eine um die Mitte des 19. Jahrhunderts in München entwickelte Streichzither.[13] Ähnlich wie die Tracht dürfte auch das musikalische Repertoire der Knebelsberger-Truppe eine „Illusion" dargestellt haben insofern, als nicht originäre Volksmusik dargeboten wurde, sondern häufig sentimentale, triviale

Neukompositionen des Klosterneuburgers, denen durch Titel wie *Bin ein- und ausgangen in Tirol, Tyroler Gebirg und Abschied von der Steiermark* den Anschein des Echten und Erlebten gegeben wurde, ganz nach Art der im 19. Jahrhundert international beliebten *Airs tiroliens*[14]. Außer Eigenkompositionen Knebelsbergers umfasste das Repertoire im Übrigen eine bunte Fülle von Vokal- und Instrumentalwerken, vielfach in Arrangements. So fanden bei dem Bremer Konzert „die Productionen auf dem Holz- und Stroh-Instrument [?] großen Beifall. Von den Gesangsvorträgen gefielen vor allem das wirksame Lied des Wiener Volkssängers Fürst: ‚Der Mensch ohne Geld' [...], das schwedische Jagdlied, das Tyroler Schützenlied und das Lied von Andreas Hofers Tod. [...] In dem heute stattfindenden Concerte bei Hoppe wird Herr Knebelsberger auf Verlangen auch die Nachtigallen-Polka von Strauß auf dem Holz- und Stroh-Instrumente vortragen."[15] Von den Werken Knebelsbergers erlangte einzig das um 1844 entstandene *Andreas-Hofer-Lied* Popularität, doch wurde es seit ca. 1850 primär als Volkslied tradiert und der Name des Komponisten schien nur äußerst selten auf, sodass im 20. Jahrhundert Knebelsbergers Autorschaft in Zweifel gezogen wurde. Eine frühe Abschrift des Liedes ist in einer Sammelhandschrift enthalten, die um 1850 angefertigt wurde und als Geschenk von Martin Reiter (Reith im Alpbachtal) 2003 in die Bibliothek des Ferdinandeums gelangte.[16] Der *terminus post quem* für die Entstehung dieser Kopie des *Andreas-Hofer-Liedes*, die vermutlich von der Hand jener Emmi Herrman stammt, die auf einem Etikett auf dem Einbanddeckel als Vorbesitzerin aufscheint, ist das Jahr 1847, denn in diesem Jahr wurde Friedrich von Flotows Oper *Martha* in Wien uraufgeführt. Die Sammelhandschrift enthält neben dem *Andreas-Hofer-Lied* auch die berühmteste Nummer aus Flotows Welterfolg, nämlich die *Letzte Rose* („Letzte Rose, wie magst du so einsam hier blüh'n?"). In dieser Handschrift ist die mutmaßliche Urfassung von *Zu Mantua in Banden* überliefert, wie sie von Knebelsberger und seinen Sängerkollegen vorgetragen wurde: Der erste Teil des Liedes wird solistisch durch einen Bariton vorgetragen, der refrainartige Schluss der Strophen ist dem Männerchor zugedacht.

Die Sängergesellschaft Leopold Knebelsberger, der Komponist als 2. v. l. mit Bassgitarre,
Anna Knebelsberger an der Zither, um 1860

Die Sängergesellschaft Leopold Knebelsberger, links neben dem Komponisten stehend Gattin Anna, an der Zither
sitzend Tochter Marie, um 1865, TLMF, Musiksammlung, Teilnachlass Leopold Knebelsberger

Anonym wurde das *Andreas-Hofer-Lied* 1858 im *Allgemeinen Deutschen Kommersbuch* erstmals gedruckt. Fortan fand *Zu Mantua in Banden* als „Volkslied" vielfach Aufnahme in Liederbücher. Auch ohne die Existenz eines Autographs kann die Urheberschaft Knebelsbergers als gesichert gelten. Bereits 1865 wird der Klosterneuburger ausdrücklich als Komponist dieser Melodie gewürdigt: „Es dürfte vielleicht nicht allgemein bekannt sein, daß Herr Knebelsberger der Compositeur dieses in ganz Deutschland populairen Volkslied[es] ist, das wie nicht recht ein zweites den rechten Volkston getroffen hat".[17] Die Melodie des Liedes weist außer diesem „Volkston" typische Elemente einer Hymne auf und ist, wie Gerlinde Haid festgestellt hat, durchaus „gut gemacht" und funktionell.[18] Hier wird dem Komponisten seine gründliche Ausbildung zugute gekommen sein. Leopold Knebelsberger starb auf einer seiner Konzertreisen in Riga und wurde auf dem Friedhof der dortigen katholischen Kirche St. Franziskus begraben. Im Gedächtnis der Nachwelt blieb er primär als Komponist des *Andreas-Hofer-Liedes* präsent und seine Nachfahren, unter denen wiederum viele musikalisch tätig waren, bewahrten das Andenken Leopold Knebelsbergers. Als Wilhelm Knebelsberger, der Sohn des Komponisten, 1916 sein Gasthaus in Wien 4, Weyringergasse verlegen musste und neue Räumlichkeiten adaptierte, „ließ er von einem Akademischen Maler, einem Landsmann, Bilder aus dem Erzgebirge an die Wand malen – und im sogenannten Bauernstüberl – sah man an einer Wand in Lebensgröße den ‚Andreas Hofer' und daneben den Komponisten des Hoferliedes, Leopold Knebelsberger".[19] Laut Maria Schattner (1896–1976), der Enkelin des Komponisten und eifrigen Sammlerin von Material zur Biographie ihres Großvaters und zur Familiengeschichte der Knebelsberger, waren diese Bilder noch 1958 erhalten. In Klosterneuburg, Preßnitz und zuletzt 2003 an der Fassade des Gasthofes „Goldener Adler" in der Innsbrucker Altstadt[20] wurden dem Komponisten Knebelsberger Denkmäler errichtet.

VARIATION 1:
ANDERE MELODIEN ZUM TEXT, NEUE TEXTE ZUR ALTEN MELODIE

Julius Mosens Ballade von *Andreas Hofers Tod* wurde nicht nur von Leopold Knebelsberger vertont: Ein Klavierlied in f-Moll über diesen Text ist in einem Sammelband in der Stadtbibliothek Lübeck überliefert;[21] wenn die mutmaßliche Zuschreibung an den bedeutenden Klavierpädagogen, Komponisten und Chorleiter Ludwig Berger (1777–1839) zutrifft, dann handelt es sich hier um die älteste Vertonung des Gedichtes (vor 1839). 1844 erschien im Frankfurter Verlag G. H. Heller eine Fassung von *Zu Mantua in Banden* für Singstimme und Klavier aus der Feder des Frankfurter Chormeisters Heinrich Neeb (1807–1878) – ganz in der von Zumsteeg und Schubert begründeten Tradition der durchkomponierten Liedballade.[22]

Knebelsbergers eingängige Melodie hingegen war bald nach ihrem Entstehen so populär, dass ihr neue Texte unterlegt wurden. Der Volksliedsammler Franz Magnus Böhme bringt in seiner Anthologie *Volkstümliche Lieder der Deutschen* (Leipzig 1895) ein Lied mit dem Titel *Der Schleswigsche Krieger auf der Wacht* (Textincipit: „Es war auf Jütlands Auen, es war am kleinen Belt"), das er in das Jahr 1849 datiert, mit der Melodie von *Zu Mantua in Banden*.[23] Bald nach dem Tod des liberalen sächsischen Oppositionsführers Robert Blum, der 1848 standrechtlich erschossen wurde, verbreitete sich ein Lied zu dessen Andenken nach der Melodie von *Zu Mantua in Banden*.[24] Es beginnt mit den Worten: „O du verrat'nes Deutschland, wo ist dein Heiligtum?" Große Verbreitung fand eine Textfassung des sozialistischen Reichstagsabgeordneten Johannes Most (1846–1900), ein Kampflied der Arbeiterbewegung (um 1870). Die erste Strophe des unter dem Titel Die *Arbeitsmänner* bis heute populären und in Liederbüchern der Sozialistischen Jugend enthaltenen Liedes lautet:

„Wer schafft das Gold zutage?
Wer hämmert Erz und Stein?
Wer webet Tuch und Seide?
Wer bauet Korn und Wein?
Wer gibt den Reichen all ihr Brot
und lebt dabei in bittrer Not?
Das sind die Arbeitsmänner,
das Proletariat!"

In mehreren ehemals kommunistischen Staaten wurde dieses Lied übernommen und mit landessprachlichen Texten versehen. 1907 schuf Arnulf Eldermann nach diesem Vorbild ein Lied der sozialistischen Arbeiterjugend *Dem Morgenrot entgegen*, das in der DDR bis zum Mauerfall 1989 häufig gesungen wurde.

Heinrich Neeb, *Andreas Hofer (Zu Mantua in Banden)*, Ballade in d-Moll für Singstimme und Klavier, Titelblatt der Druckausgabe Frankfurt 1844, TLMF, Musiksammlung, A-Imf M 3094

VARIATION 2:
METAMORPHOSEN DES ANDREAS-HOFER-LIEDES

Als klingendes Symbol für das Land Tirol fand das *Andreas-Hofer-Lied* vielfach Eingang in Werke der Kunstmusik. Hier können nur einige signifikante Beispiele herausgegriffen werden:

Der Chormeister der Innsbrucker Liedertafel Josef Leiter (1830 – 1887) komponierte um 1880 eine Fassung des *Andreas-Hofer-Liedes* für Männerchor und Orchester, die in Innsbruck, aber auch in Heidelberg und Frankfurt am Main aufgeführt wurde[25]. In der Version des Kapellmeisters am Theater an der Wien und populären Operettenkomponisten Richard Genée (1823 – 1895) wird aus Knebelsbergers schlichter Volksweise eine dramatische Szene:[26] Während die Strophen 1–3 des Liedes in Genées Lied in Balladenmanier für Singstimme und Klavierbegleitung sehr eng an das Original angelehnt sind, wird ab der vierten Strophe („Dem Tambour will der Wirbel nicht unterm Schlägel vor") die Liedmelodie eher frei behandelt. Im farbigen, sehr eigenständigen Klavierpart werden die Trommelwirbel, das Schreiten des Sandwirts zur Richtstätte und der tödliche Schuss lautmalerisch geschildert.

Im Oratorium *Andreas Hofer* op. 176 des Innsbrucker Musikpädagogen, Chorleiters und Organisten Karl Senn (1878–1964), auf Worte von Heinrich Klier komponiert für das Gedenkjahr 1959 (aber nicht aufgeführt), bildet das *Andreas-Hofer-Lied* den hymnisch überhöhten Abschluss eines außergewöhnlich groß angelegten Werkes für vier Solostimmen, einen Sprecher, Frauen-, Männer- und gemischten Chor, großes Orchester und Orgel. Nach der musikalischen Schilderung des Todes des Helden rezitiert der Sprecher zunächst folgende Zeilen: „Andreas Hofer – Mensch – Kämpfer und Symbol? Als Mensch seiner Zeit mit ihrer Not verbunden nahm er den Kampf auf um Freiheit, Väterglaube und das Recht. Dem Freiheitswillen der Tiroler späterer Epochen zum Symbol geworden, hob ihn das Lied im

Richard Genée, *Andreas Hofer* (*Zu Mantua in Banden*), Ballade für Singstimme und Klavier, Titelblatt der Druckausgabe Offenbach: Johann André, um 1870, TLMF, Musiksammlung, A-Imf M 4349/1

Klang weit über seine Zeit hinaus, und wo es klingt, wird das Symbol lebendig – Zu Mantua in Banden"; darauf erklingen zunächst pianissimo in den Streichern die ersten vier Takte des Liedes, ehe der Sprecher fortfährt: „ein Lied ist grenzenlos geworden und wird gesungen, wo die Zunge seine Sprache spricht. Es wird gesungen, wo die Güter der Nation – die Freiheit, Väterglaube und das Recht – vom Volk gewahrt, geachtet werden. Es klinge heut', das Lied, Andreas Hofer zum Gedenken, es klinge, kraftvolles Bekenntnis eines ganzen Volkes, einem Sturm gleich durch das Land […]" An dieser Stelle setzen nun das ganze Orchester und die Orgel ein; der Chor singt in wuchtigem Unisono aller Stimmen die erste Strophe des *Andreas-Hofer-Liedes* und bringt das Oratorium damit zu einem klangmächtigen Abschluss.

Ein eigenes, façettenreiches Kapitel stellt die bis heute andauernde Popularisierung des *Andreas-Hofer-Liedes* in Werken der Blasmusik dar. Philipp Schmutzer der Jüngere (1868–1937), Spross einer aus Böhmen stammenden, in Vorarlberg wirkenden Musikerfamilie, 1883-1887 Absolvent des Innsbrucker Musikvereins und der Münchner Musikschule, zunächst Militärkapellmeister in Innsbruck und Brixen, 1894-1901 Dirigent, Konzertmeister und Chorleiter in Brixen, 1901-1909 freischaffender Komponist und Musiklehrer in Innsbruck, komponierte 1890 eine *Andreas-Hofer-Ouvertüre* für Blasorchester, in der das Lied auf sehr originelle Art und Weise verarbeitet wird.[27] Schmutzer ist auch der Komponist eines Werkes mit dem Titel *Berg Isel* (op. 35) nach einer Dichtung von Emil Strobl, das zum Gedenkjahr 1909 komponiert wurde.[28] Der Komponist bot für dieses Stück nicht weniger als sechs Besetzungsmöglichkeiten an: Erstens Männerchor mit Orchester und Flügelhorn-Solo in der Entfernung, zweitens Männerchor mit Klavierbegleitung und Flügelhorn-Solo, drittens Männerchor a cappella und Flügelhorn-Solo, fünftens Männerchor a cappella, sechstens Männerchor mit Harmoniemusik-Begleitung (also Blasorchester). Schmutzer verwendet das Andreas-Hofer-Lied auf außergewöhnliche Art und Weise: Nach

einer pathetischen Hymne auf den „Iselsberg" folgt ein zurückgenommener zweiter Teil, in dem die Melodie von *Zu Mantua in Banden* im Solo-Flügelhorn erklingt, begleitet von den „Brummstimmen" des Männerchors (so der originale Wortlaut in der Klavierpartitur, gemeint ist textloses Summen der Begleittöne im pianissimo). Dann übernimmt der vierstimmige Männerchor die Melodie, allerdings nicht mit dem Originaltext, sondern mit den Worten Emil Strobls: „Heil Sandwirt, frommer, starker Held, rein wahrtest du das Ehrenfeld, die Kaisertreu' im Land Tirol am Iselsberg, die war es wohl".
Als Melodie im Trio von Märschen für Blasmusik fand *Zu Mantua in Banden* wiederholt Eingang, zum Beispiel im wohl populärsten aller Andreas-Hofer-Märsche, den Gustav Mahr (1858–1930) als Kapellmeister des *Alt-Hessischen* Infanterieregimentes Nr. 14 komponierte. Dieser Marsch hält sich bis heute im Repertoire vieler Blaskapellen. Andere Andreas-Hofer-Märsche mit Liedtrio stammen wiederum von österreichischen Militärkapellmeistern, nämlich von Karl Komzák jun. (1850 – Baden bei Wien), dessen op. 279[29] auch als „Defiliermarsch des k. u. k. Tiroler Kaiserjäger-Regimentes No. 3" Verwendung fand, und von Josef Pitschmann (1847–1917), dem Kapellmeister des k.k. 11. Infanterieregimentes Prinz Georg von Sachsen in Innsbruck.[30] Der vorläufig biographisch nicht fassbare, vermutlich als Militärkapellmeister wirkende Komponist Johann Michael Becker schuf zum Gedenkjahr 1909 einen „charakteristischen Marsch mit dem Titel *Tiroler Freiheitskampf anno 1809*[31] für die typische große Militärmusik-Besetzung jener Zeit, also mit Bläsern und auch vollem Streicherapparat. Der erste Marschteil trägt die programmatische Überschrift „Aufruf", Takt 8 ist überschrieben mit „Mutig dem Feinde entgegen". Der zweite Teil des Marsches schildert das Schlachtengewirr „Im Kampfe für Gott, Kaiser und Vaterland", während der Beginn des Trios „Andreas Hofers Gefangennahme und Tod" gewidmet ist. Hier wird – wie könnte es anders sein – das *Andreas-Hofer-Lied* zitiert. Im zweiten Teil des Trios aber, der mit „Treu ergeben dem Kaiserhause" überschrieben ist,

Karl Komzák, *Andreas Hofer-Marsch*, Titelblatt der Ausgabe für Klavier, Leipzig–Wien–London–Brüssel–New York: Bosworth & Co. um 1900, TLMF, Musiksammlung, A-Imf M 3338

bildet eine andere Hymne die Grundlage, nämlich Joseph Haydns „Volkshymne" *Gott erhalte*. Das auffällige Schwergewicht auf der Kaisertreue der Tiroler ist wohl in Verbindung mit der Anwesenheit von Mitgliedern des Hauses Habsburg bei den Gedenkfeierlichkeiten 1909 zu bringen.

Als prominenter Tiroler Blasmusik-Komponist der Gegenwart griff der ehemalige Südtiroler Landeskapellmeister Gottfried Veit (*1917) wiederholt auf die Melodie des *Andreas-Hofer-Liedes* zurück, zum Beispiel in seiner *Andreas-Hofer-Fanfare* oder im *Tiroler Helden-gedenken*. Die Komposition *In Patua zu Manden* für Computer und Blasorchester[32] aus der Feder des Tiroler Jazztrompeters und Komponisten Franz Hackl (*1966) ist ebenso ironisierend im Umgang mit der Hymne wie das Stück *In Bantua zu Manden* für Bläserquartett (1986) des Südtirolers Felix Resch (*1957).[33]

Josef Pitschmann: *Andreas-Hofer-Marsch*, Ausgabe für Klavier, Innsbruck: Johann Gross/S. A. Reiss um 1890, TLMF, Musiksammlung, A-Imf M 861

VARIATION 3:
EIN LIED IM ZANGENGRIFF DER GESETZGEBUNG (1)

Am 2. August 1948 wurde das *Andreas-Hofer-Lied* durch den Tiroler Landtag formell zur Hymne des Bundeslandes Tirol deklariert:

„Der Landtag hat beschlossen:

§ 1.
Das Andreas-Hofer-Lied nach den Worten von Julius Mosen und nach der Weise von Leopold Knebelsberger gilt als Tiroler Landeshymne.

§ 2.
Text und Melodie des Andreas-Hofer-Liedes bilden ein untrennbares Ganzes. Es ist daher verboten, seinen Text nach einer anderen Melodie und zu seiner Melodie einen anderen Text zu singen. Dieses Verbot gilt auch für Texte und Melodien, die dem Andreas-Hofer-Lied ähnlich sind und nur unwesentlich davon abweichen.

§ 3.
Das Andreas-Hofer-Lied darf nur bei Veranstaltungen und Feiern gesungen und gespielt werden, die seiner Würde als Landeshymne entsprechen.

§ 4.
Übertretungen der Bestimmungen dieses Gesetzes werden von der Bezirksverwaltungsbehörde (Bundespolizeibehörde) mit Geld bis 1000 Schilling oder mit Arrest bis vier Wochen bestraft."

Laut Gesetzestext bilden also Text und Melodie des *Andreas-Hofer-Liedes* ein „untrennbares Ganzes" – das steht in Widerspruch zu den bereits ausführlich dargelegten Umständen, dass die Melodie einer anderen Zeit und Geisteswelt entstammt als das Gedicht und dass der Weise bald nach ihrer Entstehung andere Texte unterlegt wurden. Die Kriminalisierung dieser Kontrafakturen *ex posteriori* barg Konfliktpotential. Und wie sind Verstöße wegen „ähnlicher", „unwesentlich abweichender" Melodien de facto judizierbar? Dass die Melodie zitatenhaft melodische Formeln verwendet, die in Werken der Kunstmusik ebenso nachweisbar sind wie in Volksliedern, hat W. Josef Meindl detailreich ausgeführt.[35] Knebelsbergers volksliedhaft schlichte Weise ist wohl bewusst an „ähnliche" und „unwesentlich abweichende" Melodien angelehnt, um den Effekt des Populären zu erzielen. Wie und wie oft die Strafbestimmungen bei Übertretung des Gesetzes zur Tiroler Landeshymne wirksam wurden, entzieht sich der Kenntnis des Verfassers.

VARIATION 4:
DIE DISKUSSION DES JAHRES 1993

In einer Parteiaussendung zum Landesfeiertag Mariä Himmelfahrt (15. August) 1993 wagte es der damalige Landeshauptmannstellvertreter von Tirol, Hans Tanzer (SPÖ), laut darüber nachzudenken, ob die Tiroler Landeshymne nicht einer Aktualisierung bedürfe, besonders in Hinblick auf die Passagen „mit ihm das ganze deutsche Reich" und „ganz Deutschland, ach, in Schmach und Schmerz".[36] Die breite Diskussion, die dadurch ausgelöst wurde, war geprägt von Untergriffen und Hasstiraden. Offenbar hatte Tanzer in gewissen Kreisen der Bevölkerung das sogenannte „gesunde Volksempfinden" und patriotische Gefühle verletzt. Auch wenn gemäßigtere, objektivere Stimmen im Verlauf der Debatte den Text des *Andreas-Hofer-Liedes* mit überzeugenden Argumenten als deutschnationale Geschichtsfälschung entlarvten – schließlich hatte Hofer als konservativer, erzkatholischer und kaisertreuer Österreicher auch gegen die Bayern gekämpft und nicht primär als Deutscher gegen die feindliche französische Nation,[37] so tat dies der hitzigen Diskussion keinen Abbruch. Tanzer sah

sich auch mit persönlichen Angriffen der niedrigsten Sorte konfrontiert. Erst als er bei den Landtagswahlen 1994 nicht mehr kandidierte, ebbte der Disput über die Landeshymne allmählich ab. Dass die Erinnerung an Tanzers „Frevel" aber nicht vergessen ist, belegt zum Beispiel die Internet-Homepage des westfälischen *Schützenvereins Andreas Hofer Oberbilk*[38], wo der Tiroler Landeshymne und ihrer Geschichte breiter Raum gewidmet ist – mit vollständigem Zitat des Tiroler Landesgesetzes von 1948 und einer dezidierten Verurteilung von Tanzers Vorstoß – dies alles unter der Überschrift *In Mantua zu Banden* [sic!].

VARIATION 5:
DIE DISKUSSION DES JAHRES 2004

Kaum waren die Wogen einigermaßen geglättet und die Nachwirkungen der Diskussion von 1993 verdaut, da kam es 2004 erneut zu verbalen Auseinandersetzungen wegen des *Andreas Hofer-Liedes*[39]. Auslöser war eine Veranstaltung der Tiroler SPÖ zum Gedenken an die Februarkämpfe des Jahres 1934 vor der Parteizentrale, bei der unter anderem das bereits erwähnte traditionelle Arbeiterlied *Dem Morgenrot entgegen* gesungen wurde – zur Melodie von *Zu Mantua in Banden*. Dies führte zu einem Sturm der Empörung vor allem bei Mitgliedern der Regierungspartei ÖVP. Man witterte einen Verstoß gegen das Landesgesetz von 1948 und deutete das Absingen des Arbeiterliedes als gewollte Verhöhnung der Landeshymne – wohl in Unkenntnis des historischen Hintergrundes und der weiten Verbreitung von *Dem Morgenrot entgegen*. Die Grünen stellten daraufhin das Landesgesetz von 1948 zur Diskussion. Es kam bei den Landtagsdebatten zu hitzigen Wortgefechten vor allem zwischen Schwarz und Grün, begleitet von verbalen Untergriffen. Die Medien griffen die neuerliche Diskussion bereitwillig auf. Erst im November 2004 wurde schließlich das Landesgesetz von 1948 außer Kraft gesetzt und durch einen neuen Gesetzestext in Bezug auf die Landeshymne ersetzt.

VARIATION 6:
EIN LIED IM ZANGENGRIFF DER GESETZGEBUNG (2)

Ein neues Gesetz zur Landeshymne ersetzte nun also jenes von 1948. Die Formulierung wurde gezielt so gewählt, dass das Absingen von *Dem Morgenrot entgegen* zur Melodie von *Zu Mantua in Banden* künftig nicht mehr einen strafrechtlich relevanten Tatbestand darstellte (ein Zugeständnis an die SP Tirol als Juniorpartner der Landesregierung). Der Schutz vor der Herabwürdigung und Entstellung des Liedes – und nun auch dezidiert seines Textes – blieb bei empfindlicher Erhöhung der Geldstrafe gesetzlich verankert.

„Der Landtag hat beschlossen:

§ 1
Die Landeshymne ist das Andreas-Hofer-Lied nach den Worten von Julius Mosen und der Weise von Leopold Knebelsberger (Anlage).

§ 2
(1) Eine Verwaltungsübertretung begeht, wer
a) die Landeshymne unter entstellender Veränderung ihres Wortlautes oder ihrer Melodie verwendet oder
b) die Landeshymne unter Begleitumständen spielt oder singt, die nach allgemeinem Empfinden die ihr gebührende Achtung verletzen, sofern die Tat nicht den Tatbestand einer in die Zuständigkeit der Gerichte fallenden strafbaren Handlung bildet.
(2) Verwaltungsübertretungen nach Abs. 1 sind von der Bezirksverwaltungsbehörde mit einer Geldstrafe bis zu 2000.- Euro zu ahnden.

§ 3
Dieses Gesetz tritt mit dem Ablauf des Tages der Kundmachung in Kraft. Gleichzeitig tritt das Gesetz über die Tiroler Landeshymne, LGBl. Nr. 23/1948, außer Kraft."[40]

Ist diese Novelle wirklich zeitgemäß? Warum muss ausgerechnet die Tiroler Landeshymne per Gesetz vor missbräuchlichem Umgang geschützt werden, warum haben andere Hymnen das nicht nötig? Ist dies nicht ein klassischer Fall von Anlassgesetzgebung und parteipolitischem Hickhack? Gedanken darüber machte sich 2004 unter anderem die bekannte Tiroler Popgruppe *Bluatschink*: Auf deren Homepage wird auf das Landesgesetz von 2004 Bezug genommen.[41] Die Außerferner Musiker hatten schon 1993 in ihrem Lied *Tirol, stårkes Land* eine Textzeile des *Andreas-Hofer-Liedes* paraphrasiert und damit wohl gegen das Landesgesetz von 1948 verstoßen:
„Zu Mantua in Banden, då singt a jeder mit, doch wer schützt heind des Landl vur'm nuia Feind Transit!"
Eine Veranstaltung des Transitforums Austria am 29. Oktober 2004 war nun – zusammen mit der damals gerade aktuellen Diskussion um die Tiroler Landeshymne – ein Anlass für *Bluatschink*, die „längste je gesungene Version" des *Andreas-Hofer-Liedes* zu schaffen. Kritik am Hofer-Mythos und an dessen Vermarktung, am Transitverkehr und an der Debatte um *Zu Mantua in Banden* werden in nicht weniger als 32 Strophen abgehandelt. Toni Knitel, der Protagonist von *Bluatschink*, meint dazu in einem Plädoyer für die Befreiung des Liedes aus dem Würgegriff der Gesetzgebung: „Dieses Lied gehört keiner politischen Partei, sondern den Tirolern! Wir wollen auch weiterhin diese Melodie verwenden dürfen, um damit Themen zu transportieren, die mit dem Land Tirol zu tun haben. Wir pochen hier auf unsere künstlerische Freiheit! Wir wollen die Heimatgefühle unserer Tiroler Landsleute nicht verletzen, sondern wir nützen die Bekanntheit dieses Liedes, um durch eine Umtextung die nötige Aufmerksamkeit auf die aktuellen Probleme des Landes zu lenken!"[42]
Die 18. Strophe der Bluatschink-Version des *Andreas-Hofer-Liedes* lautet:

„Im Landtåg drinn in Innsbruck wera Diskussiona gführt
dånn wird a G'setz beschlossen wega deinem Hofer-Liad!
Als hatta sie nix ånders z'tia: A G'setz, wer's singa
derf und wia!
Im schönen Lånd Tirol, im schönen Lånd Tirol!"

CODA: DIE LANDESHYMNE 2009 UND IN DER ZUKUNFT

Und wie steht es um die Landeshymne im Gedenkjahr
2009 und darüber hinaus? Weitere Diskussionen sind im
Grunde bereits vorprogrammiert, denn die gesetzliche
Regelung von 2004 birgt nach wie vor Konfliktpotential und kann wohl schwerlich als der Weisheit letzter
Schluss betrachtet werden. Aktuelle Stellungnahmen
zeigen weiters, dass die divergierenden Positionen von
1993 und 2004 nach wie vor ihre streitbaren Vertreter
finden und dass das Andreas-Hofer-Lied immer noch
über das Potential verfügt, zum Thema einer intensi-
ven „multimedialen" Auseinandersetzung zu werden.
Es bleibt zu hoffen, dass eine seriöse und kritische
Diskussion über Landeshymne und „Hymnengesetz"
nicht wieder in die Untiefen eines ideologischen
Grabenkampfes hinab gezogen wird und dass aus dem
in vielerlei Hinsicht unglücklichen Verlauf der Debatten
von 1993 und 2004 Lehren gezogen werden.

ANMERKUNGEN

[1] Im Gegensatz zum *Alten Andreas-Hofer-Lied* „Ach Himm'l es ist verspielt". Diese Unterscheidung hat eine längere Tradition und begegnet zum Beispiel im Begleitheft der *CD Andreas Hofer Musik 2003*, die das Museum Passeier 2003 herausgegeben hat (Produktion: TSS-Records – Tonstudio Stubai, Mieders).

[2] Glaner, Birgit: Nationalhymnen, in: Die Musik in Geschichte und Gegenwart 7, Kassel–Basel–London 1997, Sp. 15-23.

[3] Glaner, Nationalhymnen (wie Anm. 2), Sp. 15.

[4] Siehe dazu: Die Tirolische Nation, 1790–1820, Katalog Tiroler Landesmuseum Ferdinandeum Innsbruck, Innsbruck 1984.

[5] Der Sohn eines jüdischen Kantors und Schulmeisters nannte sich erst ab 1844 Julius Mosen; siehe Girtler, Roland: Julius Mosen (1803–1867): Jüdischer Burschenschafter in Jena und Dichter des Andreas Hofer-Liedes, in: Alemannia Studens 10, 2000, S. 31ff.. Jüdische Herkunft und Namensänderung werden in der Literatur zur Tiroler Landeshymne durchwegs verschwiegen, vielfach wohl bewusst.

[6] Eine veritable Geschichtsfälschung; dazu mehr im Kapitel „Die Diskussion von 2004".

[7] Scheichl, Sigurd Paul: Das Andreas-Hofer-Lied. Zum 200. Geburtstag des Dichters Julius Mosen, in: Der Schlern 77, 2003, S. 115-122, 116.

[8] Scheichl, Andreas-Hofer-Lied (wie Anm. 7) S. 119.

[9] Zu Knebelsbergers Biographie siehe Lechner, Günther: Leopold Knebelsberger, Komponist des Andreas Hofer-Liedes, Stadtgemeinde Klosterneuburg 1983. – Moißl, Rudolf Alexander: Die Geschichte des Andreas-Hofer-Liedes. Dem Komponisten Leopold Knebelsberger aus Klosterneuburg zu seinem 100. Todestag am 30. Oktober 1969, (= Heimatblätter für Klosterneuburg, N.F. 2/3, Sonderausgabe), 1969.

[10] Lechner, Günther: Zum Gedenken an den Komponisten des Andreas-Hofer-Liedes – 175. Geburtstag von Leopold Knebelsberger (= Heimatpflege – Kulturpflege – Stadtgeschichte 9, Sonderbeilage, hg. vom Arbeitskreis zur Förderung der Heimatkunde in Klosterneuburg), 1898, S. 1.

[11] Antesberger, Günther: Kärntnerlied, in: Österreichisches Musiklexikon 2, Wien 2003, S. 964ff., 965.

[12] Kollitsch, Anton: Das Mischitz-Quintett. Ergänzungen zur Geschichte des Kärntnerliedes, in: Mitteilungen des Geschichtsvereins für Kärnten, 1952, S. 63, hier zitiert nach Lechner, Knebelsberger (wie Anm. 9), S. 63.

[13] Tiroler Landesmuseum Ferdinandeum, Musiksammlung, Teilnachlass Leopold Knebelsberger: [o. Verf.]: Bericht über die Sängergesellschaft Leopold Knebelsberger, in: Bremer Courier, 11. 11. 1865, Abschrift von der Hand Maria Schattners.

[14] Siehe dazu z. B. Salmen, Walter: Die weltweite Verbreitung von „Airs tyroliens", in: Musikgeschichte Tirols II (= Schlern-Schriften 322), Innsbruck 2004, S. 799-818.

[15] Tiroler Landesmuseum Ferdinandeum, Musiksammlung, Teilnachlass Leopold Knebelsberger: Bericht (wie Anm. 13).

[16] Tiroler Landesmuseum Ferdinandeum, Bibliothek, FB 32347: Sammelhandschrift vermutlich mitteldeutscher Provenienz mit Liedern und Arien für Singstimme und Klavierbegleitung, nach 1847.

[17] *Bremer Courier* vom 11. November 1865, wie Anm. 13.

[18] Haid, Gerlinde: „Zu Mantua in Banden...". Eine Aufregung um die Tiroler Landeshymne aus dem Jahr 1993, in: Musikalische Volkskunde und Musikpädagogik: Annäherungen und Schnittmengen. Festschrift für Günther Noll zum 75. Geburtstag (= Musikalische Volkskunde. Materialien und Analysen. Schriftenreihe des Instituts für Musikalische Volkskunde der Universität zu Köln 15), Essen 2002, S. 91-106, 95.

[19] Tiroler Landesmuseum Ferdinandeum, Musiksammlung, Teilnachlass Leopold Knebelsberger: Mein Lebensweg in Freud und Leid, erzählt [von] Maria Schattner, Enkelin vom Komponisten Leopold Knebelsberger (HS), S. 9.

[20] Reiter, Martin: Zu Mantua in Banden: Die Tiroler Landeshymne, Reith im Alpbachtal 2003, S. 27-30, S. 29 (Abbildung des von Emmerich Kerle gestalteten Reliefs, das Mosen und Knebelsberger zeigt).

[21] Stadtbibliothek Lübeck: D-LÜh Mus. P 1444; siehe DVD-ROM *RISM Serie A/II: Musikhandschriften nach 1600*, 15. kumulierte Ausgabe 2007, München: Saur 2008.

[22] Tiroler Landesmuseum Ferdinandeum, Musiksammlung, A-Imf M 3094: Exemplar des Druckes

[23] Tiroler Landesmuseum Ferdinandeum, Bibliothek, FB 59359: Meindl, W. Josef: Andreas Hofer und die Erhebung Tirols im Spiegel der Dichtung, Musik und bildenden Kunst (Typoskript), Innsbruck 1984, S. 31-38.

[24] Reiter: Zu Mantua in Banden (wie Anm. 20), S. 66f.

[25] Tiroler Landesmuseum Ferdinandeum, Bibliothek, FB 59359:

Meindl: Andreas Hofer (wie Anm. 23), o.S. – Tiroler Landesmuseum Ferdinandeum, Musiksammlung, A-Imf M 2917: Druck der Partitur, Innsbruck: Johann Gross.

[26] Tiroler Landesmuseum Ferdinandeum, Musiksammlung, A-Imf M 4349/1: Genée, Richard: Andreas Hofer von Julius Mosen, nach einer Volksmelodie für eine Singstimme mit Pianoforte-Begleitung bearbeitet, Offenbach: Johann André um 1870.

[27] Tonaufnahme: Siehe CD *Andreas Hofer Musik 2003* (wie Anm. 1). Im Booklet zu dieser CD-Aufnahme wird fälschlich Philipp-Schmutzer der Ältere (1821-1898) als Komponist dieser Ouvertüre angegeben. Siehe Rausch, Alexander: Schmutzer, Familie, in: Österreichisches Musiklexikon 4, Wien 2005, S. 2108.

[28] Tiroler Landeskonservatorium, Bibliothek, Altbestand (zur Zeit Depositum in der Musiksammlung des Tiroler Landesmuseums Ferdinandeum), A-Ik 8425: Klavierpartitur, Innsbruck: Anton Aubitsch 1909.

[29] Tiroler Landesmuseum Ferdinandeum, Musiksammlung, A-Imf M 3338: Ausgabe für Klavier, Leipzig–Wien–London–Brüssel–New York: Bosworth & Co. um 1900.

[30] Tiroler Landesmuseum Ferdinandeum, Musiksammlung, A-Imf M 861: Ausgabe für Klavier, Innsbruck: Johann Gross / S. A. Reiss um 1890.

[31] Tiroler Landeskonservatorium, Bibliothek, Altbestand (zur Zeit Depositum in der Musiksammlung des Tiroler Landesmuseums Ferdinandeum), A-Ik 9037: Handschrift, Autograph, datiert „Innsbruck, am [!] März 1909".:

[32] Tiroler Landesmuseum Ferdinandeum, Musiksammlung, A-Imf M 8442: Partitur (Computersatz).

[33] Veit Gottfried/Weyermüller Friedrich: Blasmusik aus Tirol. Verzeichnis der Komponisten und ihrer Werke, Bozen–Innsbruck 2007, S. 165.

[34] Gesetz vom 2. Juni 1948 über die Tiroler Landeshymne, in: Landes-Gesetz- und Verordnungsblatt für Tirol, 1948 (13. Stück), 31.8.1948.

[35] Tiroler Landesmuseum Ferdinandeum, Bibliothek, FB 59359: Meindl: Andreas Hofer (wie Anm. 23), S. 31-38.

[36] Zur Diskussion des Jahres 1993 siehe: Haid: Zu Mantua in Banden (wie Anm. 18), S. 101.

[37] Haid: Zu Mantua in Banden (wie Anm. 18), S. 101.

[38] www.andreas-hofer-oberbilk.de Zugriff: Februar 2009.

[39] Eine Zusammenfassung der Debatte des Jahres 2004 findet sich bei Schlosser, Hannes: Dem Morgengrauen entgegen: Die Debatte zur Tiroler Landeshymne, in: Gaismair-Jahrbuch, 2006, S. 201-212.

[40] Gesetz vom 17. November 2004 über die Tiroler Landeshymne, in: Landesgesetzblatt für Tirol, 2005 (2. Stück), 13.1.2005.

[41] Siehe im Internet unter http://www.bluatschink.at/zu_mantua_in_banden.htm Zugriff: Februar 2009.

[42] http://www.bluatschink.at/zu_mantua_in_banden.htm (wie Anm. 41).

WIE HOFER ZU SEINEM BART KAM UND WO EIN RIESE ZERLEGT WIRD

Susanne Gurschler

Es gibt Tage, an denen der Himmel besonders viel Regen und besonders viele Wolken entlässt. Ende Oktober, Anfang November 2008 gibt es einige solche Tage in Südtirol. An solchen Tagen kann es passieren, dass sich am Eingang des Passeiertales nördlich von Meran eine dichte, graue Nebelwand auftürmt. Mit dem Küchelberg, auf dem Dorf Tirol liegt und der sich von links wie ein Riegel vor die Talöffnung schiebt, bildet sie dann einen schützenden Wall. Davor breitet sich die Kurstadt aus, lieblich adrett auch im Nebelkleid. Linkerhand lugt aus dem Schleier die *Zenoburg* hervor, die majestätisch auf dem Felsen ruht, den es am Eingang zum Tal zu umrunden gilt. Rechterhand wird der Ausblick auf die sich nun wieder öffnende Landschaft dominiert von der dicht bebauten Ortschaft Schenna mit ihrer weit über die Felder hin sichtbaren gleichnamigen Burg. Früher stellten sie und natürlich die Kirche alle anderen Bauten in den Schatten, heute geht der große Kasten beinahe unter im Gewurl der Bettenburgen. Keiner der Hotelbauten konnte ihr aber bisher die hervorragende Stellung streitig machen, versucht haben es einige.

Diese regengrauen Herbsttage scheinen genau richtig, um sich auf eine Spurensuche zu begeben, auf eine Spurensuche nach Andreas Hofer, dem Anführer der Aufständischen von 1809, geboren und aufgewachsen in St. Leonhard in Passeier. Nach der verlorenen vierten *Schlacht* am Bergisel zog er sich im November mit seinen Getreuen in sein Heimattal zurück, wo es zu letzten verlustreichen Kämpfen mit den Franzosen kam. Mehrere Wochen hielt sich Hofer dann noch auf der *Pfandleralm* versteckt, am 28. Jänner 1810 wurde er gefangen genommen, kurze Zeit später in Mantua hingerichtet. Die lockere Suche nach Hinweisen auf den wohl bekanntesten Sohn des Tales wird mich durch das Passeiertal bis nach St. Leonhard führen, in Kirchen,

Gasthäuser und in die Natur. *Schloss Schenna* und seine Umgebung laden zu einem ersten Intermezzo ein. Geographisch beginnt das Passeiertal hier und zieht sich rund 20 Kilometer nach Norden bis zum Hauptort St. Leonhard. Dort teilt es sich. Der eine Weg führt über den Jaufenpass nach Sterzing, der andere über das Timmelsjoch ins Ötztal. Am Fuße der mächtigsten Gipfel der Gegend, dem Ifinger und dem Hirzer, steht *Schloss Schenna* anmutig schwer auf einem Felszacken über dem Ortszentrum. Errichtet wurde es zur Zeit von Margarethe Gräfin von Tirol (1318–1369), die wegen ihrer angeblich übermächtigen Unterlippe im Volksmund abschätzig den Beinamen *Maultasch* erhielt. Nach einer durchwegs wechselvollen Geschichte gelangte die Burg 1809 ins Visier der örtlichen Schützen und Landstände, die sich in der gut ausgestatteten Waffenkammer bedienten. 1845 wählte Erzherzog Johann von Österreich (1782–1859) das Anwesen als Bleibe für seinen Sohn Franz. Warum der *steirische Prinz* ausgerechnet in der Umgebung von Meran einen standesgemäßen Sitz für seinen einzigen ehelichen Spross suchte, hatte wohl mehrere Gründe. Einer lag darin, dass seine Gemahlin und seine Nachfahren kurz davor zu Grafen von Meran erhoben worden waren. Der Habsburger schien mehr als zufrieden mit seiner Wahl, denn er notierte in sein Tagebuch: „Hier will ich, wenn es Gott gefällig ist, meinem Knaben ein Nest bereiten, hier mitten unter einem Kernvolke, in einer gesunden Gegend, soll sein Wohnsitz sein."

DER FREUND AUS WIEN

Erzherzog Johann machte nie einen Hehl daraus, sich dem sogenannten einfachen Volk näher zu fühlen als dem Wiener Hof. Dass ihm die bodenständigen, traditionsbewussten Tiroler gefielen, war allgemein bekannt.

Zudem pflegte er ein ganz besonderes Verhältnis zu Andreas Hofer, den er bereits 1804 bei einem Besuch im Passeiertal kennengelernt hatte. *Prinz Hannes* wie er gerne genannt wurde, unterstützte ihn und seine Anhänger nicht nur aktiv in ihrem Kampf gegen die Besatzer, in der kaiserlichen Residenz trat er auch immer wieder für deren Belange ein. Dass sein Bruder, *Kaiser Franz II.* (1768–1835), die Hinrichtung des Sandwirtes in Mantua nicht verhindert hat, soll er ihm ein Leben lang nicht verziehen haben. Die letzte Ruhe fand der humanistisch gebildete und vielseitig interessierte Habsburger-Spross auf eigenen Wunsch im 1869 fertiggestellten neugotischen Mausoleum am Kirchhügel in Schenna. Die Nachfahren des Erzherzogs heben noch heute gerne hervor, wie viel Achtung er dem Passeirer entgegenbrachte. Besonders stolz sind die jetzigen Burgherren, Johanna Gräfin von Meran und ihr Mann Franz Graf von Spiegelfeld, darauf, im Besitz jener Wiege zu sein, die den Anführer der Aufständischen durch seine ersten Lebensmonate schaukelte. Zudem besitzen sie ein Porträt des Landeskommandanten von der Hand des in Wien geborenen Malers Franz Altmutter (1746–1817). Dessen Sohn Jakob Placidus (1780–1820) wiederum schuf das wohl bekannteste und am häufigsten kopierte Abbild des Sandwirtes.

Von Schenna aus hat man nicht nur einen phantastischen Blick auf das sanft geschwungene, fruchtbare Meraner Becken, die weitläufigen Apfelplantagen und Weinberge, sondern auch auf den Küchelberg und die Ortschaften Kuens und Riffian. Wie kleine Ameisenhügel kleben sie an der anderen Seite des Tales. Hier stieß das *letzte Aufgebot* der am 1. November 1809 bei der sogenannten vierten *Schlacht* am Bergisel in die Knie gezwungenen Tiroler auf rund 1.000 Franzosen. Diese sollten von Süden kommend im nach wie vor aufwieglerischen Passeiertal endgültig für Ruhe und Ordnung sorgen. „In Wirklichkeit hat die tausend Mann starke Kolonne den Gerichtsbezirk Passeier dann gar nie erreicht. Denn bereits im Grenzgebiet zwischen Riffian und Kuens gerieten die Franzosen in einen derartigen Kugelregen der Passeirer, dass sie trotz

der eigenen Übermacht von den Bauern immer weiter zurück gedrängt wurden", schreibt der Chronist Sepp Haller 1969 in seinem schmalen Büchlein „Die Passeirer in den Tiroler Freiheitskämpfen der Jahre 1796 97, 1799 und 1804". Doch damit waren die Auseinandersetzungen nicht beigelegt. Am 16. November, „einem richtigen Novemberregentag", wie Haller weiß, kam es am Küchelberg, bei *Schloss Tirol* und unterhalb von Schenna erneut zu Zusammenstößen. Sie waren heftiger und blutiger als die vorherigen. Nach zähem Ringen gelang es den Vinschgauer, Burggräfler und Passeirer Schützen in einem gemeinsamen Kraftakt den Küchelberg zu erstürmen. Die Franzosen wurden „buchstäblich von den Höhen in die Stadt ‚hinabgedroschen'" und zogen sich schwer geschlagen Richtung Bozen zurück. Der Zorn der entfesselten Meute traf daraufhin die als „bayernfreundlich bekannten Städter", schreibt Haller: „Mancher Bürger wurde von den aufgebrachten Bauern mißhandelt und verdankte seine Rettung nur den vermittelnden Kapuzinerpatern." Am Tag zuvor hatte der Sandwirt sein Hauptquartier von seinem Zuhause in St. Leonhard nach Saltaus verlegt. Im *Saltauserhof* dürften sich einige Zeit vor dem Ende des Aufstandes 1809 dramatische Szenen abgespielt haben.

Im *Saltauserhof* soll Andreas Hofer im November 1809 gezwungen worden sein, weiterzukämpfen.

Hier sollen konspirative Treffen zwischen Hofer und den Bauern der Umgebung stattgefunden haben, bei denen über eine Volkserhebung gegen die bayerischen Besatzer beraten wurde. In den weitläufigen Kellergewölben des traditionsreichen Hauses wurden später Widersacher der Aufständischen – wie etwa der bayerische Landrichter von St. Leonhard – festgehalten. Und im November 1809 wurde Hofer hier schließlich von seinen eigenen Leuten in die Enge getrieben. Mit Waffengewalt zwangen sie den durch die Ereignisse entmutigten und die verschiedenen widersprüchlichen Meldungen konfusen Hofer, weiter zu kämpfen, obwohl er selbst die Waffen schon längst niederlegen wollte. Festgehalten ist dieser Moment in einem Gemälde auf der Außenmauer über der alten Eingangstür. Es zeigt Andreas Hofer, wie er angesichts der in die Stube drängenden Mitkämpfer zurückweicht, während er von einem aufgebrachten Gefährten mit dem Stutzen bedroht wird. Das in einem Holzrahmen gefasste Bild ist auf den ersten Blick gar nicht auszumachen. Zu dominant ist das Gebäude. Glatte, weiß getünchte Mauern, Stufengiebel und in den Himmel stoßende Türmchen, schwere schmiedeeiserne Gitter, rot-weiß-rot leuchtende Holzjalousien. Trutzig zwingen der Saltauserhof und die dahinter liegende kleine *Kapelle zur Heiligen Dreifaltigkeit* die vielbefahrene Straße in eine Kehre. Auf der anderen Seite presst sich ein ebenso hervorstechendes Zeichen zeitgenössischer Architektur an den Waldrand, die 2006 eingeweihte *Kirche St. Michael* mit frei stehendem hoch aufragendem holzgefasstem Glockenturm.

Der Weg führte ursprünglich östlich des *Saltauserhofes* vorbei, heute steht dort ein von der Straße aus in seinem Umfang kaum sichtbarer Zubau mit Sonnenterrasse. Der Gasthof ist zu einem Viersternhotel mit *Dependance* gewachsen und gehört zu den ersten Adressen im Tal. Urkundlich erwähnt wurde der *Saltauserhof* erstmals 1288. Er zählt zu den Passeirer Schildhöfen, von denen heute noch elf bekannt sind. Diese Schildhöfe waren mit besonderen Privilegien ausgestattet, die Schildherren dem Adel gleich gestellt. So durften sie ihre Waffen nicht nur im Alltag, sondern auch bei Gericht und in der Kirche tragen und verfügten über Jagd- und Fischereirechte. Im Gegenzug waren sie verpflichtet, bewaffneten Kriegsdienst innerhalb der Tiroler Landesgrenzen zu leisten. Ein etwa lebensgroßer streng dreinblickender *Holz-Ander* bewacht den Eingang zur Bar, die von hellem Holz und mit rotbeige gestreiftem Stoff überzogenen Sitzmöbeln dominiert wird. Hinter der Skulptur etwas versteckt finden sich ein paar Fotos von Schildherren in traditionellem Gewand, mit breitkrempigem, in die Stirn gezogenem Hut und ernstem Blick, mit großem Schild und Hellebarde. Links oben an der Wand hängen Schild und Hellebarde des Schildhofes Saltaus, daneben alte Ansichten von Moos und Pfelders, rechts solche von St. Martin und St. Leonhard. Aus den Lautsprechern tönt *Düsseldorfer Girl*. Es ist später Vormittag, in der Bar hockt niemand und auch der Chef ist nicht da. Da müsse man vorher anrufen, in der Rezeption hinten, sagt die Kellnerin. Später ist vom Junior-Chef am Telefon zu erfahren, dass der Senior-Chef für die Geschichte des Schildhofes Saltaus zuständig und gerade für einen Monat in Urlaub gegangen sei.

ZWEI EINJÄHRIGE OCHSEN

Bei Saltaus, wo landwirtschaftlich der Weinbau endet, weitet sich das Tal wieder. Der in den letzten Jahrzehnten stark gewachsene Weiler ist eine Fraktion von St. Martin, das mit dem Hauptort St. Leonhard seit „anno Schnee" um den Vorrang im Tal rittert, wie Arnold Fontana schmunzelnd festhält. Fontana betreibt den *Mitterwirt*, das Gasthaus *Lamm*, im Dorfzentrum von St. Martin. Es ist eine heimelige Gaststube mit Kachelofen und unbehandeltem Holzboden, Herrgottswinkel und Heiligem Geist an der Decke. Auf den schweren Tischen liegen kleine Hirschfiguren und in ihren Geweihen klemmen Teelichter. Das gleichmäßige Ticken der Wanduhr, das Gemurmel der Gäste werden übertönt vom professionellen Fauchen der wuchtigen italienischen Kaffee-Maschine. In den Regalen aus alten Holzbrettern stehen *Averna* und *Fernet, Jägermeister* und *Braulio, Cynar, Montenegro* und *Ramazzotti*. Auf der Stellage neben dem Tresen lehnt ein Buch über Malt Whisky. Im Hintergrund trällert Boy George gerade leise *Karma Chameleon*. Andreas Hofer, der lieber in St. Martin als in St. Leonhard zur Kirche ging, ist nach der Messe gern hier eingekehrt, wenn ihn seine Beine nicht zum Unterwirt gelenkt haben, wo seine Schwester verheiratet war, oder zum *Oberwirt*. Vielleicht hat er auch regelmäßig alle drei abgeklappert: Sie liegen nur einen Steinwurf voneinander entfernt. Sicher ist, so verkündet eine Tafel am Eingang, beim *Mitterwirt* hat Hofer seine Bartwette abgeschlossen. Über deren Hergang gibt es mehrere Versionen. Eine steht in der Speisekarte. Ein kurzer Text, die Dialoge sind in Passeirer Dialekt gehalten; daneben die Zeichnung eines launigen Hofer mit strammen Wadeln und Büchse, der am Walle-Bart zupft; darunter die italienische Übersetzung der Szene.

Die Speisekarte des Mitterwirts in St. Martin in Passeier enthält die sog. „Bartwette" Andreas Hofers.

Am Sonntag nach Martini des Jahres 1800 sollen sich der Sandwirt, dessen Schwager Josef Gufler und ein paar Bauern hier auf einen *Watter* getroffen haben. Dabei wurde der St. Leonharder ordentlich aufs Korn genommen und der Schwager witzelte, einer, der weder Bart noch Schnauzer habe und unter dem Pantoffel seiner Frau stehe, könne wohl auch nicht richtig Karten spielen. Woraufhin Hofer lässig konterte: „Sell kostet mi an Locher. Wenn ös grod muant, nocher kannt mier's jo ohn gian, und sell a sou: wer von ins af's Johr in schianst'n Bort hott, gewinnt a poor guate Jahrlinge." Und wie könnte es anders sein, zwölf Monate später führte Hofer zwei einjährige Ochsen heim.

Wer glaubt, in Arnold Fontana hier einen jener strammen Tiroler anzutreffen, die beim Namen Andreas Hofer wässrige Augen bekommen, der täuscht sich. Der *Mitterwirt* hat nichts am Hut mit verbrämter Nostalgie, aber ein waches Interesse für die Geschichte seiner Umgebung. Sie an Interessierte weiterzugeben, das ist ihm ein Anliegen. „Ob die Leute sich dafür erwärmen oder nicht, ist ihre Sache. Aber ich möchte, dass der, der hier herein kommt, die Seele dieses Ortes spürt", sagt der 42-Jährige. Sein Bedürfnis der Gaststube, die in den 1950er Jahren „modernisiert" wurde, ihre Seele zurück zu geben, brachten ihn und seine Frau dazu, den ursprünglichen Zustand soweit als möglich wiederherzustellen. Mit viel Liebe zum Detail und anhand von alten Fotos wurde der Rückbau vorangetrieben. Heute gibt es auch wieder „Saure Suppe", zur Freude nicht nur der Einheimischen.

Wenige Jahre nach Hofers legendärer Bartwette, als die Konflikte zwischen den Einheimischen und den Besatzern ihren Anfang nahmen, quartierten sich Franzosen und Bayern 1807 für zwei Jahre im *Mitterwirt* ein und führten hier ihre Verhöre durch. An der östlichen Hausmauer erinnern die in Stein gehauenen Wappen in den Landesfarben Frankreichs und Bayerns noch heute an diese Zeit. „Ende Juli 1808 schickte Bayern 600 Soldaten nach Passeier, St. Martin war regelrecht belagert. Ohne Passagierschein durfte niemand das Dorf betreten oder verlassen", weiß Fontana. Die Maßnahmen kamen nicht von ungefähr. Denn die Unzufriedenheit der Tiroler mit den neuen Machthabern und ihren Erlässen, die köchelte hier ganz besonders. Während nämlich die Pfarre in St. Leonhard zum liberaleren Deutschen Orden gehörte, wurde die in St. Martin von den konservativen Benediktinern des Stiftes Marienberg im Vinschgau betreut. Zudem war die *Pfarrkirche zum heiligen Martin* ein beliebter Wallfahrtsort für Anhänger des sogenannten *Blutkultes*, in dessen Tradition auch der Herz-Jesu-Kult steht. Die *kirchenfeindlichen* Gesetze stießen hier daher auf weitaus heftigeren Widerstand als in der Nachbargemeinde. Die Kirche St. Martin wurde bald als Ort der Verschwörung gegen die Besatzer ausgemacht, der Pfarrer abgesetzt und dafür der Kooperator von St. Leonhard geholt. Der Protest ließ nicht auf sich warten: Die Kirchenbänke blieben leer. Ministranten versagten ihren Dienst, dafür gab es heimliche Messen in Kellern und in Heustadeln.

In der Pfarrkirche zum Heiligen Martin findet sich neben dem Glasbild von Johann Haller, Kardinal und Erzbischof von Salzburg, eines von Andreas Hofer.

Andreas Hofers Treue zu ihrer Pfarre haben ihm die St. Martiner nie vergessen und so wurde dem St. Leonharder Wirt eine ganz besondere Ehre zuteil. Auf Augenhöhe mit Johannes Haller (1825–1900), der es vom Bauernsohn zu Kardinalswürden brachte und Fürsterzbischof von Salzburg wurde, blickt der Hofer, der es vom Wirt und Weinhändler zum Landeskommandanten von Tirol brachte, auf den Altar. Unter dem neugotischen Kirchenfenster steht: „Hier betete Andreas Hofer zum göttlichen Herzen Jesu." Kurz vor seinem Tod in Mantua verfügte Hofer im legendären Abschiedsbrief an seinen Freund Vinzenz Piehler, die Totenmesse solle seine „Liebste" „zu sanct marthin" halten lassen, die Fürbitten in beiden Pfarreien. Der Leichenschmaus aber sei beim Unterwirt anzurichten: „Den freintn Beim Untter Wirth ist suppe und fleisch zu göben lassn nebst Einder halben Wein." In Hochdeutsch übersetzt nachzulesen ist die Passage am Erker über dem Eingang zum *Unterwirt*, dem Gasthof *Weißes Kreuz* in der Dorfgasse. Dem sieht man überhaupt nicht mehr an, dass er erstmals nachweislich im Jahre 1678 erwähnt wurde. Die Umbauwut, die in den 1970er und 1980er Jahren allerorts grassierte, hat auch hier seine Spuren hinterlassen, dem Haus ein fades Gesicht verpasst. Daran ändert auch nichts, dass der kleine Platz davor im Jahre 2000 zum *Andreas-Hofer-Platz* erhoben wurde. Links geht es ein paar Stufen hinunter ins Gasthaus, rechts ins Hotel hinauf. In der schummerigen Bar im 80er-Jahre-Stil ist wenig los. Ja, der Chef sei da, sagt der Kellner und blickt unsicher zu einem älteren Herrn, der an der Theke steht und aufmerksam Unterlagen durchblättert. Ubald Pichler ist ein hagerer, bleicher Mann, er trägt eine Baskenmütze und ein glänzendes Schaltuch und er hat wenig Zeit. Nein, außer dem, was an der Fassade steht, und einer „schönen Gipsfigur" von Hofer im Empfangsraum des Hotels habe man nichts, sagt er knapp und wendet sich wieder seinen Zetteln zu.

Da der Himmel über Passeier keine Anstalten macht, zumindest eine Handvoll Sonnenstrahlen zwischen Regen und Wolken zu werfen, fällt die Wanderung auf die *Pfandleralm* buchstäblich ins Wasser. Sie liegt oberhalb des Weilers Prantach, den man von St. Martin aus über eine Bergstraße erreicht. Vom dortigen Pfandlerhof aus wandert man knapp eine Stunde, bis in einer Waldlichtung die 1.350 Meter hoch gelegene Hütte erreicht ist, in der Hofer zusammen mit Frau und Sohn und mit seinem Schreiber Kajetan Sweth die letzten Wochen vor seinem Tod verbrachte. Die Hütte brannte 1919 ab, wurde aber anlässlich des 175-Jahr-Jubiläums 1984 von den Passeirer Schützen an derselben Stelle originalgetreu wieder errichtet; ein unscheinbarer, schlichter Schober aus Stein und Holz – in Stein gemeißelt die Erinnerung an die damaligen Ereignisse. In unmittelbarer Nähe findet sich heute eine schmucke, mit Holzbalkon bewehrte, schindelgedeckte neue Alm, direkt an der Route des europäischen Fernwanderweges E5, der in Oberstdorf (Allgäu) beginnt und bis nach Verona (Veneto) führt. Die *originale Pfandleralm* ist eine der Außenstellen des Museums Passeier, das vor wenigen Jahren im Sandwirt, dem Geburtshaus Andreas Hofers eröffnet wurde. Neben dem obligaten Thema Hofer wird auch Interessantes zur Volkskultur und zur Entwicklung des Tales präsentiert. Im Freilichtbereich kann der Besucher einen vollständigen Passeirer Haufenhof begehen.

EIN STUTZEN AM HIMMEL

Kurz nach St. Martin quert die Hauptstraße die Passer, die dem Tal seinen Namen gibt. Sie fungiert auch als Gemeindegrenze, die Weiler und Höfe links des Baches gehören zu St. Martin, die rechts davon zu St. Leonhard. Von hier aus fällt bereits der Blick auf den *Sandwirt*, das Gasthaus, in dem Andreas Hofer in der Nacht des 22. November des Jahres 1767 das Licht der Welt erblickte. Am Himmel sollen damals eigentümliche Sternbilder zu sehen gewesen sein. So meinte etwa die Hebamme, Lichtzeichen in Form eines Jagdgewehres auszumachen, das auf den *Sandwirt* deutete. Es könnte aber auch ein Säbel gewesen sein. Die Ursprünge des Hofes gehen ins 12. Jahrhundert zurück, wie Untersuchungen am Mauerwerk im Keller ergeben haben. Seit 1694 war im Hof auch eine „Wirtstafern" eingerichtet, die sich zu einem wichtigen Umschlagplatz auf dem Weg über den Jaufen und das Timmelsjoch entwickelte. Hier wurden die Pferde gewechselt, Waren verladen, gekauft

und verkauft. Und Andreas Hofer selbst war als Wein- und Pferdehändler in ganz Alt-Tirol unterwegs, bevor er zu den Waffen griff. „Ob er ein Held war, mag jeder für sich selbst beurteilen", heißt es im 15-minütigen Film über Leben und Wirken Andreas Hofers und den Aufstand von 1809. Gezeigt wird er im Rahmen der Dauer-Ausstellung. Diese ist nicht darauf angelegt, das Heldenbild, den Mythos Hofers zu bestätigen. Andenken gibt es trotzdem: einen eigens für das Jubiläumsjahr abgefüllten Andreas Hofer-Wein etwa, blaue Schürzen mit aufgesticktem Porträt, Hofer ins Trinkglas geritzt oder auf eine Münze geprägt. Mit Hilfe einer imposanten Spindelpresse und einer gehörigen Portion Schwung wird das Souvenir vor Ort geprägt und mit Echtheits-Zertifikat ausgehändigt. 593 sind es am 28. Oktober, die 2008 bereits geprägt wurden.

Anlässlich des Jubiläumsjahres 2009 hat das Museum, das in den ehemaligen Stallungen eingerichtet wurde, eine unterirdische Erweiterung erfahren. Die neu konzipierte Dauerausstellung steht unter dem Motto „Helden + Hofer". „Andreas Hofer ist einer unter vielen", erklärt Albin Pixner, Leiter des Museums, der für ein Jahr von seiner Tätigkeit als Lehrer freigestellt wurde, um das Umbauprojekt zu betreuen. „Die Rebellion von 1809 ist ein von Großmächten provozierter Regionalkonflikt, wie sie die Geschichte viele kennt." Dementsprechend sollen die Gäste „ohne Patriotismus und aus wechselnden Perspektiven" an die Thematik herangeführt werden, nicht nur die Selbstsicht der Tiroler, auch die Sicht von außen soll den Blick auf Hofer und seine Zeit ins richtige Licht rücken. Persönliche Relikte Hofers sind hier dennoch in gehäufter Form zu finden, sie reichen von seinen originalen Kleidungsstücken bis zu seinem Schreibpult, von seinem Silberring bis zu seinem Rosenkranz. Jahrzehntelang wurden die Erinnerungsstücke wenig attraktiv in den schummrigen Räumen des ehemaligen Stalles präsentiert. Seit das Museum eröffnet wurde, ist der *Sandwirt* als Ausflugsziel nicht nur für Schulklassen wieder interessant. Der Eingang zur Gastwirtschaft findet sich heute rechts neben dem Hauptgebäude, an das sich eine große, verglaste Veranda anschließt. Errichtet wurde sie anlässlich des Besuches des österreichischen Kaisers Franz Joseph I. (1830–1916) 1899, wie der Kellner bereitwillig Auskunft gibt. Auch das riesige Bild an der Wand stammt aus jener Zeit. Es ist dem Gemälde *Andreas Hofers letzter Gang* des bekannten Tiroler Künstlers Franz von Defregger (1835–1921) nachempfunden und zeigt einen angesichts des Todes gefassten Hofer, umringt von verzweifelten Anhängern. Auf den Tischen stehen kleine Kärtchen, sie informieren darüber, dass es „Mosto d' uva – Traubenmost" gibt. Der kleine Ofen, mit dem der riesige Raum früher notdürftig geheizt wurde, ist nicht mehr in Funktion, die moderne Zentralheizung ist hinter einer schlichten Holzverkleidung verborgen. Links von der Bar führt ein Gang in den Haupttrakt. Dort findct sich die holzvertäfelte Stube aus Hofers Zeit mit Bildcrn von Anna und Andreas Hofer und Erinnerungsstücken an den Besuch des Monarchen. Mehrere tausend Leute strömten am 21. September 1899 beim *Sandhof* zusammen, darunter hohe Politiker und geistliche Würdenträger, Adelige und Militärs, Schützen und Verbände. Gefeiert wurde nicht nur die Eröffnung der Straße von Meran nach St. Leonhard, gefeiert wurde auch die Einweihung der *Herz-Jesu-Kapelle*. Sie steht auf einer kleinen Anhöhe links vom Wirtschafts- gebäude oberhalb der *Heilig-Grab-Kapelle*. Letztere hatte Kaspar Hofer, der Urgroßvater Andreas Hofers, 1689 erbaut aus Dankbarkeit dafür, dass er von einer Wallfahrt ins Heilige Land unversehrt und gesund zurückgekehrt war. Der Grundstein für die Gedächtniskapelle, die auch als *Andreas-Hofer-Kapelle* bezeichnet wird, wurde anlässlich des 100. Geburtstages von Hofer am 22. November 1867 gelegt. Doch dauerte es aus finanziellen Gründen noch einige Jahre, bis das Bauwerk fertiggestellt werden konnte. Über Steinstufen empor betritt man durch eine vom Wetter gegerbte Tür die kreuzförmige, neuromanische Kapelle. In den vier Schiffen hat der Historienmaler Edmund von Wörndle mit Unterstüt- zung seines Sohnes Wilhelm Szenen rund um Andreas Hofer und den Befreiungskampf der Tiroler bildlich festgehalten. Darunter etwa die *Einführung des Staatspfarrers Hermeter in St. Martin am 15. August 1808, die Feierliche Weihe Tirol's dem heil. Herzen Jesu in Bozen 3. Juni 1796* oder *Die Schlacht am Bergisel am 29. Mai 1809.* Wer die Kapelle heute betritt, steht vor einem handgeschmiedeten Gitter, das nach der Renovierung 1978 wohl aus Sicherheitsgründen vor dem eigentlichen Sakralraum angebracht wurde.

Es schränkt den Blick auf die Fresken an den Innen- wänden ein, weniger getrübt ist der in das Kreuzge- wölbe des Vierungsturmes. Dessen Wände sind mit Darstellungen von Heiligen geschmückt. In den vier Feldern, die durch das Kreuzgewölbe des Turmes entstehen, sind die vier Evangelisten wiedergege- ben. Oberhalb der Eingangstür findet sich die Szene *Andreas Hofer's Tod in Mantua am 20. Februar 1810.* Er liegt auf den Resten eines Mauerwerkes, ein Knie leicht angewinkelt. Drei Einschusslöcher sind auszu- machen: Eines in der Stirn, zwei in der Brust. Dabei soll Andreas Hofer doch mit 13 Schüssen getötet worden sein. Über ihm schweben zwei Engel, der eine hält einen Palmzweig, der andere einen Lorbeerkranz und weist mit einer Hand Richtung Himmel. Dieser ist wolkenverhangen. Nach oben blickt auch der Geistli-

Außenansicht der *Andreas Hofer Gedächtniskapelle*; der Grund- stein für die Kapelle wurde an seinem 100. Geburtstag gelegt.

che, der zur Linken Hofers steht, neben ihm ein respekt-voll geradeaus schauender Offizier und ein finster den Toten fixierender Soldat, dessen Gewehrkolben auf den Liegenden gerichtet ist. Unter dem Bild finden sich die Namen der von den Bayern 1809 und 1810 „standrecht-lich erschossenen Landesverteidiger". Flankiert wird der tote Hofer von der Szene *Gefangennehmung A. Hofer's auf der Pfandleralpe am 28. Jänner 1810* und von jenem Bild, das am Saltauserhof in Kopie zu sehen war. Es zeigt die Szene *Durch Todesdrohung wird Andreas Hofer in Saltaus zur Fortsetzung des Aufstandes gedrängt.* Vom *Sandwirt* führt östlich der Straße ein Weg über die Wiesen nach St. Leonhard und von dort über die Anhöhe westlich durch einen lichten Nadelwald und über die Felder zum Geburtshaus des Freiheitskämpfers zurück. Der Rundwanderweg, an dem diverse Tafeln auf geschichtliche und landschaftliche Besonderheiten hin-weisen, wird als *Andreas-Hofer-Spazierweg* bezeichnet. Er lässt sich mit entsprechender Ausrüstung, bestehend aus festem Schuhwerk und Regenschutz, ganz locker auch bei trüb-nassem Wetter absolvieren. Lenkt man seine Schritte Richtung Bach, dann über den *Passer-dammweg* taleinwärts über die Wiesen, hat man einen phantastischen Blick auf St. Leonhard. Der Hauptort des Tales ist ausgesprochen touristisch geprägt und in den letzten Jahrzehnten beachtlich gewachsen. Hier gabelt sich das Tal in Hinterpasseier, das über Moos zum Timmelsjoch bzw. südlich ins Pfelderertal führt, und das Waltental Richtung Jaufenpass. Während sich Häuserblock um Häuserblock an den Hang schmiegen, ist der Talboden auffallend spärlich verbaut. Das mag wohl daran liegen, dass dieses Gebiet über Jahrhunder-te von Überschwemmungen bedroht war. Erst durch die Verbauung des Kummersees in Hinterpasseier konnte diese Gefahr gedämmt werden.

GEBEINE IN DER KOHLSTATT

Über den *Dornsteinweg* führt der Spaziergang direkt in den Ortsteil Kohlstatt zum sogenannten *Franzosen-friedhof.* Nach alten Aufzeichnungen gab es hier noch im 18. Jahrhundert einen Pestfriedhof. Seine Umbe-nennung erfuhr er infolge der dramatischen Ereignisse, die sich zwischen dem 21. und dem 23. November 1809 in der unmittelbaren Umgebung abgespielt haben. Rund 1.200 Franzosen waren, über den Jaufen kommend, ins Tal eingefallen und stießen oberhalb von St. Leonhard auf die eilends zusammengetrommelten Landsturmkompanien. Auf der nordöstlich des Ortes gelegenen Anhöhe Happerg/Kolbern und in der Nähe der Kirche kam es zum letzten Gefecht zwischen den Besatzern und den Tirolern, aus dem Letztere siegreich hervorgingen. Die Freude darüber währte nicht lange. Als wenige Tage später nochmals mehr als 3.000 französische Soldaten ins Passeiertal vordrangen, flüchteten die Anführer der Aufständischen und Hofer verschanzte sich auf der *Pfandleralm.*

Die beim letzten Gefecht 1809 in St. Leonhard getöteten französischen Soldaten sollen auf dem sogenannten *Franzosenfriedhof* begraben sein. Untersuchungen haben aber ergeben, dass hier keine Gebeine liegen.

Die beim letzten Gefecht 1809 getöteten 230 Franzosen wurden von den Einheimischen in der *Kohlstatt* beerdigt. So will es die Überlieferung, so steht es noch in den Geschichtsbüchern. Das glauben noch viele Leute, es sind nicht nur Einheimische. In Hinblick auf das Jahr 2009 und auf Wunsch der Verantwortlichen im *Museum Passeier* hat das *Südtiroler Amt für Bodendenkmäler* 2007 vor Ort Untersuchungen durchgeführt. Es ging darum, Erkenntnisse darüber zu erhalten, wer hier bestattet wurde und auf welche Art und Weise. Zudem sollte festgestellt werden welche Art von Verletzungen die Toten aufwiesen. Die Überraschung war groß, als sich herausstellte, dass dort gar keine Soldaten bestattet waren. Die am Grabungsprojekt Beteiligten gehen nun davon aus, dass sich der Bestattungsplatz entweder an einem anderen Ort befindet oder die „Überlieferung" des *Franzosenfriedhofes* erst zu einem späteren Zeitpunkt entstanden ist. Über die Gründe für letzteres könnte allerdings nur spekuliert werden. Nichtsdestotrotz. Als kleine umfriedete Insel präsentiert sich der *Franzosenfriedhof* inmitten eines dichten Netzes von Ein- und Mehrfamilienhäusern. Saftiggrün lacht der Rasen aus dem nebeliggrauen Herbsttag. Etwa in der Mitte ragt ein schlichtes Holzkreuz in den Himmel, bewacht von zwei niederen Steinkreuzen. Ein mit Steinplatten gepflasterter Weg führt durch den penibel gestutzten Rasen und vorbei an ebenso penibel gestutzten Hecken zu drei Tafeln, die in Italienisch, Deutsch und Französisch darüber informieren, dass hier 200 Soldaten und 30 Offiziere begraben sind. Gepflegt und betreut wird der Friedhof heute von Privaten und der Gemeinde. Zudem leistet das Französische Konsulat jährlich einen finanziellen Zuschuss zur Erhaltung.

Rund zehn Minuten braucht man forschen Schrittes, um zur Kirche von St. Leonhard zu gelangen, deren Kirchturm weithin sichtbar luftige Nebelschwaden durchsticht. Gleich neben dem Nordeingang steht der *Brühwirt*. Wer die Geschichte nicht kennt, dem wird das besondere Merkmal dieses Gebäudes nicht ins Auge fallen. Gleich über der Tür, beinahe verdeckt von einer dekorativen Girlande aus grünweißen und rotweißen Stoffherzen, stechen drei grau glänzende Halbkugeln aus der Mauer.

Dabei soll es sich, so wird zumindest erzählt, um Kanonenkugeln handeln, von denen unzählige die Luft über St. Leonhard durchsiebt haben in jenen letzten Tagen des Widerstandes Ende November 1809. Links ein paar Steinstufen hinunter geht es auf den terrassenförmig angelegten Friedhof der *Kirche zum heiligen Leonhard*. In den Tagen vor *Allerheiligen* herrscht hier wie andernorts Hochbetrieb. Die Gräber werden mit frischer Erde, Erika und kunstvollen Kränzen geschmückt. Das Grab von Anna Hofer, der Frau des Sandwirts, ist für Auswärtige nicht leicht zu finden. Auch Einheimische können Schwierigkeiten haben, meint eine alte Frau, die sich mit Filzhut und Gummistiefeln bewehrt gegen Nieselregen und Windböen stemmt und mit der Harke den Weg zwischen den Gräbern von Kieseln und Laub befreit. „Die Fremmen kennen sich oft besser aus als miar", sagt sie.

Hinweistafeln auf dem *Franzosenfriedhof* in St. Leonhard, die über die begrabenen Franzosen informieren.

Um die Kirche herum, direkt am dortigen Aufgang gleich links stehe es. Da sei aber nur die Frau vom Hofer begraben, wiederholt sie mehrmals, der Hofer, der liege nicht hier, der sei in Innsbruck begraben. Ihre Cousine, die mich begleitet, deutet unsicher auf ein schmuckloses Grab mit rauem Holzkreuz. Doch die Sandwirtin liegt schräg dahinter. In die Steinmauer eingelassen überdacht und geschützt vor den Witterungseinflüssen steht ein weißes Kreuz auf schwarzem glattem Marmorsockel. In goldenen Lettern steht zu lesen „hier ruht Andreas Hofers Weib". In der Kirche vor dem linken Seitenaltar ist der spätgotische Taufstein mit Passeirer Wappen zu finden, in dem Andreas Hofer sein erstes Sakrament erfahren hat, worauf auch der *Kirchenführer* von St. Leonhard verweist. Von der westlichen Seite des Friedhofes gelangt man hinunter zur Hauptstraße, wo rechterhand kurz vor der Brücke über den Waltenbach der *Frickhof* steht.

Auf dem Friedhof der *Pfarrkirche zum Heiligen Leonhard* findet sich die Grabstätte Anna Hofers, der Frau des Sandwirtes.

Vor etwas mehr als zehn Jahren machte dessen Inhaber mit einer ganz besonderen Aktion Schlagzeilen. Und so mancher Durchreisende hielt verwundert am Straßenrand und zückte seinen Fotoapparat.

EIN RIESE MIT BART

Mehrere Wochen stand am Aufgang zum Hotel eine rund drei Meter große, zirka 200 Kilo schwere Figur, in Lederhosen und Wams und mit Rauschebart unschwer als überdimensionaler Andreas Hofer zu erkennen. Anlass für diese Aktion, war die im Juni 1997 von den Passeirer Gemeinden durchgeführte *Andreas-Hofer-Woche*, die unter dem Ehrenschutz der Landeshauptleute von Tirol, Südtirol und dem Trentino stand. Der Besitzer des *Frickhofes* hatte den Riesen-Hofer in einem Gasthaus in Innsbruck entdeckt, dessen Eigentümer, einen Schützenhauptmann in Schwaz, kontaktiert, die Figur zunächst leihweise ins Passeiertal gebracht und schließlich gekauft.

Dass der Hotelier selbst tatsächlich auch Andreas Hofer heißt, war ihm dabei nicht hilfreich. „Ich hab den Schützenhauptmann angerufen und gesagt, hallo, ich bin der Andreas Hofer aus Passeier", schmunzelt der Wirt und rückt seine Brille zurecht. Weiter kam er nicht. Der Tiroler legte einfach auf, beim nächsten Versuch schnauzte er ins Telefon, ob er ihn „pflanzen" wolle, bis er sich schließlich doch überzeugen ließ, es tatsächlich mit Andreas Hofer zu tun zu haben. Der Namensvetter des Sandwirtes erzählt die Geschichte gerne, hat sie oft schon erzählt. Er redet schnell, hie und da wirft er einen Blick auf die Uhr. Wird er unterbrochen, fährt er da fort, wo er geendet hatte. Es ist kurz vor Mittag und in der holzgetäfelten, großen Bar mit angeschlossenem Restaurant schwillt merklich der Lärmpegel an. Die Mittags-Menüs ziehen viele Einheimische an. Neben dem Hotelier sitzt Reinhard Fauner, der „wohl längstgediente Leutnant Südtirols" wie Hans Peter Auer betont. Er selbst ist Hauptmann der Schützenkompanie St. Leonhard. Schon sein Vater war Schützenhauptmann in St. Leonhard gewesen, und zwar „ewig und einen Tag" wie Fauner schmunzelnd festhält. Heute ist der Senior selbstverständlich Ehrenhauptmann.

Nach der Machtübernahme Benito Mussolinis in Italien 1922 war das Schützenwesen in Südtirol verboten, das Tragen der Tracht geächtet worden. In Walten, einer Fraktion von St. Leonhard, gründete Georg Klotz (1919–1976) nach dem Zweiten Weltkrieg die erste Schützenkompanie südlich des Brenners. Einer breiten Öffentlichkeit bekannt wurde der gelernte Schmied in den 1960er Jahren als Mitglied des *Befreiungsausschusses Südtirol* (BAS), der eine Wiedervereinigung des Landes mit Tirol anstrebte. Er war maßgeblich an der Planung und Durchführung der Bombenattentate in den 1960er Jahren beteiligt, wurde bei den Mailänder Anti-Terror-Prozessen in Abwesenheit zu „lebenslänglich" verurteilt und starb im österreichischen Exil. Die Schützenkompanie Walten trägt heute seinen Namen, Hauptmann ist seit 1976 sein Sohn Wolfram. Wenige Jahre nach deren Gründung folgten die Schützenkompanien Platt und St. Leonhard. 1955 fand schließlich beim *Sandwirt* offiziell die Neugründung der Passeirer Schützenvereinigung statt, ganze drei Jahre vor der Gründung des *Südtiroler Schützenbundes*, der angesichts des bevorstehenden 150-Jahr-Jubiläums wiederbelebt wurde. Das Passeirer Schützenbataillon hat heute die wohl jüngste Führungsriege (der St. Martiner Florian Krezdorn wurde mit 22 Jahren zum Kommandanten gewählt, sein Stellvertreter Armin Klotz, Enkel von Georg Klotz, ist 24) und es gilt innerhalb des Schützenbundes als eines der „traditionsbewusstesten".

Vor einiger Zeit hat der Wirt vom *Frickhof* den St. Leonharder Schützen die wuchtige Hofer-Skulptur geschenkt, weil sie bei ihnen „gut aufgehoben ist". Für das *Andreas Hofer Golf Turnier* das der umtriebige Touristiker alljährlich durchführt, steht sie ihm aber weiterhin zur Verfügung. Stapelweise Fotos hat Hofer von der schwerfälligen Skulptur vor seinem Haus. Um sie herum die Passeirer Schildherren mit Schild und Hellebarden, vor ihr die Landeshauptleute von Tirol, Südtirol und dem Trentino, einzeln, zu zweit, zu dritt, mit einem Teil der Schildhöfler, mit allen. Und immer wieder auch der Wirt Andreas Hofer, der stolz auf seinen Namen und auch auf seinen 1810 gestorbenen Namensvetter ist. Gerne zeigt er die Bilder her, genauso wie die *Frickstube* und die *Andreas Hofer Stube* im Hoteltrakt samt den großen Fensterbildern – *Das letzte Aufgebot und An-*

dreas Hofers letzter Gang in Mantua – und den Malereien auf der Holzvertäfelung. Es sind Porträts der wichtigsten Wegbegleiter des Sandwirtes, von Pater Haspinger bis Peter Sigmair. Allesamt Auftragsarbeiten und entsprechend „kostspielig", sagt der Geschäftsmann. Die Geschichte, der Sandwirt, die seien sein Steckenpferd, seit seiner frühesten Kindheit, sagt Andreas Hofer. Nicht von ungefähr also steht auf der Homepage des Drei-Sterne-Betriebes unter der Rubrik "Chronik unseres Hauses" im Zusammenhang mit der Eröffnung der Timmelsjochstraße 1968: „Grenzübergang ins Mutterland Österreich". Das hat sich herumgesprochen. Immer wieder werden ihm historische Objekte angetragen, sei es, dass es um Andreas Hofer geht, sei es dass es um den *Frickhof* geht, der ursprünglich ein Gerichtsgebäude war. Stolz ist Hofer etwa darauf, einen Kurierstempel sowohl des Gerichtes als auch des Sandwirtes zu besitzen. Letzteren hat er als Leihgabe dem Museum überlassen.

Der ehemalige Landeshauptmann von Tirol Wendelin Weingartner und sein Trentiner Amtskollege Carlo Andreotti mit den Vertretern der Schildhöfe vor der Andreas-Hofer-Skulptur (1997)

„Patriotismus braucht es. Wenn man den Andreas Hofer präsentiert, dann fragen die Leute, wenn nicht, dann gerät er in Vergessenheit", sagt Hofer noch. Dann drückt er mir einen Hotel-Prospekt in die Hand – „Da steht alles drin." – und ist so schnell weg, dass ich gar nicht mehr fragen kann, wie es so ist, Andreas Hofer zu heißen, und wie die verwandtschaftlichen Verhältnisse eigentlich sind. „Die Familie Hofer ist ein altes, vornehmes und strebsames Passeirer Geschlecht", heißt es da und weiter: „Urkundlich erscheint Thom. Hofer Zöllner an der Töll im Jahre 1522. Mathäus und Kaspar Hofer verkauften im Jahre 1640 den Hof an die bekannte Familie Pamer. Mathäus Hofer kaufte das Wirtshaus in Moos, Kaspar siedelte sich im Jahre 1664 auf den Sandwirtshause an und wurde der Stammvater Andreas Hofers Oberkom. von Tirol im Jahre 1809." Ins Gedächtnis brennen sich die alten Aufnahmen des *Gasthaus zum Frick*, als das Dach noch mit Schindeln bedeckt war und rechts des Gebäudes zwei Heustadel standen. Keinerlei Ähnlichkeiten mit dem ehemaligen Haus hat auch der gleich neben dem Frickhof gelegene *Stroblhof*, der lange *Gasthaus zum Strobl* hieß. Am einen wie am anderen kleben wuchtige Holzbalkone mit schweren Blumentrögen, die Sommers strotzen vor Blütenpracht. Im *Stroblhof* wurde einer der treuesten Weggefährten Andreas Hofers geboren, Johann Holzknecht. 1796 reisten der Sandwirt und er nach Innsbruck, um die Erlaubnis einzuholen, eine eigene Schützenkompanie aufzustellen. Beide waren bereits bei den Aufständen 1796/97 dabei, sie kannten sich gut. 1809 avancierte der Stroblwirt nicht nur zu einem wichtigen Berater Hofers, während dessen Regierungstätigkeit in Innsbruck wurde er auch einer seiner persönlichen Schreiber und war laut Josef Hirn zudem der „Finanzminister".

DIE EDLEN STERBEN AUS

An der linken Bachseite steht der ausufernde *Tirolerhof*, der im Laufe der Jahre immer wieder Zubauten erfuhr und der ebenfalls mit Reminiszenzen an Anno 1809 und Andreas Hofer aufwartet. Doch als nächste Station ist der Schießstand eingeplant. Er steht in der *Kohlstatt*, am Ende der *Andreas-Hofer-Straße* unmittelbar oberhalb des *Franzosenfriedhofes*, ist unterirdisch angelegt und von einem Erdkegel bedeckt. Darauf befindet sich ein Kinderspielplatz mit Schaukel und Sandkiste. Hier ist das Reich der Sportschützen und der *Schützenkompanie St. Leonhard*, die erst den Beinamen *Andreas Hofer* für sich beanspruchte, als eine andere ihn für sich vereinnahmte. Vor einigen Jahren teilten sich die Meraner Schützen in zwei Kompanien, die eine nannte sich weiterhin *Meran-Stadt*, die andere Kompanie *Andreas Hofer*. Was von den Passeirer Schützen mit wenig Freude aufgenommen wurde. „2008 haben sich die beiden wieder zusammengeschlossen und wir tragen den Namen alleine", erzählt Hans Peter Auer auf dem Weg durch die *Kohlstatt*. Fauner kommt in seinem Mercedes nach. An dessen Rückseite klebt ein Pickerl mit dem Slogan „Südtirol deutsch seit 1.000 Jahren", auf der Ablage im Fond liegen ein Strohhut und ein Routenplaner des ACI, des italienischen Automobilclubs. Auf dem Armaturenbrett funkelt eine kleine venezianische Maske. Dass man am *Franzosenfriedhof* keine Gebeine gefunden hat, ist für ihn schnell erklärt: „Was soll denn noch übrig sein nach 200 Jahren?"
Im komplett mit Holz ausgekleideten Versammlungsraum hängen abgestandene Luft und Kälte. Rechts findet sich eine kleine Theke, Tische und Stühle sind aus massivem Holz und die Wände voll mit Schießscheiben. Der Verweis auf 1809, auf Andreas Hofer ist auf fast allen zu finden. Unter dem Herrgottswinkel mit dem Herzen Jesu ein gerahmtes Foto des umstrittenen Kreuzes am Innsbrucker *Tummelplatz* mit der Aufschrift „Gefestigt, gehalten, geschützt". 2007 fand das 20-Jahr-Jubiläum des Schießstandes statt. Zu diesem Anlass hatten die Schützen den Riesen-Andreas-Hofer am Eingang platziert. Danach wurde die Skulptur mit den witterungsempfindlichen Kleidern wieder auseinandergebaut und in Planen eingewickelt. Wenn sie nicht gebraucht wird, lagert sie in der Garage von Reinhard Fauner. Fotografieren darf ich sie so nicht. Das sei unwürdig, sagt der Leutnant. Auer hätte sie gerne als Leihgabe im Museum beim *Sandwirt*

gesehen, doch da wollte man sie nicht. Sie passe nicht ins Konzept, habe man ihm mitgeteilt. Wenig Entgegenkommen zeigt die Wirtin vom *Tirolerhof* auf die Frage, ob Sie mir etwas über die Beziehungen zwischen der Familie Holzknecht und dem Sandwirt erzählen könne. Im Speisesaal seien ein paar Gemälde und im Gang der Stammbaum der Familie „Holzknecht Edle von Hofer", der anlässlich des 100-Jahr-Jubiläums des *Tirolerhofes* 2006 erstellt wurde. Mehr wisse sie nicht dazu. Die Bilder im Speisesaal sind 1913 von einem gewissen Pinggera in Meran „nach Defregger" gemalt worden und zeigen *Das letzte Aufgebot* und *Heimkehr der Sieger*. Auch im Gastraum hängt ein Ölbild rechts oberhalb des Kachelofens und neben einem großen, schwenkbaren Flachbildschirm. Es zeigt Andreas Hofer mit breitkrempigem Hut, umringt von jubelnden Kampfgenossen. Am Ausgang fällt der Blick dann ganz zufällig auf einen gerahmten Text, dessen Schrift schon zu verblassen beginnt. Er lässt den Lesenden wissen, dass es sich bei der Familie Holzknecht um ein „altes vornehmes Geschlecht" aus dem Tal handelt, das es zu Wohlstand und Ansehen brachte. „Unter den Freiheitskämpfen 1809 taten sich die Holzknecht besonders hervor, als Hauptmann Adjutant Hofers Casier und Geheimrath. Josef Holzknecht (Brühwirt) verehelichte sich mit Rosa Edle von Hofer und so kamen die Holzknecht in enger Verwandtschaft mit dem Tiroler Freiheitshelden Andreas Hofer, die heute noch als dessen Ururenkel fortleben." 1818, heißt es weiter, wurden die Nachkommen Hofers in den Adelsstand gehoben. Schon zuvor war Johann, der einzige Sohn Andreas Hofers, nach Wien übersiedelt, die Witwe führte den *Sandwirt* bis zu ihrem Tod weiter. Danach fiel er an die Nachkommen seines Sohnes. Da diese nicht mehr in Tirol lebten, verpachteten sie das Anwesen an diverse Leute im Tal, bis schließlich die *Tiroler Adelsmatrikelgenossenschaft* den arg verschuldeten *Sandhof* kaufte. Sie ist noch heute Eigentümerin der Liegenschaft. 1921 starb mit dem Enkel Leopold die männliche Linie Hofers aus. Die vier Töchter des Sandwirtes starben alle noch vor der Mutter. An verwandtschaftlichen Bezügen man-

gelt es hier im Passeiertal aber nicht. Zwei von ihnen waren in St. Leonhard verheiratet, eine blieb ledig und eine Tochter lebte mit ihrem Mann bei der Mutter am Hof. So ist der Name zwar verloren gegangen, aber es gibt über 100 Nachfahren Hofers im Tal, wie die Mittelschullehrerin Monika Mader anlässlich der Tagung „Andreas Hofer – ein Tourismusheld" im September 2008 im Touriseum in Meran festhielt. Es ist also nicht verwunderlich, dass bei der Suche nach Erinnerungen an Andreas Hofer im Passeiertal immer wieder Hinweise auf weitere Ahnentafeln, auf Andenken, verwandtschaftliche Verhältnisse, auf Anekdoten und Geschichten kommen. Locker ließen sich noch ein paar Tage anhängen, um ihnen nachzugehen. Und diesen würden mit Sicherheit weitere folgen. Daher beschließe ich, in St. Leonhard die Suche zu beenden und das Tal wieder zu verlassen. Der Himmel stößt nach wie vor Regen aus und wie ein Riegel schiebt sich der Küchelberg wieder zwischen Meran und dem Passeiertal, der dichte Nebelschleier aber, der hat sich verflüchtigt. Ein Hinweis auf schönere Tage, möglicherweise.

Die Wände des Schießstandes der Schützen St. Leonhard sind voll mit Schießscheiben, auf fast allen wird Bezug auf Andreas Hofer genommen.

Emanuel Pendl, Andreas-Hofer-Denkmal beim Bahnhof in Meran

SÜDTIROLER JAHRE

Susanne Gurschler

Am 22. November 1969 fallen die Würfel in Südtirol. Im großen Saal des Meraner Kurhauses geht es um nichts weniger als die Zukunft des Landes. Es geht um die Entscheidung für oder gegen die Autonomie. Es geht um das *Paket*, um die mit Italien in langen Jahren ausverhandelten Vereinbarungen zur Durchführung einer Autonomie für Südtirol. Die Würfel liegen in den Händen der rund 1.100 Delegierten, die aus den Bezirken zusammengekommen sind. Sie wiegen schwer. Die *Südtiroler Volkspartei* (SVP) steht vor der wohl größten Zerreißprobe ihrer bisherigen Geschichte. Am 22. November 1969 stehen sich in der SVP *Paket*-Befürworter und *Paket*-Gegner gegenüber. Sie liefern sich einen Schlagabtausch bis in die frühen Morgenstunden des nächsten Tages. Am Ende tragen die Befürworter den Sieg davon. Er ist knapp. 583 der Delegierten sprechen sich für, 492 gegen das *Paket* aus. Damit sind die Weichen gestellt für das Autonomiestatut, das 1972 in Kraft tritt, und für die entsprechenden Durchführungsbestimmungen. Es ist die Geburtsstunde der *Autonomen Provinz Bozen–Südtirol*. Aber es wird 20 Jahre dauern, bis die Maßnahmen so umgesetzt sind, dass sich die SVP mit klarer Mehrheit für die *Streitbeilegung* zwischen seiner *Schutzmacht* Österreich und dem Staat Italien ausspricht, und Österreich die Verhandlungen mit Italien bezüglich der Autonomie Südtirols offiziell für abgeschlossen erklärt.

In dem Jahr, in dem die Würfel in Südtirol fallen, setzt der erste Mensch seinen Fuß auf den Mond und werde ich geboren. Der große Schritt für die Menschheit, den Neil Armstrong unbestritten setzte, sollte mein Leben in den folgenden Jahrzehnten nicht so bestimmen wie dieser kleine Fortschritt für Südtirol. Nun wird sich der eine oder andere Leser, die eine oder andere Leserin fragen, was hat das mit 1809, was hat das mit Andreas Hofer zu tun? – Aus meiner Sicht viel. Denn es geht, wenn von

Hofer und 1809 gesprochen wird, diesseits und jenseits des Brenners gerne um so große Worte wie Identität und Identitätsstiftung. Die Zeit davor und die danach werden dabei ausgeblendet. Als ich gefragt wurde, ob ich als Südtirolerin, die in Nordtirol lebt, für diesen Begleitband etwas zum Thema Andreas Hofer schreiben wolle, kreisten meine Gedanken sofort um die Fragen, was mein Selbstverständnis als Südtirolerin eigentlich geprägt hat und worin es sich von dem meiner Altersgenossen im österreichischen Bundesland Tirol unterscheidet. Und diese Fragen führten zu jenen Themen und Ereignissen, die mich beschäftigt haben in meinen Südtiroler Jahren und die ich mitgenommen habe nach Innsbruck. Gleich vorweg: Andreas Hofer spielte darin wenn überhaupt, dann nur eine Nebenrolle.

Meinem Leben, meiner Biographie war das *Autonomie-Paket* näher als der „Freiheitskampf" der Tiroler, waren Joseph Zoderers Romane *Das Glück beim Händewaschen* und *Die Walsche*, Reinhold Messners Optantenschelte und Felix Mitterers Film *Verkaufte Heimat* näher als der Bergisel, 1809 und der Sandwirt. Sie machten Brüche sichtbar, die der Andreas-Hofer-Kult verdeckte. Die Einheit Tirols war nicht mehr, war schon lange vor meiner Geburt nicht mehr. Südtirol hieß (und heißt) offiziell nicht Südtirol, sondern *Autonome Provinz Bozen-Südtirol*, italienisch *Provincia autonoma Bolzano-Alto-Adige –Sudtirolo* kommt darin gar nicht vor. Wenn es um die Frage der Identität geht, ist die der Südtiroler eine in vielerlei Hinsicht gebrochenere als die der Nord- und Osttiroler, das zeigt die jüngere Geschichte Südtirols. Das liegt nicht nur daran, dass unter dem Dach Südtirol drei Sprachgruppen beheimatet sind. Das heutige Bundesland Tirol hat mit Südtirol und dem Trentino Gliedmaßen verloren, lebenswichtig waren sie nicht. Sie sind es heute noch weniger. Das Trentino konnte sich nach 1919 an die italienische

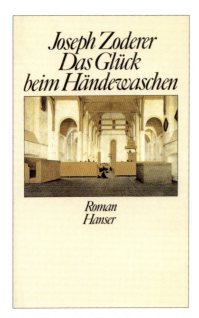

Joseph Zoderer, Das Glück beim Händewaschen,
München (Hanser) 1982

Sprach- und Kulturgemeinschaft angliedern, wenn auch
nicht immer nahtlos. Südtirol musste schauen, in einem
großen, fremden, oft feindlichen Körper eingepflanzt,
sich wieder zu finden. Und es galt, an einer Autonomie
zu arbeiten, in der die deutsche und die ladinische Sprache und Kultur geschützt werden, ohne die italienische
zu vernachlässigen, an einer Autonomie zu arbeiten, in
der ein friedliches Zusammenleben der drei Sprachgruppen möglich ist. Das war und ist nicht einfach. Das Land
Südtirol stand 1969 am Anfang einer Suche nach sich
selbst, nach seiner Identität. Es ist es heute noch.
Ich bin in Meran geboren, im Schnalstal aufgewachsen,
verbrachte meine Jugend in Naturns, kam zum Studium
nach Innsbruck und bin geblieben. Ich bin gerne hier.
Mittlerweile lebe ich länger da als dort, ich fahre von
Tirol über den Brenner nach Hause und ebenso nach
Hause, wenn ich, vom Brenner kommend, die Nordket-
te vor mir sehe. Daheim liegt irgendwo dazwischen,
manchmal scheint's im Nirgendwo. Für meine Südtiroler
Verwandten und Bekannten rede ich „Innschprugge-

risch", hier werde ich sofort als Südtirolerin erkannt;
das heißt beinahe sofort. 20 Jahre gehen auch an der
Sprache nicht spurlos vorbei. Die meisten siedeln mich
mittlerweile im Tiroler Oberland an. „Ma dai" – würde
ich als Südtirolerin jetzt sagen, oder: „Ma ché!" Ich tue
es nicht mehr.
Ich wurde hineingeboren in die Ruhe eines überschau-
baren Bergdorfes, in dem jeder jeden kannte und
selten etwas hinter den Vorhängen verborgen blieb.
Die Haustüren waren nicht abgeschlossen und wenn,
dann lag der Schlüssel unter der Matte oder unter dem
Blumentopf. Der Pfarrer kannte seine Schäfchen alle.
Als Ministranten bevorzugte er nach alter Tradition die
Söhne der großen Bauern im Dorf, von den Töchtern war
noch lange nicht die Rede. Am *Herz-Jesu-Sonntag* wurden große Bergfeuer angezündet, doch der wichtigste
kirchliche Tag war der *Hochunserfrauentag*, der Kirchtag
am 15. August. Schützenkompanie gab es keine, die
gibt es heute noch nicht, dafür einen traditionsreichen
Sportschützen-Verein. Der einzige Italiener im Ort war
der Italienischlehrer. Er war mit einer Frau aus dem Dorf
verheiratet, sprach den knorrigen Dialekt mit Akzent,
aber gut, und war Funktionär beim Skiclub. Sie leitete
den Kinderchor, dort lernten wir „Tirol isch lei oans…".
Das Lied sangen wir auch bei den *Tirolerabenden* für die
deutschen Gäste. Im Nachbardorf gab es eine *Carabi-
niere-Station*, den *Maresciallo* kannte jeder, und die *Fi-
nanzer*, die *Guardia di Finanza*, die machten regelmäßig
Grenzpatrouillen. Denn das Tal, in dem ich lebte, hat seit
alters her zwei Übergänge nach Österreich. Das führte
dazu, dass in den 1960ern die dortigen Schutzhütten
vom Militär beschlagnahmt und besetzt wurden. Es waren die Jahre, als Bomben gezündet wurden in Südtirol,
im Namen der Selbstbestimmung. Wer sich der Grenze
in eisiger Höhe näherte, begab sich in Lebensgefahr.
In den 1970ern trieben italienische Soldaten ihre
schwerbeladenen Mulis durch die Gasse im *Oberdorf*,
wie der obere Teil des Dorfes heißt, und schlugen
ganz hinten im Tal oder in der Nähe des Stausees ihr
Ausbildungscamp auf. Wenn die *naioni* (umgangssprachlich für Soldaten) zum *campo* (Lager) durch das Dorf

zogen, hielten sie für die *bambini* (Kinder), die sie nicht verstanden, kleine Süßigkeiten bereit. Es war die Zeit der *Stillen Hilfe*, die so still nicht gewesen sein kann. Den Begriff kenne ich seit frühester Kindheit, auch wenn er mir damals nicht mehr sagte, als dass „uns" von den Deutschen unter die Arme gegriffen wurde. Eigentümlicherweise konnte ich die österreichischen Hilfsmaßnahmen nicht beim Namen nennen. Vielleicht waren sie einfach stiller. Gegründet wurde der Verein *Stille Hilfe* 1963 in München, zu einer Zeit, als Südtirol noch ein bitterarmes Land war. Stellen in den staatlichen und staatsnahen Betrieben in den Städten und größeren Ortschaften bekamen fast ausschließlich Italiener, Sozialwohnungen auch. Viele Deutschsprachige verließen daher das Land auf der Suche nach Arbeit. Auch meine Großeltern packten Kind und Kegel, gingen für ein paar Jahre nach Deutschland. Bis ins hohe Alter verpasste meine Oma so gut wie nie die *heute*–Nachrichten im ZDF. Die Gelder der *Stillen Hilfe* flossen in die Errichtung von Infrastruktur wie Kindergärten und die sogenannte *Bergbauernhilfe*. Mitte der 1990er geriet der Verein in die Schlagzeilen, weil der Gründer der Hilfsorganisation Spendengelder abgezweigt hatte, später weil ihm ein Naheverhältnis zu rechtsextremen Kreisen in Deutschland nachgesagt wurde. Als sich die Organisation 2003 auflöste, dankte Südtirols Landeshauptmann Luis Durnwalder für die Hilfe aus dem *Mutterkulturraum* – was für ein schreckliches Wort. Letztes Jahr wurde die *Stille Hilfe* nochmals ins Rampenlicht gestoßen. Das deutsche Nachrichtenmagazin *Der Spiegel* berichtete, Deutschland habe in den 1970ern *Geheimzahlungen* an Südtirol geleistet. Rund zehn Millionen Euro sollen über diskrete Kanäle ins Land geschleust worden sein, nicht nur für kulturelle Aktivitäten, sondern auch für politische Aktionen.

1975 wurde in meinem Dorf die neue Grundschule eröffnet, ein großzügiger Bau mit Zentralheizung, spiegelglatten Böden und großem Pausenhof. Schulbücher und der Großteil unserer Schulmaterialien kamen von Verlagen in Deutschland und Österreich. In ihnen gab es *D-Mark* oder *Schillinge*, keine *Lire*. Die Städte hießen *Berlin* oder *München*, *Wien* oder *Innsbruck*, nicht *Meran* und *Bozen* oder gar *Rom*. Im Geschichteunterricht spielte Andreas Hofer keine Rolle. Am 20. Februar fragte unser Lehrer manchmal, ob wir wüssten, dass heute der Todestag Andreas Hofers sei. Ich habe mich nicht daran erinnert, er hat es mir vor kurzem in einem Gespräch erzählt. Und beim Mai-Ausflug brannten wir darauf, die mittelalterliche *Churburg* in Schluderns zu besuchen oder den italienischen Erlebnispark *Gardaland* in der Nähe des Gardasees. Zum *Sandwirt* zog es uns nicht. Besonders in Erinnerung geblieben ist mir das *Tirol-Relief* aus Plastik, das in der Klasse hing. An ihm haben wir mit einem Stock den Verlauf unseres Tales, der Haupttäler und Hauptorte, die großen Bergzüge nachgezeichnet. Über den Brenner fuhren wir dabei nicht. Zumindest kann ich mich nicht daran erinnern. Aber wir lasen die *Spatzenpost*, später die Zeitschrift *Kleines Volk* und in der Mittelschule *Jung* aus dem Verlag Jungösterreich in Innsbruck. Wir lasen von *Maroni*, die bei uns *Kastanien* hießen, von *Topfen*, der bei uns *Quark* hieß, von *Paradeisern*, die bei uns *Tomaten* hießen, vom *Autokennzeichen*, das bei uns *Targa* genannt wurde. Zuhause kamen neben *Knödel* und *Schöpsenbraten* (Hammelbraten) auch *Pasta asciutta* (umgangssprachlich für Spaghetti Bolognese), *Peperonata* (Beilage aus Paprika, Tomaten und Zwiebeln) und *Ossobuco* auf den Tisch. Und ich dachte mir nichts dabei.

Ab Mitte der 1970er Jahre schwelgte das ganze Tal in Goldgräberstimmung, auf dem Gletscher am Talende hatte der Sohn des dortigen Bauern und Gastwirtes ein Ganzjahresschigebiet erschlossen. Beinahe explosionsartig schossen die Nächtigungszahlen in die Höhe, Gasthäuser wurden ausgebaut, Hotels aus dem Boden gestampft. Die norwegische Nationalmannschaft kam ebenso zum Trainieren hierher wie die schwedische oder die italienische. Zwischen 1977 und 1980 wurden sogar FIS-Slalomrennen auf dem Gletscher abgehalten und die weite Welt zwängte sich ins enge Tal: Spitzensportler und Fernsehteams, Journalisten und Zuschauer. Ingemar Stenmark, Piero Gros und Bojan Krizaj, Peter Popangelov und Christian Neureuther schossen über die

Gustav Thöni, vierfacher Weltcupsieger in den 1970er-Jahren

Piste – unser aller Stern aber war Gustav Thöni, geboren und aufgewachsen in Trafoi am Stilfserjoch und einer der erfolgreichsten Schiläufer der damaligen Zeit. In fast jedem Lokal hingen gut sichtbar Poster an der Wand mit Thöni in Siegerpose, oder im „Flug" über den Hang. Ein Bild hat sich mir ganz besonders eingeprägt: ein strahlender Gustav Thöni in blau-weiß-rotem Schianzug, in der Hand hält er einen Kristallpokal, drei sind davor in den Schnee gesteckt. Viermal gewann er die Gesamtwertung des Schiweltcups und 24 Weltcuprennen. Bei den Olympischen Spielen holte er dreimal Gold und zweimal Silber. Die Live-Übertragungen der Wettkämpfe schauten sich damals nicht nur die Sportbegeisterten an. Die Kommentatoren im italienischen Fernsehen riefen „ré Gustavo" (König Gustav) oder „nostro Gustavo" (unser Gustav), der die *valanga azzurra* (blaue Lawine) anführte, wie die italienischen Skisportler damals genannt wurden. Ich erinnere mich, dass viele Südtiroler im Team waren. Thöni aber war der Größte. Für die Italiener war er einer von ihnen, ein Italiener. Auch wenn er aus dem letzten Winkel des Landes kam, aus dem *Alto Adige*, auch wenn er ein vom harten Obervinschgauer Dialekt gebeuteltes Italienisch sprach, er war ein National-Held. Die Kommentatoren im österreichischen Fernsehen zeigten sich verhalten. Er war keiner von ihnen, kein Österreicher. Ein Tiroler manchmal, aber kein Italiener. Doch er schwenkte die grün-weiß-rote Flagge Italiens und trug die *Tricolore* auf dem Leiberl. Für uns war er ein Südtiroler. Viele blendeten die italienische Fahne einfach aus. Viele aber verspürten erstmals so etwas wie Zugehörigkeit zu diesem Land, in dem endlich einer von ihnen auf Händen getragen wurde.

Im Jahr, als Gustav Thöni seine aktive Karriere als Schisportler beendete, feierte der hiesige Schiclub, mein Ort, ja das ganze Tal den ersten Jugend-Italienmeister aus seiner Mitte. Er war ein Mitschüler von mir und am Tag seiner Rückkehr wurde ein Riesenfest veranstaltet. In der Provinz Belluno hatte er seinen Sieg errungen. An den genauen Ort erinnere ich mich nicht mehr, aber wir haben ihn in der Schule im Atlas gesucht. Ab dem darauffolgenden Herbst hieß es für unsere Klasse mit dem Bus „aufs Land" hinaus fahren in die Mittelschule, die noch auf zwei Gebäude im Ort aufgeteilt war. Eine Turnhalle gab es ebenso wenig wie einen Pausenraum, dafür zugige Fenster und Risse in den Wänden. 1982 bezogen wir die neu errichtete Schule, einen großzügigen Bau mit Pausenhof, Werk- und Musikraum, Turnhalle, Bibliothek und Filz-Böden. In den druckfrisch importierten Biologie-Büchern fehlten die Seiten über die menschliche Sexualität. Sie waren fein säuberlich herausgetrennt worden, unsere junge Lehrerin behalf sich mit anderen Unterlagen. Im Geschichteunterricht verwendeten wir das Buch *Unser Weg durch die Geschichte* aus dem Frankfurter Hirschgraben Verlag. In dem spielten Margarethe Maultasch oder Michael Gaismair ebenso wenig eine Rolle wie der Aufstand 1809 oder die Italianisierung Südtirols nach dem Ersten Weltkrieg. Der Fokus des Buches lag auf Deutschland und unserer in gewisser Weise auch.

In meine Mittelschulzeit brach eine Diskussion, die mir zum ersten Mal wirklich bewusst machte, dass da noch etwas anderes gärte in unserem Land als die von der Regierung in Rom ständig verzögerte oder unterlaufene Umsetzung des *Autonomie-Paketes*. Auslösen sollte sie ausgerechnet der international bekannteste und populärste Südtiroler, der Extrembergsteiger Reinhold Messner. Wenn er etwas sagte, dann hörte man das beim *Spiegel* in Berlin ebenso wie bei der *FAZ* in Frankfurt oder bei der *Süddeutschen* in München. Bei der Südtiroler Tageszeitung *Dolomiten* hörte man seine Worte gar nicht gern. Seit er 1978 erklärt hatte, er sei seine eigene Heimat und als Fahne reiche ihm sein Taschentuch, war er unten durch. Das haben ihm viele Leute nicht verziehen. Gehör fand er jetzt bei der Wochenzeitung *FF*. Sie war 1980 in Bozen gegründet worden, und entwickelte sich binnen kurzer Zeit vom Fernseh- und Freizeitmagazin zum kritischen Medium. Ein absolutes Novum im Land der absoluten Meinungen, im Land der *Dolomiten* und der *SVP*. Messner also sagte, wenn jemand in Südtirol die Heimat verraten habe, dann die Optanten 1939. Der Satz schlug ein wie eine Bombe, das Beben war überall zu spüren und wirkte lange nach.

ZEITmagazin

HOFER
KOMANDANT

ANDREAS HOFER,
DER PARTISAN
AUS DEM
PASSEIERTAL
Das Porträt, nicht die Legende
eines Volkshelden *(Seite 16)*

Andreas Hofer als Partisan auf der Titelseite des *Zeitmagazins* vom 8. Juni 1984

Die Option, bei der die deutsch- und ladinischsprachigen Südtiroler sich entscheiden mussten, im Land zu bleiben und „italienisiert" zu werden, oder sich auf die Seite Nazi-Deutschlands zu stellen und ihre Heimat zu verlassen, hatte 1939 die Bevölkerung gespalten. Rund 86 Prozent hatten sich für eine Übersiedelung ins Dritte Reich ausgesprochen. Etwa ein Drittel wanderte damals aus, dass es nicht mehr wurden, ist dem weiteren Kriegsverlauf zuzuschreiben. Vierzig Jahre wucherte das Thema, das Familien zerstört hatte und Freundschaften, unter dem Mantel des Schweigens vor sich hin. Vierzig Jahre wurde nicht gesprochen darüber, dass es mit einem Schlag zwei Lager gegeben hatte in Südtirol, das der *Heimatverräter* und das der *Heimattreuen*. Nun brach es auf wie ein Geschwür. Und mit Dreck beworfen wurde der, der in das Geschwür hineingestochen hatte. „Der soll doch das Maul halten", „So einen wie den brauchen wir hier nicht", das waren bei weitem die harmlosesten Äußerungen über Messner. 1989, 50 Jahre nach der Option, fand in Bozen schließlich eine große Ausstellung zum Thema statt – ein Dammbruch in der Auseinandersetzung mit der jüngeren Südtiroler Geschichte. Da war ich schon in Innsbruck.

Schmuckblatt, „Urkunde" für Optanten, mit Holzschnitten, gestaltet von Heiner Geschwendt, 8. Jänner 1942

In der Abschlussklasse der Mittelschule schafften wir es, wenn ich mich recht erinnere, thematisch knapp bis zum Zweiten Weltkrieg. Das Danach blieb weiterhin ein weißer Fleck auf der Landkarte. Denn in der ersten. Klasse der Oberschule – ich besuchte ab dem Schuljahr 1983/84 die *Lehrerbildungsanstalt* in Meran – begann der Geschichtsunterricht wieder bei der Urzeit. Unser Buch kam aus dem Frankfurter Diesterweg-Verlag, hieß *Grundzüge der Geschichte* und war 1974 in 12. Auflage erschienen. Der Unterricht zeigte sich von seiner sprödesten Seite. Band 1 wurde Kapitel für Kapitel durchgeackert. Die *Deutsche Literaturgeschichte*, die wir ab der zweiten Klasse verwendeten, war das erste Mal 1907 erschienen. Wir hielten die 17. Auflage in Händen und gingen sie im Laufe der Jahre Zeile für Zeile durch. Da wurden Autoren als „fruchtbar" bezeichnet, sie hatten „treffliche Eigenschaften" und die Dichtung „blühte" oder „entfaltete sich", auch wenn die Zeit oft „verkünstelt" war. Wir witzelten darüber, die Verlage würden bei uns ihre Altbestände entsorgen. Über das Jubiläumsjahr 1984 las ich in der *FF* und stolperte ich im *ZEIT-Magazin*. Vom Cover der Beilage starrte mich ein mit einem Palästinensertuch vermummter Partisan an, in der Hand hielt er ein Maschinengewehr. Er trug einen schwarzen Rauschebart und einen schwarzen Hut, auf dem „Hofer" und „Kommandant" stand. Die Dornenkrone, die beim Festumzug in Innsbruck getragen wurde und die bei den italienischsprachigen Südtirolern für Aufregung sorgte und für Proteste aus Rom, die sah ich im Fernsehen. Ich kann mich nicht daran erinnern, dass in der Schule besonders auf dieses Jubiläumsjahr eingegangen wurde, noch dass mein Interesse für diese geschichtliche Epoche gestiegen wäre oder in meinem Freundeskreis Debatten darüber stattfanden. Das einzige, was ich wirklich wahrnahm, war die aufgeheizte Atmosphäre, die mit dem Jubiläumsjahr einherging.

Siegesdenkmal auf dem *Siegesplatz* in Bozen

Einmal mehr hieß das: Deutsche gegen Italiener, Italiener gegen Deutsche, wir gegen sie, sie gegen uns. „Siamo in Italia!" gegen „Miar sein deutsch!" Im Zentrum dieses Konfliktes steht dabei immer wieder das *Siegesdenkmal* auf dem *Siegesplatz* in Bozen. Errichtet wurde es im Auftrag Benito Mussolinis, eingeweiht 1928. In Stein gemeißelt steht dort: „Hic patriae fines siste signa. Hinc ceteros excoluimus lingua legibus artibus." – „Hier an den Grenzen des Vaterlandes hisse die Fahnen. Von hier bildeten wir die anderen durch Sprache, Gesetze und Künste." Während das Denkmal für die einen ein in die Erde gerammtes Monument der Unterdrückung der deutschen Minderheit ist, ein „Faschistentempel", ist es für die anderen die letzte Bastion gegen das übermächtige Deutschtum.

Im Jahr nach dem Jubel-Jahr sollte die neofaschistische *MSI (Movimento Sociale Italiano)*, bei den Gemeinderatswahlen in Bozen stimmenstärkste Partei werden. Verschärft wurde die Situation in den 1980er Jahren noch dadurch, dass es immer wieder Attentate gab. Zumindest einen Teil davon verübte eine Gruppe namens *Ein Tirol*, sie agierte von Innsbruck aus und trat für die Selbstbestimmung Südtirols ein. Ich war 15 Jahre alt und ich war sie schon leid, diese ewigen Kämpfe der immer Gleichen gegen die immer Gleichen um das immer Gleiche. Diese verhärteten Positionen machten mir Angst. Dazwischen wurde es aufgerieben, dieses zarte Gewebe der Annäherungen zwischen den Volksgruppen. Sie waren spärlich genug. Die italienischsprachigen Freundinnen und Freunde, die ich in all den Jahren hatte, sie lassen sich locker an einer Hand abzählen. Sie kamen so unverhofft in mein Leben, wie sie wieder verschwanden. Es fehlten einfach die Berührungspunkte. „Je klarer wir trennen, desto besser verstehen wir uns." – Das war das Motto, nach dem zur damaligen Zeit Politik gemacht wurde in Südtirol. Geprägt hatte es der *SVP*-Politiker Anton Zelger, Kulturlandesrat von 1961 bis 1988. Deutschsprachige Kinder gingen in deutsche Kindergärten, Pflicht- und Oberschulen, italienischsprachige in italienische. Das ist heute noch so. Wer wohin gehörte, das zementierte die Sprachgruppenzugehörigkeitserklärung ein, die jeder Südtiroler zu machen hatte. Sie wiederum war und ist Grundlage für den „ethnischen Proporz" („proporzionale etnica"), einem der wesentlichen Eckpfeiler der Autonomie, der ab 1976 Zug um Zug umgesetzt wurde. Stellen im öffentlichen Dienst, Sozialwohnungen, Wohnbauförderung etc. werden entsprechend dem Anteil der jeweiligen Sprachgruppe an der Gesamtbevölkerung vergeben. Doch diese wichtige Errungenschaft zum Schutz der deutschen und ladinischen Sprachgruppe trieb auch zweifelhafte Blüten. Teilten sich Schulen etwa ein Gebäude, gab es zwei separate Eingänge und über den Pausenhof wurde ein Zaun gezogen. Bei Kindern aus sogenannten Mischehen, mussten die Eltern ihren Nachwuchs entweder der einen oder der anderen Sprachgruppe zugehörig erklären.

In meiner Schule waren davon vielleicht eine Hand voll betroffen. Es schien ihnen nichts auszumachen, einen italienischsprachigen Vater oder eine italienischsprachige Mutter zu haben, und trotzdem einfach deutsch zu sein. Zumindest redeten wir nicht darüber. Ich las die *FF*, kaufte, wenn das Taschengeld reichte, *Die Zeit* oder den *Spiegel*, hie und da die *Republica*, eine italienische Tageszeitung. Wörter die ich nicht verstand, schlug ich im Wörterbuch nach. Heinrich Bölls *Ansichten eines Clowns* las ich in der italienischen Übersetzung, andere Bücher auch. Ich mochte die Sprache, ich mag sie heute noch. Und ich ärgerte mich. Ich ärgerte mich, wenn ich in einem Lokal saß und die Tasse auf den Tisch geknallt wurde, weil ich den *Cappuccino* auf Deutsch bestellt

hatte, ich ärgerte mich, wenn ich in einem Geschäft ignoriert wurde, weil ich eine Frage auf Deutsch gestellt hatte. Ich ärgerte mich über dieses „Parla italiano, siamo in Italia!", („Sprich Italienisch, wir sind in Italien!"), das ich immer wieder zu hören bekam. Auf dem Land passierte einem das selten, in den Städten, wo der Anteil der italienischsprachigen Bevölkerung größer war, öfter. Es machte mich sprachlos, wenn eine Routinekontrolle auf der Straße in eine Durchsuchung des Autos ausartete, weil der Lenker deutsch gesprochen hatte oder der Zugschaffner einem die übelsten Schimpfwörter an den Kopf warf, weil man statt *biglietto Fahrkarte* gesagt hatte. Umgekehrt konnte ich es nicht ausstehen, wenn von den „Walschen" geredet wurde oder von den „Spaghettifressern", die doch wieder runter gehen sollten, wenn es ihnen hier nicht passe. Erst 1989 sollte jene Autonomie-Regelung in Kraft treten, welche in der öffentlichen Verwaltung die deutsche Sprache der italienischen gleichstellte. Erledigt waren die Sticheleien damit nicht. Ganz selbstverständlich aber sagte ich *panino* statt *belegtes Brötchen*, sagte *fregiert* (vom ital. *fregare*) für hineinlegen, sagte *patentino* für den Zweisprachigkeitsnachweis oder *multa zahlen* für *Strafe zahlen*. Ich horchte neben Bruce Springsteen, Deep Purple und Depeche Mode auch Vasco Rossi, Zucchero und Gianna Nannini. Eine meiner Lieblingsserien kam aus Amerika, lief im italienischen Fernsehen und hieß da *Saranno famosi*. Und ich las Joseph Zoderer.

Das Glück beim Händewaschen, vor allem aber *Die Walsche* habe ich verschlungen. Das Buch handelt von einer Frau, die eine Beziehung mit einem Italiener eingeht und plötzlich aus ihrer Welt fällt und nirgendwo ankommt. Die Dorfbewohner nennen sie abschätzig „die Walsche", für seine italienischen Freunde bleibt sie eine Deutsche. Da war plötzlich einer, der mit Literatur Brücken schlug über diese Sprachlosigkeit, die die Volksgruppen trennte. Da war plötzlich einer, der in Worte fasste, was nicht zu sagen war. Das Buch hat hohe Wellen geschlagen, nicht nur, weil es verfilmt wurde. Es wurde auch ins Italienische übersetzt

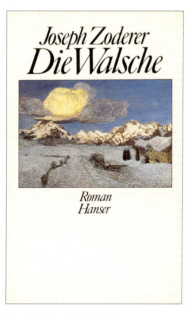

Joseph Zoderer, *Die Walsche*,
München (Hanser) 1982

Claus Gatterer, *Schöne Welt – Böse Leut.*
Kindheit in Südtirol, Wien (Molden) 1977

ein großer Erfolg und Zoderer als *autore altoatesino* italienweit rezipiert. Über Zoderer kam ich zu Norbert C. Kaser, einer dichterischen Urgewalt, die 1978 gestorben ist. Seine *Stadtstiche*, seine poetisch-satirischen Porträts von Städten Süd- und Nordtirols lese ich heute noch gerne. Und ich kam auf Claus Gatterers Autobiographie *Schöne Welt, böse Leut*, in der er seine Kindheit im Südtiroler Sexten erzählt und das im Jahr meiner Geburt erstmals erschienen war. Dieses Buch war eine Offenbarung für mich, es lenkte meinen Blick auf eine Zeit, die vor meiner Zeit war, deren Schatten ich spürte. Es waren Schatten, die sich nicht abschütteln ließen. Anhand seiner Dorfgemeinschaft erzählt er die Geschichte von der Annexion Südtirols durch Italien über die Italienisierungsmaßnahmen in der

Mussolini-Zeit und ihre Auswirkungen bis zur nationalsozialistischen Ära und zum Zweiten Weltkrieg. Es mag pathetisch klingen, aber dieses literarische Buch gab mir endlich Geschichte und ich begann zu verstehen. „Tiroler zu sein war etwas ganz natürliches gewesen: man war's und keinem Menschen wäre es eingefallen zu fragen, weshalb. Tiroler zu sein bedeutete vor allem Herr im eigenen Haus sein. [...], Südtiroler' hingegen war man gezwungenermaßen." – schrieb er im Zusammenhang mit der Angliederung Südtirols an Italien nach dem Ersten Weltkrieg.
Ich war damals schon an der Universität in Innsbruck. Doch das Filmprojekt *Verkaufte Heimat* nach dem Drehbuch von Felix Mitterer verfolgte ich mit großem Interesse. Der vierteilige Fernsehfilm, der zwischen

1989 und 1994 verwirklicht wurde, erzählt anhand dreier Familien die Geschichte Südtirols von 1938 bis Mitte der 1960er Jahre. Natürlich sorgte er in Südtirol nicht nur für Gesprächsstoff, sondern auch für einige Aufregung. Wie immer, wenn es um ein so brisantes Thema ging, wie immer, wenn es um die jüngere Geschichte ging, wo es keine sauberen Helden, aber viel schmutzige Wäsche gab und wo es noch „menschelte". Dass ich an der Uni Innsbruck gelandet bin und nicht an der in Trient oder Verona, hatte übrigens keinen sprachlichen Grund und schon gar keinen *volkstumspolitischen*, wie man in Südtirol sagt. Ich wollte Germanistik studieren, das war für mich schon klar gewesen, bevor wir in der Maturaklasse zum *Tag der offenen Tür* an die Landesuniversität chauffiert wurden. Dass ich in Innsbruck politisch *außer Landes* war, sagte mir nicht zuletzt die Brennergrenze, dass an meinem Selbstverständnis als Südtirolerin gekratzt würde, damit hatte ich aber nicht gerechnet. Ich erinnere mich noch lebhaft an eine Diskussion in einem Proseminar, in der es irgendwann darum ging, warum in Südtirol alles zweisprachig sein muss, also Ortstafeln und Beipackzettel, Produktbeschreibungen und Gesetzestexte, und warum die deutschsprachigen Südtiroler so vehement darauf pochen. Mitten in die Debatte hinein sagte ein Tiroler, er verstehe nicht, was das Theater soll, wenn wir eh alle Italienisch lernten, dann sei es doch egal, wenn auf der Packung nur *senape* steht, wir würden ja verstehen, dass das Senf heißt.

Ich war so perplex, dass ich zunächst keine Antwort fand. Dann wurde ich wütend. Es sei schon ein Unterschied, ob ich in ein anderes Land fahre und mich freue, die Sprache der Einheimischen zu verstehen, oder ob ich in „meinem Land meiner Sprache beraubt werde". Ich kann mich noch erinnern, dass ich bei „meinem Land" gestockt habe. Ich hatte nicht nur Besitz ergriffen, ich wollte es auch verteidigen, dieses Südtirol, gegen Tirol. Ich habe in vielen Diskussionen mit meinen überwiegend Nordtiroler Freunden Verteidigungsreden für Südtirol, die Südtiroler gehalten und dabei „wir" gesagt. Hat mich jemand gefragt, habe

ich das „wir" allerdings nicht definieren können: Wer waren „wir"? Deutschsprachige Italiener? Deutsche mit italienischem Pass? Österreicher mit italienischem Pass? Tiroler mit italienischem Pass? Und die Italiener im Land: Südtiroler oder ganz klar Italiener? Was war mit den Ladinern? Fühlten sie sich wohl im mächtigen Schatten der deutschen Volksgruppe? Was war mit den Kindern aus den sogenannten „Mischehen"? Als was fühlten sie sich? – Im Grunde konnte ich auf all diese Fragen immer nur eine Antwort geben, nämlich die, wie ich mich sah. Und ich sah mich als deutschsprachige Südtirolerin mit italienischem Pass.

Heute gibt es für mich weder das „wir Südtiroler" noch das „ihr Nordtiroler", umgekehrt auch nicht. Ich wehre mich gegen den Begriff „wir Tiroler", wenn er mit diesem „Miar-Sein-Miar", mit diesem „Wir Tiroler sind widerständig!", „Wir Tiroler haben uns behauptet in der Geschichte!", aufgeladen wird. Und „uns" dabei berufen auf ein Ereignis, das vor 200 Jahren stattgefunden hat. In meinem Südtiroler Leben hat das, was vor 200 Jahren stattgefunden hat, keine Rolle gespielt. Sehr wohl aber das Jahr 1919 als Südtirol zu Italien kam, sehr wohl aber die Option 1939, die Bombenanschläge in den 1960er Jahren, das Jahr 1972, als das *Autonomie-Paket* beschlossen wurde, und das Jahr 1992, als nach 20 Jahren endlich die Autonomie für Südtirol umgesetzt war, und alles, was damit einherging. Eine Rolle gespielt hat das Jahr 1998, als die Grenzbalken am Brenner fielen. Eine Rolle gespielt hat auch, dass im Jahr 2002 sich die Mehrheit der italienischsprachigen Bozner gegen eine Umbenennung des *Siegesplatzes* in Bozen in den *Friedensplatz* ausgesprochen haben. Ich habe das nicht verstanden. Heute denke ich: Die Menschen waren noch nicht soweit, dieses überkommene Symbol loszulassen. Es braucht Zeit, eine neue Identität zu finden und anzunehmen. Es gibt ein *Bundesland Tirol* und eine *Autonome Provinz Bozen-Südtirol*. Wenn ich über den Brenner fahre, fahre ich nach Hause. Manchmal liegt daheim im Nirgendwo. In letzter Zeit ertappe ich mich gelegentlich dabei, dass ich „Ich als Tirolerin…" sage, – und dann muss ich lachen.

Unbekannter Künstler, Andreas Hofer, Radierung, TLMF, Bibliothek, FB 6142/14

EIN HELDENMYTHOS ENTSTEHT
ANDREAS HOFER IN DER BILDENDEN KUNST DES 19. JAHRHUNDERTS

Eleonore Gürtler

Die dramatischen Ereignisse in Tirol mit ihrem Höhepunkt 1809 und der Galionsfigur Andreas Hofer beschäftigten nicht nur Literaten und Musiker, sondern auch zahlreiche bildende Künstler. Sie trugen wesentlich zu der bereits zu Lebzeiten beginnenden Heroisierung Andreas Hofers als Tiroler Volksheld und als Symbol für den Widerstand bei. „Ausschlaggebend hierfür wurden seine Siege gegen Napoleon, sein persönliches Verhalten im Kampf und während der Zeit in Innsbruck, seine Tage in Mantua und die Bewunderung für den Willen zur Selbstbehauptung der Tiroler, die sich in seiner Person symbolisiert. Hofer galt den Zeitgenossen sowohl militärisch erfolgreich als auch menschlich integer, anständig und freiheitsliebend. Sein Ableben trug zudem zur Überhöhung dieser Grundlagen bei. Er wurde mit dem Schicksal der Märtyrer verglichen, und genau wie ihnen wurde ihm Prinzipientreue bis in den Tod zugebilligt. Diese Einschätzungen wurden zur Substanz der Rezeption, zur Basis seiner Popularität bis heute."[1]

Die bildende Kunst des 19. Jahrhunderts trug entscheidend zur Entstehung des Heldenmythos bei und prägte maßgeblich das Bild Andreas Hofers als Symbolfigur der Tiroler Identität.

WIE HAT ANDREAS HOFER TATSÄCHLICH AUSGESEHEN? ANDREAS HOFER IM PORTRÄT

1809 verfolgte man europaweit den Aufstand des „Tiroler Bergvolks" gegen den Erzfeind Napoleon und seine Vasallen mit besonderem Interesse. Bevor wirklichkeitsgetreue Darstellungen Andreas Hofers entstanden, waren Phantasiebilder im Umlauf, die ihn u.a. mit Rauschebart, mehreren Pistolen im Gürtel, langen Federn auf dem riesigen Hut und mit Pluderhosen zeigen.

Historisch wertvoll sind jedoch die zeitgenössischen Andreas-Hofer-Porträts von Franz und Jakob Plazidus Altmutter, Johann Georg Schedler, Maria Anna Moser, des Servitenpaters Benitius Mayr und von Domenico Zeni, da diese Künstler den Sandwirt aus eigener Anschauung kannten. Teilweise wurden ihre Werke mittels druckgraphischer Techniken reproduziert, insbesondere jene von Schedler und Moser. Sie fanden national wie international weite Verbreitung und viele Nachahmer.

Vergleicht man diese authentischen Bildnisse mit Textpassagen, in denen das Aussehen Andreas Hofers von Menschen aus seinem näheren Umfeld beschrieben wird, so sind viele Übereinstimmungen feststellbar: Anton Knoflach schrieb am 30. Mai 1809 in sein Tagebuch: „So eben sah ich den Sandwirth. Bis auf den schönen Säbel, den Gen[eral] Chasteler ihm verehrte, und die feinere grüne Jacke, unterscheidet er sich nicht von den übrigen Bauern; er ist groß und dick und hat einen ungeheurn schwarzen Bart."[2]

Der Gubernialrat und Kreishauptmann Johann Jakob Staffler, der schon als Knabe mit Andreas Hofer bekannt war, schilderte ihn in seiner Topographie von Tirol und Vorarlberg: „Hofer hatte einen robusten, ziemlich hohen Körperbau mit breiter Brust und starken Waden, eine angenehme, freundliche Gesichtsbildung mit kleinen, aber lebhaften Augen, mit rothen, ziemlich vollen Backen und einer etwas kleinen stumpfen Nase. Er besaß unter den starken Männern des Thales eine ausgezeichnete Körperstärke. […] Seine Stimme war weich und wohlklingend; sein Gang aufrecht, langsam und würdevoll; sein ganzes Wesen anziehend und Zutrauen erweckend."[3]

Der Gubernialrat, Kammerprokurator und Historiker Joseph Rapp war im Jahr 1809 als Finanzrat in Innsbruck tätig und stand daher ebenfalls in engem Kontakt mit dem Sandwirt. In seinem Werk *Tirol im Jahre 1809*

Unbekannter Künstler, Andreas Hofer mit Adjutanten, Kupferstich, TLMF, Bibliothek, FB 6142/12

schrieb er: „Andreas Hofer war von ziemlich hoher, untersetzter, aber doch nicht herkulischer Gestalt mit breiten Schultern und schön gewachsenen fleischvollen Schenkeln und Füßen; er hatte ein rundes, rothbackiges Gesicht mit einer kleinen, wenn gleich ziemlich breiten Nase, lebhaften, braunen Augen und schwarzem Haare, sowie, als vorzügliche Auszeichnung, einen vollen und weit auf die Brust herabwallenden schwarzen Kinnbart […]. Sein Gang war aufrecht, langsam und würdevoll, seine Gesichtsmiene freundlich, seine Stimme weich und hell und sein ganzes Wesen einnehmend und Zutrauen erweckend. – Hofer trug fortwährend eine Bekleidung, die von jener der Passeierer einigermaßen abwich: eine Jacke von grüner Farbe (in seinem Thale ist sie

durchaus von braunem Loden), ein rothes Wamms mit einem darüber gespannten grünen Hosenträger, eine breite lederne Bauchbinde (Gürtel), welche beschlagen und mit den Anfangsbuchstaben seines Namens A. H. in der Mitte geziert war, schwarze lederne Hosen, die nur bis an die Knie reichten, und blaue wollene Strümpfe mit Bundschuhen, um den Hals einen schwarzen Flor und als Kopfbedeckung einen breitkrämpigen schwarzen Hut, der auf einer Seite aufgestülpt und mit dem Bildnisse der Mutter Gottes nebst Blumen und Wildfedern geschmückt war. Die Nonnen des Klosters von der heiligen Ursula zu Innsbruck stickten ihm ein breites Hutband mit der Inschrift: Andreas Hofer, Oberkommandant von Tirol. An einer Halsschnur hing ihm ein messingenes Crucifix

Jakob Plazidus Altmutter, Andreas Hofer,
1809, Silberstift, schwarze Kreide auf Papier,
TLMF, Graphische Sammlungen, T 2913

Jakob Plazidus Altmutter, Andreas Hofer,
1809, Öl auf Leinwand, TLMF, Kunstgeschichtliche Sammlungen, Gem 1273

Jakob Plazidus Altmutter, Andreas Hofer,
Öl auf Leinwand, Stadtmuseum Bozen

bis auf die Brust herab und an einer andern ein silberner Pfennig mit dem Bildnisse des heiligen Georg. – Seine Waffe war anfänglich ein Offiziersdegen [...], dann der ihm vom General Chasteler geschenkte Säbel."[4] Der Überlieferung nach soll Hofer aus abergläubischen Gründen niemals einem Künstler Porträt gesessen sein; allerdings heißt es vom Zeichner und Maler Jakob Plazidus Altmutter (Innsbruck 1780–1819 Schwaz), dass es ihm gelungen sei, Hofer am 4. September 1809 beim Mondscheinwirt Sebastian Meyer in der Bindergasse in Bozen unbemerkt zu zeichnen.[5] Im Tiroler Landesmuseum befinden sich sowohl ein Ölgemälde[6] als auch eine Silberstiftzeichnung[7], diese ist vermutlich der vorausgehende Entwurf. Beide Bildnisse beeindrucken durch ihre Ausdrucksintensität. Zudem besitzt das Stadtmuseum in Bozen ein Miniaturporträt Hofers.[8] Alle drei Darstellungen entstanden vermutlich 1809 und werden Jakob Plazidus Altmutter zugeschrieben.[9] Dieser hatte seine Ausbildung zum Graphiker und Maler bei seinem Vater, dem Fresken-, Porträt- und Blumenmaler Franz Altmutter (Wien 1745–1817 Innsbruck) erhalten, der in seinem Schaffen noch weitgehend der barocken Tradition verpflichtet war. Ab 1801 studierte Jakob Plazidus mit Unterstützung des österreichischen Generals Johann Gabriel Marquis du Chasteler de Courcelles an der Wiener Akademie. 1803 brach er seine Ausbildung vorzeitig ab und kehrte nach Tirol zurück. Der Künstler gilt als erster Schilderer des Tiroler Volkslebens sowie

Jakob Plazidus Altmutter, Andreas Hofer und ein französischer Offizier, 1812, Bleistift, Tusche, laviert, TLMF, Graphische Sammlungen, T 2073

der Kampfhandlungen von 1796/97 und 1809, wenngleich seine aktive Teilnahme daran ungewiss ist. In zahlreichen nicht nur künstlerisch, sondern vor allem historisch wertvollen Graphiken hielt Altmutter bedeutende Geschehnisse aus den Tiroler Freiheitskämpfen, wie die Erstürmung der Innsbrucker Innbrücke am 12. April 1809 oder die Bergiselschlacht am 13. August 1809, fest. Mit Hilfe umfangreichen Skizzenmaterials führte er seine Arbeiten erst nach dem Ende der kriegerischen Ereignisse 1809 aus. Die Tuschezeichnung *Andreas Hofer und ein französischer Offizier*[10] nimmt Bezug auf die Verhandlungen zwischen dem französischen

Marschall François-Joseph Lefebvre und den Tirolern nach den Kämpfen bei Sterzing Anfang August 1809.[11] Als Tirol 1814 wieder zu Österreich kam, wurden einige Räume im ersten Obergeschoß der Innsbrucker Hofburg neu adaptiert. Der bereits 69-jährige Franz Altmutter wurde aufgrund seiner Versiertheit in der Freskotechnik mit der künstlerischen Ausgestaltung eines früheren Beratungszimmers – heute „Altmutterzimmer" – betraut. Eines der Wandbilder zeigt Andreas Hofer und den Tiroler Landsturm 1809. Die Entwürfe[12] für die 13 Szenen zur Kulturgeschichte Tirols schuf jedoch sein Sohn Jakob Plazidus.[13]

Jakob Plazidus Altmutter, Andreas Hofer mit dem Tiroler Landsturm, um 1815, Entwurf zum Freskobild in der Innsbrucker Hofburg, Tusche, laviert, über Bleistift, TLMF, Graphische Sammlungen, T 2820

Domenico Zeni, Andreas Hofer, 1810, Öl auf Papier, TLMF, Historische Sammlungen, HG 283

Auch Franz Altmutter gilt als Schöpfer eines der bekanntesten Andreas-Hofer-Porträts.[14] Franz Ludwig Graf Meran erwarb das Gemälde nach 1860 von einem Herrn Joas, der versicherte, „[…] dass der Maler Gelegenheit gehabt habe, den Hofer von einem halb offenen Nebenzimmer der Hofburg aus daselbst heimlich sehen und beobachten zu können."[15] Wie sein Sohn malte Franz Altmutter ein Brustbild Andreas Hofers mit – vom Betrachter aus gesehen – leicht nach rechts gewandtem Kopf, ohne Hut, aber mit kinnlangem Vollbart. Allerdings verlieh Altmutter dem Anführer der Tiroler Freiheitskämpfer eine etwas schmälere Gesichtsform und eine längere Nase und zeigt ihn mit der kaiserlichen Ehrenmedaille an der goldenen Kette,[16] die Hofer am 29. September 1809 von Kaiser Franz I. übersandt und am 4. Oktober anlässlich eines feierlichen Festgottesdienstes in der Hofkirche von Abt Markus von Wilten nach deren Weihe umgehängt worden war.[17] Folglich kann

das Bildnis erst nach diesem Ereignis entstanden sein. Das Gemälde ist Eigentum von Franz Graf Meran und befindet sich auf Schloss Schenna in Südtirol. Es ist Teil der größten privaten Andreas-Hofer-Sammlung, die von Erzherzog Johann begonnen und von seinem Sohn Franz Ludwig vollendet wurde.

Ein Miniaturporträt, das große Ähnlichkeit mit den von Franz und Jakob Plazidus Altmutter geschaffenen Bildnissen hat, soll vom Maler Domenico Zeni (Bardolino 1762–1819 Brescia) in den letzten Lebenstagen Hofers gemalt worden sein. Das Tiroler Landesmuseum erwarb das Bild 1827 von dem aus Trient stammenden Alexander Volpi.[18] In einem Aktenvermerk von Vorstand Andreas Freiherr von Dipauli heißt es: „[…] gemalt zu Trient im Jänner 1810 zur Zeit, da Hofer als Gefangener auf dem Transport nach Mantua sich zu Trient befand."[19] Karl Paulin schilderte die damalige Situation folgendermaßen: „Am Mittwoch, den 31. Jänner, wurde Hofer von Neumarkt nach Trient überführt, wo er am späten Nachmittag ankam und auf dem Domplatz von einer Volksmenge neugierig bestaunt wurde. Im Polizeigefängnis war der Sandwirt scharf bewacht, der kommandierende Offizier mußte ständig bei ihm im Arrest bleiben, im Vorraum standen 24 Soldaten. Sonst wurde der Gefangene achtungsvoll und mit Schonung behandelt; jeder, der ihn zu sprechen wünschte, konnte dies anstandslos tun. Bei dieser Gelegenheit entstand das letzte Bildnis Andre Hofers, noch am Tage der Ankunft in Trient von Domenico Zeni gemalt; es läßt deutlich die abgehärmten Züge des Dulders erkennen."[20] Laut einem von der bayerischen Regierung erstellten Künstlerverzeichnis war Zeni, dem eine sehr gute künstlerische Qualität als Historien- und Porträtmaler bescheinigt wird, schon 1808 in Trient ansässig.[21]

Von dem aus Konstanz stammenden, seit 1804 in Innsbruck tätigen Maler und Graphiker Johann Georg Schedler [Schädler] (Konstanz 1711–1866 Innsbruck) erschien bereits am 13. Juli 1809 in der Innsbrucker Zeitung eine private Anzeige, in der er ankündigte, Andreas Hofer getreu nach der Natur gemalt zu haben. Der Künstler bot seine

Franz Altmutter, Andreas Hofer, 1809, Öl auf Papier auf Leinwand, Franz Graf Meran, Schloss Schenna (Südtirol)

Johann Georg Schedler, Andreas Hofer, 1809, Bleistift, weiß
gehöht, auf Papier, TLMF, Historische Sammlungen, HG 436

Johann Georg Schedler, Kniestück en face von Andreas Hofer,
1809/10, Aquarell auf Seidenpapier, Heeresgeschichtliches
Museum Wien, Bl 18.842

Lithographien[22] zum Preis von einem Gulden und zwölf
Kronen an und ersuchte auswärtige Liebhaber, „Briefe und
Geld frey einzusenden."[23] So brachte er das als Brustbild
ausgeführte Bildnis in Umlauf und nützte geschäftstüchtig
das wachsende nationale und internationale Interesse am
Anführer der Tiroler Aufständischen.[24] Schedler zeigt ihn
mit dem auch von Joseph Rapp[25] beschriebenen breitkrempigen Hut, „der auf einer Seite aufgestülpt und mit dem
Bildnisse der Mutter Gottes nebst Blumen und Wildfedern
geschmückt" war. In einer detailreicheren Handzeichnung[26]
schmückte Schedler den Hut mit dem von den Ursulinen in
Innsbruck gefertigten seidenen Hutband mit der Goldsticke-
rei „Andreas Hofer Oberkommandant". Konrad Fischnaler
schrieb dazu: „Es ist unzweifelhaft, daß Schädler mit
seinem Porträt Erfolg hatte, wenigstens in der Richtung,
daß es im In- und Auslande fleißig nachgebildet und mehr
oder minder variiert wurde. Denn bis zum Erscheinen
dieses Blattes waren daselbst nur Phantasiebilder von

A. Hofer im Schwung, die ihn meist als ‚Brigantino', bis
an die Zähne bewaffnet, darstellten und nichts Ähnliches
boten, als einen langen Bart. Solche Bildnisse erschienen
in den Kunsthandlungen Trautner und Fr[iedrich] Campe in
Nürnberg und deren mehrere bei Zanna in Augsburg, später
auch in Mailand, Paris und London. Es ist ein Verdienst
Schädlers, daß er dazu beitrug, diese unwahren Bilder
durch ein getreues besseres Bild Hofers zu ersetzten."[27]
Außerdem schuf der Künstler ein Kniestück und eine ganzfigurige Darstellung von Hofer, dem er – mit Ehrenkette
und Schriftrolle – die Pose eines Herrschers oder Feldherrn
verlieh.[28] Schedler zeigt den Anführer des Tiroler Aufstands
stehend inmitten einer Landschaft, Ferrarihof und Serles
sind erkennbar. Mit dem Unterarm stützt er sich leicht auf
einen Felsvorsprung, auf dem sein bändergeschmückter
Hut liegt. Auch von diesen Arbeiten fertigte der Künstler
Druckgraphiken an, die – wie sein Brustbild von Andreas
Hofer – weit verbreitet und häufig nachgeahmt wurden.

Johann Georg Schedler, Andreas Hofer, Aquatintaradierung, koloriert, TLMF, Bibliothek, FB 6142/50

Philipp Benitius Mayr, Andreas Hofers Apotheose 1809,
Lithographie, TLMF, Bibliothek, FB 6142/90

Philipp Benitius Mayr, Andreas Hofer, Radierung und Kupferstich,
koloriert, TLMF, Bibliothek, Dip. 1372 /202

Der Servitenpater Philipp Benitius Mayr (Hall 1759–1826
Innsbruck) wirkte in Innsbruck u.a. als Stadtpfarrprediger
und seit 1806 als Professor für Ästhetik an der Innsbrucker
Universität, zudem auch als Literat und Graphiker. Aufgrund
der Zensur legte Mayr sein Theaterstück mit dem Titel
*Andreas Hofer, Sandwirt von Passeyr, oder die Tiroler sind
getäuschte, aber gute Menschen*, den Metternich'schen
Behörden erst gar nicht vor.[29] Andreas Hofer lernte er in
den kriegerischen Kampfhandlungen 1809 während seiner
Tätigkeit als Feldkaplan kennen. Mayr schuf von ihm nicht
nur Porträts[30], sondern auch die Darstellung *Andrae Hofers
Apotheose 1809*, die kurz nach dessen Tod entstand. Sie
zeigt die göttliche Verherrlichung des Freiheitskämpfers
und seine Aufnahme in den Himmel. Umgeben von den
Evangelistensymbolen schwebt über ihm ein Engel mit dem

kaiserlichen Doppeladler.[31] Damit hatte der Künstler den
Grundstein zur Heldenverehrung Hofers gelegt.
Im Jahr 1809 malte die Schwazer Künstlerin Maria Anna
Moser (Schwaz 1756–1838 Schwaz) in Miniaturformat eines der berühmtesten Hofer-Porträts, das viele Nachahmer
fand. Im *Boten für Tirol und Vorarlberg* war 1863 zu lesen:
„Das in größter Feinheit ausgeführte Porträt weicht von
den gewöhnlichen Bildnissen A. Hofer's zu dessen Gunsten
wesentlich ab, in dem A. Hofer hier wohl als gutmüthiger,
wohlwollender Mann, dem das Vertrauen zu aller Welt
aus den Augen sieht, dargestellt ist, während er in andern
Phantasiedarstellungen – als der Besitzer eines total geist-
losen, eckigen Angesichts verewigt worden ist. […] Wie
Augenzeugen versichern, hat jene Malerin […] mehrfach
persönlich an der Landesvertheidigung theilgenommen."[32]

Pinxit M.A. Moserin zu Shwaz
1809

Maria Anna Moser, Andreas Hofer, 1809, Öl auf Leinwand, TLMF, Kunstgeschichtliche Sammlungen, Gem 3897

Francesco Tomaselli, *Andreas Hofer, Heerführer der Tyroler Insurgenten*, 1809, Punktierstich, Tiroler Privatbesitz

Francesco Tomaselli, *Der Sandwirth aus dem Passeyr Thal, Andreas Hofer, Anführer der Tyroler*, 1809, Punktiermanier, TLMF, Bibliothek, W 13010

Nachfolgende Künstler übernahmen in ihren Hofer-Darstellungen den von Franz und Jakob Plazidus Altmutter, Schedler und Moser festgelegten Typus mit folgenden charakteristischen Merkmalen: rundes Gesicht, Vollbart, Brustlatz, Hosenträger, Jacke, Ledergurt mit dem Monogramm A. H., knielange Lederhose und Stiefel. Meistens trägt der Sandwirt einen großen Hut. Kennzeichnende Attribute sind auch die Ehrenkette als Symbol der Kaisertreue, ein kleines Kruzifix am Halsband und ein am Hosenträger befestigter silberner Pfennig mit dem Hl. Georg.

Die Problematik des Wahrheitsgehalts vieler Darstellungen dokumentieren zwei Druckgraphiken, für die der aus Grigno in Valsugana stammende Francesco Tomaselli 1809 die Vorlagen schuf. Obwohl der Künstler angibt, Hofer „nach dem Leben" gemalt zu haben, unterscheiden sie sich grundsätzlich. Der Stich *Andreas Hofer. Heerführer der Tyroler Insurgenten*[33] zeigt ihn in manierierter Form mit langem Schnurrbart und kleinem Spitzbart, Maschen und Schleifen an Pluderhose und Schuhen, bewaffnet mit zwei Pistolen, Säbel und Gewehr. Hingegen weist die laut Bezeichnung „im September 1809 von Fr. Tomaselli zu Innsbruck" angefertigte Abbildung *Der Sandwirth aus dem Passeyr Thal. Andreas Hofer. Anführer der Tyroler* durchaus Ähnlichkeit mit den Bildnissen von Schedler oder Moser auf.[34]

Andreas Hofer
Commander in Chief, from the Tyrolese Hunters, against
Bonaparte in the Year, 1809.

Franz Seraph Nißl, *Andreas Hofer*, um 1820, Gipsrelief, bemalt, TLMF, Kunstgeschichtliche Sammlungen, P 1056

Josef Bartlme Kleinhans, Andreas Hofer, Holz, ohne Fassung,
TLMF, Kunstgeschichtliche Sammlungen, P 231

einer Phantasielandschaft stehend. Wie die Inschrift
„Andreas Hofer. Commander in Chief, from the Tyrolese
Hunters, against Bonaparte in the Year, 1809" ver-
deutlicht, wurden sie vor allem als Souvenirs für Tirol
bereisende Engländer angefertigt. Vom ebenfalls aus dem
Zillertal stammenden, seit 1813 in Meran ansässigen
Johann Baptist Pendl (Aschau im Zillertal 1791–1859
Meran) sind sehr ähnliche bemalte Gipsreliefs bekannt.[36]
Auch der mit vier Jahren erblindete Josef Bartlme
Kleinhans (Nauders 1774–1853 Nauders) fertigte 1820
von Andreas Hofer eine Porträtbüste. Er hatte durch das
systematische Abtasten plastischer Formen zur Schnitz-
kunst gefunden und einen eigenen Stil entwickelt.
„Oft weilte Kleinhans in Innsbruck, wo er sein Atelier
beim Lammwirt an der Innbrücke hatte und den Verkauf
seiner Plastiken an die Fremden betrieb."[37] Außerdem
unternahm er mehrfach Fahrten nach Vorarlberg, Bayern
und in die Schweiz, um dort seine Werke der Öffentlichkeit zu präsentieren und zu verkaufen.[38]

Unter den Bildhauern, die sich mit Andreas Hofer beschäftigten, ist der zunächst für das Wiener Kaiserhaus
und ab 1804 für den preußischen König tätige Tiroler
Wachsbossierer und Medailleur Leonhard Posch (Finsing
bei Fügen 1750–1831 Berlin) zu nennen. Er modellierte
viele bedeutende europäische Persönlichkeiten aus
Politik, Wissenschaft und Kunst seiner Zeit. Von ihm ist
ein in Eisenguss ausgeführtes Brustbild Andreas Hofers[35]
bekannt, das nach einer Stichvorlage entstand
und den Anführer des Tiroler Landsturms mit zwei
eingesteckten Pistolen im Bauchgurt darstellt.
Die bemalten Gipsreliefs vom Zillertaler Franz Seraph
Nißl (Fügen 1771–1855 Fügen) zeigen den Sandwirt in

Leonhard Posch, Andreas Hofer, Galvano nach einem Gleiwitzer
Eisenguss , Dm 10 cm, ehem. im Schloss Monbijou, Berlin

DAS GRABMONUMENT ANDREAS HOFERS
IN DER HOFKIRCHE IN INNSBRUCK

In der Nacht vom 8. zum 9. Jänner 1823 exhumierten
fünf Offiziere der *Tiroler Kaiserjäger* – auf ihrem
Rückmarsch von Süditalien – in Mantua die Gebeine
Andreas Hofers und brachten sie nach Innsbruck.
Da der Wiener Hof die Stimmung in der Bevölkerung
kannte und die Tiroler Stände bereits anlässlich der
Erbhuldigungsfeier 1816 die Forderung an Kaiser
Franz I. nach der Überführung Hofers gestellt hatten,
ordnete dieser die Beisetzung des Sandwirts in der
Innsbrucker Hofkirche an, die am 21. Februar 1823
feierlich begangen wurde. Intern ergriff man jedoch
disziplinarische Maßnahmen, um die Offiziere wegen
ihres eigenmächtigen Handelns zu bestrafen. Obwohl
die Metternich'sche Verwaltung bislang versucht hatte,
das Andenken an Andreas Hofer zu unterdrücken,
erfolgte mit Kabinettsbefehl noch im selben Jahr
die Ausschreibung eines Wettbewerbs zur Gestaltung
des Grabmonuments in der Innsbrucker Hofkirche.
Die Auswahl der eingereichten Entwürfe oblag der
Akademie der bildenden Künste, die ihre Ergebnisse
mittels Gutachten dem Kaiser mitzuteilen hatte. 1824
wurden in einer Ausschuss-Sitzung 27 eingereichte
Projekte von 16 Künstlern begutachtet. Darunter befanden sich sechs Entwürfe des Tiroler Bildhauers Joseph
Klieber (Innsbruck 1773–1850 Wien) und drei des
Wiener Akademieprofessors für Bildhauerei Johann
Nepomuk Schaller (Wien 1777–1842 Wien). „Tatsächlich hatten viele Teilnehmer Hofer als antikisierende
Büste oder als Togafigur dargestellt. [...] Mithin kam
man zunehmend in die ästhetische Schere, einerseits
den klassizistischen Idealen der Epoche Genüge tun zu
müssen, andererseits eine dem politischen und funk-
tionalen Inhalt entsprechende Form zu finden."[39] 1825
hieß es in einer kaiserlichen Resolution: „[...] daß Hofer in seiner Tracht und in keiner anderen Gestalt und
auch nicht als Märtyrer zu erscheinen habe, und dabei
alles vermieden werden müsse, was für die bayrische
Regierung beleidigend sein könne [...]."[40]

Joseph Klieber (nach dem Entwurf von Johann Martin Schärmer),
Modell zum Grabmal Andreas Hofers, 1826, Gips,
TLMF, Kunstgeschichtliche Sammlungen, P 688

Unter den nachträglich eingelangten Vorschlägen
gefiel ein Aquarellentwurf[41] des Tiroler Malers und
Zeichners Johann Martin Schärmer (Nassereith
1785–1868 Wien), allerdings kritisierte man die
Darstellung Hofers in Tracht in Kombination mit einem
den Lorbeerkranz über ihn haltenden antiken Genius.[42]
Davon fertigte Joseph Klieber 1826 ein plastisches
Gipsmodell[43] an. Um das Projekt zu beschleunigen,
ergriff Staatskanzler Metternich, Kurator der
Akademie, die Initiative und entwickelte, basierend
auf dem Entwurf Schärmers, folgende Idee: „Hofer steht
fest, männlich und zum Kampf gerüstet, in der Nationaltracht. Er wendet den Blick gegen den Himmel.

Johann Nepomuk Schaller (Figur) und Joseph Klieber
(Sockelrelief), Grabmal Andreas Hofers in der Hofkirche in
Innsbruck, 1837

Bein vorstreckend; den Kopf bey nahe an troi quart.
Der Hut welcher Art, nur schlechte Kopfbegleitung ist,
zu Füßen auf dem Felsen liegend. Auf dem Gußgestell
kämen alleinig die Worthe Andreas Hofer ao [anno]
1809."[44] Im März 1826 schrieb Klieber dem Präsidium
der Akademie, dass er sich außerstande sehe, nach
diesen Vorgaben ein plastisches Modell auszuführen.
Ein Jahr später, im April 1827, erhielt Schaller laut
allerhöchster Entschließung den Auftrag, das Monument zu gestalten: Klieber wurde die Ausführung
des Sockelreliefs mit der Darstellung des Fahnen-
schwurs nach dem Entwurf Schärmers[45] übertragen.[46]
Dies führte zwischen Klieber und Schärmer, der sich
als Erfinder der Komposition ansah, zu jahrelangen
Auseinandersetzungen.

Für die Statue und das Relief wurde weißer, für den
Sarkophag lichtgrauer und für das Postament dunkler
Marmor festgelegt. Probleme bei der Beschaffung
geeigneter Marmorblöcke verzögerten die Ausführung
erheblich.[47] Schallers Statue wurde in der Innsbrucker
Hofkirche 1834 feierlich enthüllt. Bei einem Vergleich mit Schärmers Entwurf fällt die grundsätzliche
Übereinstimmung auf. „Interessant ist auch daß alle
Abweichungen von diesem genau den Abänderungen
entsprechen, die Metternich in seinem Memorandum
gefordert hatte: [...] der Hut liegt auf dem Boden, in
der rechten Hand hält Hofer die Fahne, links hat er den
Stutzen umgehängt, auch Stellung und Blickrichtung
entsprechen dem Wunsche Metternichs. Vor allem fehlt
der Genius, der ja nicht nur vom Staatskanzler
beanstandet worden war."[48] Erst 1837 vollendete Klieber das Basrelief mit dem Fahnenschwurmotiv, das dem
Maler Josef Arnold d. Ä. (Stans bei Schwaz 1788–1879
Innsbruck) ein Jahr später, 1838, als Vorlage für ein
Ölgemälde diente: „Himmelwärts blickend erhebt
Andreas Hofer die rechte Hand zum Schwur, in der
linken hält er die gesenkte Fahne mit dem Tiroler Adler.
Auch die ihn umgebenden Tiroler Freiheitskämpfer leisten den Treueeid. Frauen, Kinder und Greise [...] treten
als höchst interessierte Zeugen eines gewichtigen
Vorgangs auf, den es allerdings nie gegeben hat."[49]

Er steht auf einem Felsen. Die rechte Hand ruht auf
dem Kugelstutzen. Links steht zu seinen Füßen der
Tiroler Adler mit gegen ihn gewandten Blicke; über
ihn streckt er die Hand aus; als wenn er ihm zuriefe
– sey getrost. Hier kommt alles auf die Wendung der
Figur an. Ich würde den Körper enface stellen; das eine

ANDREAS HOFER IM HISTORIENBILD

Der aus dem Außerfern stammende und in Rom lebende Maler Joseph Anton Koch (Obergiblen bei Elbigenalp 1768–1839 Rom) schuf mit seinem Gemälde *Der Tiroler Landsturm 1809* [50] das erste Historienbild, das sich mit den Tiroler Freiheitskriegen und Andreas Hofer auseinandersetzt; den Auftrag hatte er vom preußischen Minister Freiherrn von Stein erhalten. Koch arbeitete drei Jahre – von 1816 bis 1819 – an dem inhaltlich dichten Bildprogramm, in welchem der Freiheitsgedanke im Mittelpunkt steht und die Aussage ins Allgemeingültige und Beispielhafte erhoben wird. Für ein Pendant gestaltete der Künstler einen ähnlichen kompositorischen Entwurf mit der Befreiungstat des Schweizer Nationalhelden Wilhelm Tell, der „Apfelschuss-Szene", einer Legende, die zum geschichtsbildenden Mythos wurde.
Im *Tiroler Landsturm* ging es Koch um „eine totale Idee von dem Ganzen des Tiroler Krieges",[51] um die Schaffung eines „Monuments damaliger Zeitgeschichte".[52] Nach dem Ende der Herrschaft Napoleons hatte der Wiener Kongress 1814/15 nicht die ersehnte Neuordnung Europas bewirkt. Kochs Kritik kommt in seinem Gemälde deutlich zum Ausdruck, waren doch Tirol und Andreas Hofer 1809 die Leidtragenden der doppeldeutigen Politik des habsburgischen Kaiserhauses in Wien gewesen: In der Mitte des unteren Bildrands stellte der Künstler eine viereckige Öffnung mit der Inschrift „POLITICA" dar, um welche herum Unkraut, Dornen, Disteln und giftige Pilze wachsen und sich Schlange und Frosch tummeln. Die zentrale Figur des Gemäldes bildet der Anführer des Volkssturms Andreas Hofer zu Pferd, den Koch „zur Denkmalfigur und zum Helden erhöht."[53] Hofer weist auf die wehende Tiroler Fahne und wird von seinen Mitstreitern Josef Speckbacher und dem Kapuzinerpater Joachim Haspinger – beide ebenfalls zu Pferd – begleitet. Da der Maler bereits als Jugendlicher Tirol verlassen hatte, erbat er sich aus seiner Heimat Trachtenbilder und Porträts von Hofer, Speckbacher und Haspinger. Umgeben von einer dramatischen Gebirgslandschaft zeigt Koch Kampfhandlungen, Kirchenraub, Brandstiftung, Tod sowie das jubelnde Tiroler Volk, in dessen Mitte er sich selbst abbildete. Deutli-

cher konnte sich der Künstler nicht positionieren, der 1816, während der Arbeit am Bild, an seinen Freund Giovanelli schrieb: „[…] denn die Tiroler Gesinnung ist eine ganz eigene Gesinnung, welche für uns einen eigenen Geruch hat; der Teufel hole, was derselben entgegenstrebt."[54] Das Gemälde erlangte durch eine 1848 von Tobias Griesser (gest. 1869 in Innsbruck) angefertigte Lithographie weite Verbreitung und hohen Bekanntheitsgrad.

Vom Maler Leopold Puellacher (Telfs 1776–1842 Telfs) befinden sich im Tiroler Landesmuseum Ferdinandeum vier Gemälde mit folgenden Szenen: *Fahnenschwur, Raffl erhält sein Blutgeld, Gefangenahme und Erschießung Hofers.*[55] Wenngleich sich der Künstler nicht exakt an historische Tatsachen hielt – die Festnahme Hofers erfolgt bei ihm in einer Höhle –, vermochte Puellacher, nicht zuletzt durch die für die Biedermeiermalerei charakteristische Detailschilderung, ein anschauliches Bild der Geschehnisse zu vermitteln.

Ludwig Ferdinand Schnorr von Carolsfeld (Königsberg 1788–1853 Wien) malte 1821 das vielfigurige Historiengemälde *Andreas Hofer und der Tiroler Landsturm an der Mühlbacher Klause* [56] im Auftrag und nach dem inhaltlichen Konzept des Historiographen Josef Freiherrn von Hormayr. Dieser war 1809 zwischen der ersten Befreiung Tirols im April bis kurz nach dem Waffenstillstand von Znaim (12. Juli) im Dienst des Wiener Hofes als kaiserlicher Intendant in Tirol für die Verwaltung zuständig. 1812/13 beteiligte er sich als einer der aktivsten Teilnehmer an der Verschwörung des „Alpenbundes", „[…] der eine Erhebung in Tirol als Auftakt zum allgemeinen Kampf gegen Napoleon zum Ziel hatte und die Alpenländer zum Ausgangspunkt einer allgemeinen Befreiungsbewegung machen wollte."[57] In der von ihm verfassten, jedoch 1817 anonym herausgegebenen ersten Biographie Andreas Hofer[58] war Hormayr bestrebt, dessen Ansehen zu diskreditieren und die eigenen Leistungen hervorzuheben. Aus diesem Grund wollte er auch im Bildvordergrund als Mittelfigur in Uniform zwischen Andreas Hofer, dem Kommandanten des Passeirer Aufgebots, und einem weiteren Freiheitskämpfer in Landestracht dargestellt werden, denen er die Hände reicht.[59]

Joseph Anton Koch, Der Tiroler Landsturm 1809, 1819, Öl auf Holz, TLMF, Kunstgeschichtliche Sammlungen, Gem 353

Fünf Jahre später, 1826, bestellte das Tiroler Landes-museum bei Schnorr von Carolsfeld ein Ölgemälde,[60] das er 1830 vollendete. Es zeigt Hofer und seine Mannschaft am 22. Mai 1809 bei Sterzing in jenem Augenblick, als den Sandwirt die Nachricht von den zu Hilfe kommenden österreichischen Truppen erreichte. Die rechte Hand auf das Herz gelegt und dankbar zum Himmel blickend, steht nun Andreas Hofer im Bildzentrum. Wie sehr sich Schnorr von Carolsfeld der manipulativen Wirkung des von Hormayr in Auftrag gegebenen Historiengemäldes bewusst war, geht aus einem an den Vorstand des Tiroler Landesmuseums An-dreas Freiherrn von Dipauli gerichteten Brief hervor, in dem er schreibt: „[…] doch […] wurde auch ich dem Irrthum gewahr, das X für ein U genommen zu haben, wie man mir es auf der breiten Fläche, der alle Wahrheit übersprudeln-der Dichterey, im Guckkasten der Eitelkeit, vorhielt. Lange trug ich den Gedanken in mir herum diese licentia poetica in eine veritas historica umzuwandeln. Mein Wunsch ist nun durch die Güte und das Vertraucn ihrer Exzellenz erreicht, und ich glaube wenigstens darin einen Segen in diesem Dienste für die Wahrheit zu erkennen, indem ich dieses zweite Gemälde für gelungener als das erste halten muß, wozu nicht nur die Vergrößerung selbst, als auch die freyere und schönere Landschaft, vieles beyträgt: – des Wechsels der Hauptfiguren nicht zu gedenken, durch wel-chen das Natürliche, Theatralisches verdrängt hat."[61]

Leopold Puellacher, Gefangennahme Andreas Hofers, um 1820, Öl auf Papier, TLMF, Kunstgeschichtliche Sammlungen, Gem 2096 b

Ludwig Ferdinand Schnorr von Carolsfeld, Andreas Hofer und der Tiroler Landsturm an der Mühlbacher Klause, 1821,
Öl auf Holz, Schloss Bítov (Vöttau, Tschechien), Inv.-Nr. 3453/2132 (4339/3453), RA 3809

In der zweiten Hälfte des 19. Jahrhunderts gilt der Maler Franz von Defregger (Stronach, Gemeinde Dölsach 1835–1921 München) als der bedeutendste Vertreter des Tiroler Historienbildes. Nahezu 30 Jahre lang setzte er sich immer wieder mit den Geschehnissen des Tiroler Freiheitskampfes 1809 und der Person Andreas Hofers auseinander. Noch während seiner Akademiezeit in München schuf er 1869 unter dem Einfluss seines berühmten Lehrers, des Historienmalers Karl Theodor von Piloty (München 1826–1886 Ambach bei München), sein erstes Histori-

engemälde *Speckbacher und sein Sohn Anderl*,[62] das ihn schlagartig bekannt machte. Wenige Jahre später entstanden seine wohl berühmtesten Werke: *Das letzte Aufgebot*[63] (1874) und das von der Berliner Nationalgalerie in Auftrag gegebene Gegenstück *Heimkehr der Sieger* (1876).
Immer noch galt die Historienmalerei als die ranghöchste und edelste Kunstgattung, deren Charakteristika bühnenmäßige Inszenierungen, theatralische Gestik und Pathos waren. Häufig kennzeichnen genrehafte Elemente die Geschichtsbilder Franz von Defreggers. Durch seine

Ludwig Ferdinand Schnorr von Carolsfeld, Andreas Hofer und der Tiroler Landsturm bei Sterzing, 1830,
Tempera und Gouache auf Holz, TLMF, Kunstgeschichtliche Sammlungen, Gem 485

realistische, detailgetreue Malweise prägte er wie kein anderer Künstler die Vorstellung vom Aussehen Andreas Hofers bis in unsere Zeit. *Im Boten für Tirol und Vorarlberg* hieß es 1879: „[…] daß er [Defregger] kein bestimmtes Bild ausschließlich zum Modell genommen, sondern durch eingehendes Studium der verschiedenen, theils im Landesmuseum, theils im Privatbesitze befindlichen Portraits, Büsten, Kupferstiche, Handzeichnungen sich einen Gesammteindruck gebildet und diesen in seiner realistischen Weise auf der Leinwand verewigt habe."[64]

Am meisten dürfte sich Defregger wohl am Hofer-Porträt von Jakob Plazidus Altmutter und an der Personenbeschreibung von Joseph Rapp aus dem Jahr 1809[65] orientiert haben. Das vom Tiroler Landeslehrerverband beim Künstler bestellte Gemälde *Tiroler Helden*[66] (1894) wurde im Farbdruckverfahren vervielfältigt und schmückte fast jedes Klassenzimmer.[67] Es stellt die Tiroler Freiheitskämpfer Andreas Hofer, Pater Joachim Haspinger und Josef Speckbacher gemeinsam mit Hofers Sekretär Kajetan Sweth beim Kriegsrat dar.

Franz von Defregger, Tiroler Helden, 1894, Öl auf Leinwand, TLMF, Kunstgeschichtliche Sammlungen, Gem 908

Franz von Defregger, Andreas Hofer, 1880, Öl auf Holz, TLMF, Kunstgeschichtliche Sammlungen, Gem 1694, Leihgabe Land Tirol

Franz von Defregger, Andreas Hofer in der Hofburg, 1879, Öl auf Leinwand, Besitzer unbekannt

1878 war Defregger nach Mantua gereist, um die Todesstätte des Sandwirts zu besichtigen.[68] Noch im selben
Jahr schuf er das Gemälde *Andreas Hofers letzter Gang*.[69]

1879 stellte der Künstler das Bild *Andreas Hofer in der
Hofburg*[70] fertig. Es veranschaulicht jenen historischen
Moment, in dem der Oberkommandant von Tirol am
29. September 1809 in der Innsbrucker Hofburg von

Major Eisenstecken die goldene Medaille an einer Kette,
ein Ehrengeschenk von Kaiser Franz I., entgegennahm,
zudem erhielt er 3.000 Dukaten als „Landesdefensions-
auslagen", gleichzeitig erfolgte seine Erhebung in den
Adelsstand.[71] Noch im Entstehungsjahr schenkten
Erzherzog Carl Ludwig und seine Geschwister das
Gemälde ihrem Bruder Kaiser Franz Joseph I. und seiner
Gemahlin Elisabeth anlässlich ihrer Silbernen Hochzeit.[72]

Franz von Defregger, Andreas Hofers letzter Gang (Entwurf), 1878, Öl auf Leinwand, TLMF, Kunstgeschichtliche Sammlungen, Gem 3886, Leihgabe Land Tirol

Wenngleich der Wiener Hof Initiator und Finanzier des Innsbrucker Grabdenkmals war, diente dessen Errichtung vor allem der Wahrung des äußeren Scheins. Erst ab der Jahrhundertmitte beginnt sich die zunehmende Anerkennung Andreas Hofers durch das Haus Habsburg auch in der bildenden Kunst abzuzeichnen. So stiftete Carl Ludwig als Statthalter von Tirol und Vorarlberg 1858 eine prunkvoll mit aufwendigen Schnitzereien und teilweise vergoldeten Einlegearbeiten verzierte Scheibenbüchse[73] als Bestpreis für ein Schützenfest. Den Kolben ziert eine aus Ebenholz geschnitzte Darstellung Andreas Hofers, der – einer Denkmalfigur gleich – auf einem Felsen steht. In der linken Hand hält er die Fahne, die rechte liegt auf seinem Herz. Der Anführer der Tiroler Aufständischen wird von seinen Anhängern bejubelt; sie schwenken die Hüte oder erheben, wie der Mann links vorne, die Hand zum Schwur. Darunter befindet sich der Wappenschild im Kleinen österreichischen Reichswappen. Untermauert wird die Szene von der Inschrift: „Für Gott Kaiser und Vaterland in unerbitterlicher Treue" und dem Wahlspruch von Kaiser Franz Joseph I.: „Viribus unitis". Die Büchse wurde von den Gebrüdern Anton Vinzenz d.J. (Prag 1823–1890 Prag) und Ferdinand (Prag 1824–1902 Prag) Lebeda in Prag gefertigt. Bereits deren Vater Anton Lebeda d.Ä. (Prag 1797–1857 Prag) hatte für Franz Joseph I. Waffen hergestellt. [74]

Scheibenbüchse, 1858, am Kolben Andreas-Hofer-Darstellung (Detail), Holz, geschnitzt, Überlingen, Friedrich Hebsacker

Scheibenbüchse, 1858, Holz gebeizt, teilweise geschnitzt, Metall, teilweise punziert, graviert und vergoldet. Überlingen, Friedrich Hebsacker

Der Tiroler Karl von Blaas (Nauders 1815–1894 Wien) war, wie Defregger, ein bedeutender Historienmaler, dessen OEuvre viele großformatige Werke und Freskenzyklen umfasst. Von 1858 bis 1872 führte er im Wiener Arsenal 45 Freskobilder zur Geschichte Österreichs aus, nachdem der Entwurf des an Allegorien und Symbolen reichen Ausstattungsprogramms von Carl Rahl (Wien 1812–1865 Wien) abgelehnt worden war. Blaas „schuf unter Anleitung zahlreicher Historiker eine lose aneinandergereihte Folge von Schlachtenstücken",[75] wovon eines den *Kampf auf dem Bergisel 1809*[76] und die bedeutenden Repräsentanten des Freiheitskampfes – Andreas Hofer, Josef Speckbacher und Pater Joachim Haspinger – thematisiert.

Karl von Blaas, Der Kampf auf dem Bergisel 1809, Entwurf zum Freskobild im Wiener Arsenal, 1869, Öl auf Leinwand, Belvedere, Wien, Inv.-Nr. 2746

Karl von Blaas, Gefangennahme Andreas Hofers, 1890, Öl auf Leinwand, TLMF, Kunstgeschichtliche Sammlungen, Gem 872

Mit dem Schicksal des Anführers der Tiroler Aufständischen beschäftigte sich Blaas noch einmal in dem 1890 entstandenen Gemälde *Die Gefangennahme Andreas Hofers*,[77] die in der Nacht vom 27. auf den 28. Jänner 1810 durch französische Soldaten erfolgte. Hofer hatte sich in der Mähderhütte auf der Pfandleralm hoch über Prantach, östlich von St. Martin in Passeier, gemeinsam mit Frau und Sohn sowie seinem getreuen Sekretär Kajetan Sweth versteckt, der über die dramatische Situation in einem detaillierten Bericht u.a. schrieb: „[…] es wurde uns nicht erlaubt, als man uns gefangen nahm, Schuhe oder Stiefel und unsere übrigen Kleidungsstücke anzuziehen."[78] Wie die gesamte Behandlung des Themas

zeigt, muss Blaas diese historische Quelle gekannt haben, trotzdem zeigt er Hofer, der gerade mit Stricken gebunden wird, in heroischer Pose mit Stiefeln, da seine bloßen Füße im Betrachter allenfalls Mitleid erweckt hätten.

1867 beging man den 100. Geburtstag Andreas Hofers mit der Grundsteinlegung für eine Herz-Jesu-Votivkapelle beim Sandhof in St. Leonhard in Passeier, die jedoch erst in den achtziger Jahren im neuromanischen Stil als Zentralbau auf dem Grundriss eines griechischen Kreuzes erbaut wurde. Von 1893 bis 1896 schuf Edmund von Wörndle (Wien 1827–1906 Innsbruck) unter Mitarbeit seines Sohns Wilhelm (Innsbruck 1863–1927 Glatz,

Christian Johann Georg Perlberg, Andreas Hofers Erschießung zu Mantua, 1867, Detail aus „Gedenkblatt des Andreas Hofer. Zur hundertjährrichen [!] Geburtstagsfeier den 22[.] Oktober 1867", Stahlstich, TLMF, Bibliothek, FB 6411

Schlesien) die umfangreiche Freskenausstattung.[79] Diese veranschaulicht die feierliche Weihe Tirols an das Herz Jesu am 3. Juni 1796, die Erneuerung des Gelöbnisses durch Andreas Hofer vor der Bergisel-Schlacht am 24. Mai 1809, die Ursachen der Volkserhebung, Hofers kriegerische Erfolge und sein tragisches Ende. Der Höhepunkt an Dramatik und Pathos wird in der Szene *Andreas Hofer's Tod in Mantua* erreicht. Bei der Gestaltung des erschossenen Sandwirts wurde Wörndle von einer Darstellung[80] von Christian Johann Georg Perlberg (Köln 1806–1884 München) angeregt, der den Sterbenden in theatralischer Pose zeigt. Allerdings stilisierte Wörndle Hofer durch zwei über seinem hingestreckten Körper schwebende Engel mit Lorbeerkranz und Palmenzweig zum religiösen Märtyrer. Die Ausmalung des turmartigen Kuppelraums zeigt Tiroler Heilige und die Heilige Dreifaltigkeit. „Die legendarisch aufbereitete Vita Andreas Hofers wird in sakralisierter Form in die Kapelle integriert und gewinnt dadurch den Charakter eines Heiligenlebens."[81] Mit dieser Kapelle wurde dem Sandwirt zusätzlich zum Grabmonument in der Innsbrucker Hofkirche und dem Ehrenmal am Bergisel ein weiteres Denkmal errichtet. Die Einweihung fand im Rahmen einer Landesfeier erst am 21. September 1899 in Anwesenheit von Kaiser Franz Joseph I. und Erzherzog Eugen statt.

Edmund von Wörndle, *Andreas Hofers Tod in Mantua am 20. Februar 1810*, Szene aus dem Freskenzyklus der Herz-Jesu-Kapelle in St. Martin im Passeier, 1896

Edmund von Wörndle, Entwurf zur Ausmalung des Speisesaals des Gasthofs *Goldener Stern* in Innsbruck, 1889,
Bleistift, Tusche, aquarelliert, TLMF, Graphische Sammlung, W 75

Bereits 1889 hatte sich Edmund von Wörndle mit dem Sandwirt befasst, als er den Speisesaal des Gasthofs „Goldener Stern" in Innsbruck mit verschiedenen Episoden aus dessen Leben ausschmückte. Einen Eindruck vom Aussehen der nicht mehr erhaltenen Fresken vermittelt eine aquarellierte Federzeichnung[82], auf der Hofers Abschied von seiner Familie, der Aufruf zur Schlacht, eine Szene aus der Schlacht bei Sterzing und Andreas Hofers Einzug in Innsbruck zu sehen sind. Erwähnung verdient auch die 1878 vom Künstler entworfene Spielkartenserie u.a. mit Szenen aus den Befreiungskriegen und mit Darstellungen Hofers, Speckbachers und Haspingers.[83]

1893 reifte der Plan, in Innsbruck ein Kolossalgemälde zu errichten, das die dritte Bergisel-Schlacht am 13. August 1809 zum Thema haben sollte. Der Auftrag wurde dem Münchner Panoramamaler Michael Zeno Diemer (München 1867–1939 Oberammergau) erteilt, der im selben Jahr durch ein riesiges Gletscherpanorama für die Weltausstellung in Chicago internationale Berühmtheit erlangt hatte. 1894 begann er mit den Vorarbeiten und stellte das ca. 1.000 m² große Leinwand-

gemälde unter Mithilfe weiterer Künstler im Juni 1896 fertig. Das Riesenrundgemälde gibt jenen entscheidenden Moment wieder, „[…] in dem am Nachmittag gegen 5 Uhr der letzte von Marschall François-Joseph Lefebvre geleitete Ansturm siegreich abgeschlagen wird."[84] Auf einer Anhöhe steht in sich ruhend Andreas Hofer inmitten des Kampfgetümmels.[85]

Als Historienbild erwähnenswert ist noch ein von Thomas Walch (Imst 1867–1943 Imst) anlässlich der Innsbrucker Jubiläums-Kunstausstellung im Jahr 1909 geschaffenes, großformatiges Gemälde, das den triumphalen Einzug Hofers am 15. August 1809 in Innsbruck schildert.[86] *Im Tiroler Anzeiger* war darüber zu lesen: „Kühn und glücklich malt er [Walch] ein überzeugendes Bild der strömenden Volksmasse, die eben durch die steinerne Pforte [Triumphpforte] herein flutet auf den Boden unserer Stadt, ein überzeugendes Bild des sieghaften Bauernheeres."[87]

Das Werk lässt deutlich den Einfluss von Walchs Akademielehrer Franz von Defregger erkennen, aus dessen Gemälde *Heimkehr der Sieger* der Künstler wesentliche Anregungen schöpfte.

Thomas Walch, Andreas Hofers Einzug in Innsbruck am 15. August 1809, 1909, Standort unbekannt

Michael Zeno Diemer, Die dritte Bergisel-Schlacht am 13. August 1809, 1894/96, Riesenrundgemälde Innsbruck (Ausschnitt)

DENKMÄLER ZU EHREN ANDREAS HOFERS
IN INNSBRUCK, MERAN UND KUFSTEIN

Der insbesondere seit den 1880er Jahren europaweit
boomende Denkmalkult führte zur Entstehung dreier
patriotischer Heldenmonumente zu Ehren Andreas
Hofers in Innsbruck, Meran und Kufstein.

Erste Anregungen zur Errichtung eines Kolossalmonu-
ments am Innsbrucker Bergisel, dem Schauplatz Hofers
militärischer Erfolge, gab es schon 1859.[88] 1881 bildete
sich auf Initiative des Offizierskorps des Kaiserjä-
gerregiments ein Komitee, das zu einer öffentlichen
Spendensammlung aufrief.[89]

1888 wurde die Forderung der tirolischen Künstler-
schaft nach einer Konkurrenzausschreibung abgelehnt
und der Auftrag endgültig dem in Wien tätigen Vinschgauer Bildhauer Heinrich Natter (Graun 1844–1892
Wien) erteilt, der sich u.a. durch das Denkmal des
Reformators Huldrych Zwingli in Zürich (1885) und das
Brunnenmonument für Walther von der Vogelweide in
Bozen (1886/89) einen Namen gemacht hatte. Noch im
selben Jahr präsentierte Natter sein Entwurfsmodell[90]
für den Bergisel im Tiroler Landesmuseum Ferdinandeum der Öffentlichkeit und rief damit zum Teil heftige
Kritik hervor.[91] Die 1892 in der Wiener Gießerei Turbain
fertiggestellte Bronzestatue stellt Andreas Hofer als
Truppenbefehlshaber dar. In Passeirer Tracht, mit Hut
und dem am Lederriemen befestigten Säbel hält er
die über ihn ragende Landesfahne. Sein theatralisch
nach unten Richtung Feind weisender Zeigefinder und
die zornige Miene[92] sollen Hofers Entschlossenheit
demonstrieren. Die Figur steht auf einem viereckigen,
sich nach oben leicht verjüngenden Porphyrpostament,
das sich über dem naturalistisch stilisierten Unterbau
erhebt.[93] Die an der Vorderseite angebrachte bronze
Inschriftentafel „Für Gott, Kaiser und Vaterland" wird
von Eichenlaub und Waffentrophäen geschmückt.
Während auf Betreiben Metternichs die Gestaltung des
Andreas-Hofer-Grabmals in der Innsbrucker Hofkirche

keine politische Anspielung aufweisen durfte, war
eine Veränderung der Situation eingetreten: Links und
rechts am Basrelief befinden sich mächtige bronzene
Adler mit ausgebreiteten Schwingen. Während der
über dem französischen Wappenschild sitzende in seiner Kralle eine zerrissene französische Fahnentrophäe
und eine gebrochene Fessel hält, wurde dem über dem
österreichischen Wappenschild angebrachten Adler ein
Friedenskranz beigegeben.[94]

Am 28. September 1893 – Heinrich Natter war kurz zuvor 44-jährig gestorben – fand im Rahmen imposanter
Feierlichkeiten mit Festumzug die Denkmalenthüllung
in Anwesenheit Kaiser Franz Josephs I. statt. In seiner
Ansprache bezeichnete er Andreas Hofer als „[…]
die edelste Verkörperung der tirolischen Volksseele –
gleich groß im Glücke wie im Unglücke, ein Held im
Siege wie im Tode, [der] in all seinem Handeln keinem
andern Gebote, als dem unbeugsamer Pflichterfüllung,
keinen anderen Gefühlen, als jenen treuester Liebe zu
Kaiser und Vaterland gefolgt ist."[95]
Das Interesse an Hofer wuchs ab den achtziger Jahren,
„[…] denn trotz aller nach wie vor existierenden
grundsätzlichen Abneigung in Wien gegen Volkserhebungen, war gerade er wie geschaffen für die
politischen Intentionen des österreichischen Staates.
Hofers ausgewiesene Anhänglichkeit an Habsburg,
sein bis zuletzt gezeigtes Vertrauen in den Kaiser und
seine Helfer, obwohl diese kaum etwas für ihn getan
hatten, war für Habsburg wertvoll. Gerade jetzt, wo die
Fundamente des Vielvölkerstaates zu wanken began-
nen, brauchte Wien einen Helden, der im deutschsprachigen Teil des Landes die Treue zum Kaiserhaus
verkörperte."[96]
In Meran setzte sich 1895 ein Gastwirteverein erstmals
für die Errichtung eines Andreas-Hofer-Monuments ein.
Fast zehn Jahre später griffen verschiedene patriotische Korporationen die Idee erneut auf. Spendenakti-
onen erbrachten nicht den erforderlichen finanziellen
Ertrag – weshalb das Jubiläumsjahr 1909 ohne die
Einweihung eines Hofer-Denkmals in Meran stattfand.

Bereits ein Jahr vor der endgültigen Auftragserteilung an Heinrich Natter 1888 schuf dieser einen ersten Entwurf zum Andreas-Hofer-Denkmal am Bergisel in Innsbruck. TLMF, Bibliothek, FB 6236

Heinrich Natter, Monument für Andreas Hofer am Bergisel
in Innsbruck, 1893

biederen Sandwirt zeitlebens nie eingefallen wäre:
das linke Bein mannhaft vorgesetzt, den breiten Hut in
der Linken an die Lende gedrückt, während der rechte
Arm schwungvoll (pathetisch) einen Säbel an das
Herz drückt, das umbartete Haupt leicht zum Himmel
erhoben; [...]."[98]

Den Sockel zieren bronzene Fahnen und Kriegstrophäen
sowie die Wappen Österreichs und der Familie Hofer.
Die Inschrift an der Vorderseite lautet: „Für Gott, Kaiser
und Vaterland", jene auf der Rückseite: „Errichtet im
Jahr 1914 zur 100jährigen Erinnerung an die Wiedervereinigung Tirols mit Österreich". (Abb. S. 82)

Kurz nach seiner Enthüllung verbarg man das Monument in der Zeit des Ersten Weltkriegs hinter einer
Bretterwand, die erst im Frühjahr 1920 entfernt wurde.
Das jüngste der drei Andreas-Hofer-Denkmäler ist
jenes von 1926 in Kufstein, das ursprünglich für Wien
bestimmt war: Auf Betreiben eines Komitees und mit

An der 1912 groß angelegten Sammelaktion beteiligte
sich auch Kaiser Franz Joseph I. mit 10.000 Kronen.
Endlich konnte man unter dem Protektorat Erzherzog
Franz Ferdinands an die Umsetzung des Vorhabens
schreiten. Die Ausführung wurde Emanuel Pendl (Meran 1845–1926 Wien) aufgrund seines überzeugenden
Entwurfs übertragen. Der Meraner Künstler stammte
aus einer bekannten Bildhauerdynastie, er lebte und
arbeitete jedoch in Wien.

Der bereits 1895 gefasste Plan, das Standbild auf dem
zu Dorf Tirol gehörenden Segenbühel, der äußersten
Kuppe des Küchelbergs zu errichten, scheiterte. Daher
wählte man als Standort den Meraner Bahnhofsplatz,
auf dem am 11. November 1914 die feierliche Einweihung stattfand.[97] Die Bronzestatue steht auf einem
Porphyrsockel, der sich über einem aus Steinquadern
bestehenden Unterbau erhebt. Wie Hans Matscher
treffend formulierte, „[...] steht Pendls Hofer da
droben in einer Haltung (Pose), die einzunehmen dem

Heinrich Natter schuf die Marmorbüste von Andreas Hofer 1888 im
Rahmen der Entwurfsarbeiten für das Andreas-Hofer-Denkmal am
Bergisel in Innsbruck. TLMF, Kunstgeschichtliche Sammlungen, P 519

Errichtung des Andreas-Hofer-Denkmals auf dem Kufsteiner Kalvarienberg am Kienbichl 1926.

Josef Parschalk, Modell für das zunächst für Wien bestimmte Andreas-Hofer-Monument, 1907, TLMF, Bibliothek, W 9964/28

Die nach dem Modell von Franz Theodor Khuen 1917 gegossene, ursprünglich für Wien konzipierte Bronzestatue Andreas Hofers wurde 1926 in Kufstein eingeweiht.

Thronfolger Erzherzog Franz Ferdinand und dem Wiener Bürgermeister Karl Lueger als Protektoren sollte für den Oberkommandanten der Tiroler Freiheitskämpfer auch in der österreichischen Hauptstadt ein Ehrenmal errichtet werden. 1907 hatte der Bildhauer Josef Parschalk (Kastelruth 1863–1932 Wien) ein mehrfiguriges Modell[99] fertiggestellt, das auch die Zustimmung von Kaiser Franz Joseph I. fand.[100] Kurz darauf bezichtigte der Künstlerverband der österreichischen Bildhauer Parschalk des Plagiats.[101] Das Ringen um den Auftragserhalt prestigeträchtiger Denkmalprojekte führte häufig zu Anfeindungen und über die Presse ausgetragenen Intrigenspielen; dies hatte auch Heinrich Natter bei seiner Arbeit am Bergisel-Monument erfahren müssen.[102] Letztlich betraute man den Bildhauer Franz Theodor Khuen (Wien 1860–1922 Wien) mit der Schaf-

fung eines neuen Modells,[103] das sich bei der Gestaltung der Figur Andreas Hofers am Entwurf Parschalks orientierte. Der in Wien ausgeführte Bronzeguss konnte wegen des Kriegsausbruchs erst 1917 fertiggestellt werden. Als nach Kriegsende die Sozialdemokraten die Mehrheit im Wiener Gemeinderat erlangten, wurde aufgrund der veränderten politischen Situation die Statue dem Land Tirol angeboten und gelangte schließlich nach Kufstein. Die Aufstellung ließ jedoch wegen fehlender Geldmittel und der ungeklärten Standortfrage länger auf sich warten. Erst am 11. Juli 1926 wurde die mit gezogenem Säbel und Landesfahne dargestellte Standfigur gemeinsam mit der von Architekt Franz Baumann (Innsbruck 1892–1974 Innsbruck) erbauten Kriegergedächtniskapelle auf dem Kalvarienberg am Kienbichl in Kufstein eingeweiht.[104]

ANMERKUNGEN

1 Nutzenberger, Klaus: Das Bild Andreas Hofers in der historischen, literarischen und künstlerischen Rezeption des 19. und 20. Jahrhunderts, Phil. Diss., Münster 1998, S. 80.

2 Schumacher, Franz (Hg.): Anton Knoflach's Tagebuch über die Ereignisse in Innsbruck im Jahre Neun (= Anno Neun 13), Innsbruck 1909, S. 18.

3 Staffler, Johann Jakob: Tirol und Vorarlberg, statistisch und topographisch, mit geschichtlichen Bemerkungen 2/2, Innsbruck 1844, S. 714.

4 Rapp, Joseph: Tirol im Jahre 1809, Innsbruck 1852, S. 577f.

5 Cranichstaedten-Cerva, Rud[olf]: Andreas Hofer Porträte, in: Der Schlern 27, 1953, S. 319–321, S. 319.

6 Tiroler Landesmuseum Ferdinandeum, Ältere Kunstgeschichtliche Sammlungen, Inv.-Nr. Gem 1273.

7 Tiroler Landesmuseum Ferdinandeum, Graphische Sammlungen, Inv.-Nr. T 2913.

8 Laut freundlicher Mitteilung von Dr. Stefan Demetz, Direktor des Stadtmuseums Bozen, ist das Miniaturgemälde nicht – wie in der Literatur oftmals angegeben – in Ölfarbe auf Eisenblech, sondern auf Leinwand gemalt; es ist derzeit nicht greifbar. Das Bildnis gehörte dem Bozner Bürgermeister Josef Streiter (1804–1873). Er vererbte es seiner Tochter Angelika Streiter Jele, die es dem Stadtmuseum Bozen schenkte.

9 Noll, Michaela: Jakob Plazidus Altmutter (1780–1819), Dipl.-Arbeit, Innsbruck 1993, S. 46f. – Nössing, Josef/Frei, Mathias/Rizzolli, Helmut: Andreas Hofer, in: Museumsverein Bozen (Hg.): Bozen zur Franzosenzeit 1797–1814, Katalog Museumsverein Bozen 1984, Bozen 1984, S. 62f., Kat.-Nr. 63, mit Abb.

10 Tiroler Landesmuseum Ferdinandeum, Graphische Sammlungen, Inv.-Nr. T 2073.

11 Pizzinini, Meinrad: Die Erhebung der Tiroler im Jahre 1809, in: Egg, Erich (Hg.), Die Tirolische Nation 1790–1820, Katalog Tiroler Landesmuseum Ferdinandeum 1984, Innsbruck 1984, S. 268–342, S. 298, Kat.-Nr. 11.127, Abb. S. 299.

12 Zwei Entwurfszeichnungen befinden sich im Tiroler Landesmuseum Ferdinandeum, Graphische Sammlungen, Inv.-Nrn. T 1160 und T 2820.

13 Neuwirth, Markus: Malerei und Grafik um 1800, in: Naredi-Rainer, Paul/Madersbacher, Lukas (Hg.): Kunst in Tirol 2: Vom Barock bis in die Gegenwart (= Kunstgeschichtliche Studien – Innsbruck, NF 4), Innsbruck–Wien–Bozen 2006, S. 217–237, S. 234, mit Abb.

14 Noll: Jakob Plazidus Altmutter (wie Anm. 9), S. 46f.

15 Attlmayr, Friedrich von: Die Porträte von Andreas Hofer, in: Zeitschrift des Ferdinandeums 22, 1878, S. 49–55, S. 54.

16 Tiroler Landesmuseum Ferdinandeum, Historische Sammlungen, Patriotika 15.

17 Sporer-Heis, Claudia: Kaiserliche Ehrenmedaille für Andreas Hofer, verliehen 1809, in: Ammann, Gert/Hastaba, Ellen (Red.), SammelLust. 175 Jahre Tiroler Landesmuseum Ferdinandeum, Innsbruck–Wien 1998, S. 136, Abb. S. 137.

18 Tiroler Landesmuseum Ferdinandeum, Historische Sammlungen, HG 283.

19 Tiroler Landesmuseum Ferdinandeum, Museumsakten, Zl. 141/1827.

20 Paulin, Karl: Andreas Hofer und der Tiroler Freiheitskampf 1809 (durchgesehen und ergänzt von Franz Heinz Hye), Innsbruck–Wien–München–Bozen 51981, S. 99f., Abb. S. 177.

21 Jori, Paola: Domenico Zeni a Bolzano, in: Botteri Ottaviani, Marina/Falconi, Bernardo/Mazzocca, Fernando (Hg.): Dal ritratto di corte al ritratto napoleonico. Domenico Zeni 1762–1819, Katalog Museo Civico Riva del Garda 2001, Trento 2001, S. 57–68, S. 63, Abb. S. 62.

22 Tiroler Landesmuseum Ferdinandeum, Bibliothek, FB 6142.

23 Schedler, Georg: Ankündigung, in: Innsbrucker Zeitung, 13.7.1809, n. pag.

24 1821 gab Schedler das Brustbild von Andreas Hofer „neuerlich im größeren Format in Steindruck" heraus. [o. Verf.]: Johann Georg Schedler, in: Bote für Tirol und Vorarlberg, 23.8.1821, S. 272.

25 Rapp: Tirol (wie Anm. 4), S. 577f.

26 Tiroler Landesmuseum Ferdinandeum, Historische Sammlungen, HG 436. Das Museum erwarb die Zeichnung 1909 von einer Enkelin Johann Georg Schedlers, Frau Anna Ceconi, geb. Schädler, aus Salzburg. Siehe Tiroler Landesmuseum Ferdinandeum, Museumsakten, Zl. 473/1909.

27 Adelsberger, Peter: Johann Georg Schädler 1777–1866. Leben und Werk 2, Phil. Diss., Innsbruck 1999, 45f.

28 Jedlicka, Ludwig/Kövess, Geza/Popelka, Liselotte/Wess, August: Erläuterungen zu den Tafeln, in: Zatschek, Heinz: Das Heeresgeschichtliche Museum in Wien, Graz–Köln 1960, S. 35–63, S. 45, Kat.-Nr. 17, Tafel 17.

29 Nutzenberger: Andreas Hofer (wie Anm. 1), S. 141.

30 Tiroler Landesmuseum Ferdinandeum, Bibliothek, Dip. 1372/202 und 1372/203 und FB 6142/90.

31 Pizzinini, Meinrad: Benitius Mayr, Andrae Hofers Apotheose 1809, in: Ammann, Gert (Hg.): Heldenromantik. Tiroler Geschichtsbilder im 19. Jahrhundert. Von Koch bis Defregger, Katalog Tiroler Landeskundliches Museum im Zeughaus Kaiser Maximilians I. 1996 und Südtiroler Landesmuseum Schloß Tirol 1996, Innsbruck 1996, S. 133, mit Abb.

32 [o. Verf.]: Porträt des Sandwirts Andreas Hofer, in: Bote für Tirol und Vorarlberg, 17.11.1863, S. 1087.

33 Die Zeichnung wurde von Sebastian Langer gestochen und von Friedrich Campe in Nürnberg verlegt. Pfaundler, Wolfgang/Köfler, Werner: Der Tiroler Freiheitskampf 1809 unter Andreas Hofer. Zeitgenössische Bilder, Augenzeugenberichte und Dokumente, München–Bozen–Innsbruck 1984, S. 282, Abb. Nr. 166.

34 Tiroler Landesmuseum Ferdinandeum, Bibliothek, W 13010. – Cranichstaedten-Cerva: Porträte (wie Anm. 5), S. 320. Die Originalzeichnung befindet sich im Salzburg Museum.

35 Ein Galvano nach einem Gleiwitzer Eisenguss befand sich im Hohenzollern-Museum im heute zerstörten Schloss Monbijou in

Berlin. Hintze, Erwin: Gleiwitzer Eisenkunstguß, Breslau 1928, S. 34, Abb. Tafel 59, VII 19. – Forschler-Tarrasch, Anne: Leonhard Posch. Porträtmodelleur und Bildhauer 1750–1831. Mit einem Verzeichnis seiner Werke und deren Vervielfältigungen in Eisen- und Bronzeguß, Porzellan und Gips (= Die Kunstmedaille in Deutschland 15), Berlin 2002, S. 259, Kat.-Nr. 1006, Abb. S. 258.

[36] Tiroler Landesmuseum Ferdinandeum, Ältere Kunstgeschichtliche Sammlungen, Inv.-Nrn. 1201 und 1202.

[37] Ammann, Gert: Josef Bartlme Kleinhans, in: Egg, Erich (Hg.): Klassizisten – Nazarener. Kunst im Oberland 1800–1850, Katalog Schlossmuseum Landeck 1982 und Tiroler Landesmuseum Ferdinandeum Innsbruck 1982, Innsbruck 1982, S. 28ff.

[38] Neuwirth, Markus: Skulptur des Klassizismus, in: Naredi-Rainer, Paul/Madersbacher, Lukas (Hg.): Kunst in Tirol 2: Vom Barock bis in die Gegenwart (= Kunstgeschichtliche Studien – Innsbruck, NF 4), Innsbruck–Wien–Bozen 2006, S. 200–216, S. 203, S. 210.

[39] Neuwirth: Skulptur des Klassizismus (wie Anm. 38), S. 212, Kat.-Nr. 163.

[40] Schmid, Hildegard: Archivalien zur Errichtung des Andreas-Hofer-Monuments in der Hofkirche zu Innsbruck, in: Tiroler Heimatblätter 59, 1984, S. 114–137, S. 118.

[41] Nach dem Entwurf schuf Schärmer eine Lithographie. Tiroler Landesmuseum Ferdinandeum, Bibliothek, FB 6398.

[42] Schmid: Archivalien (wie Anm. 40), S. 119.

[43] Tiroler Landesmuseum Ferdinandeum, Ältere Kunstgeschichtliche Sammlungen, Inv.-Nr. P 688.

[44] Schmid: Archivalien (wie Anm. 40), S. 137.

[45] Eine Federzeichnung vom *Fahnenschwur*, datiert 1830, von Johann Martin Schärmer befindet sich im Tiroler Landesmuseum Ferdinandeum, Bibliothek, FB 6401.

[46] Krasa-Florian, Selma: Johann Nepomuk Schaller 1777–1842. Ein Wiener Bildhauer aus dem Freundeskreis der Nazarener, Wien 1977, S. 35.

[47] Schmid: Archivalien (wie Anm. 40), S. 122–127.

[48] Krasa-Florian: Schaller (wie Anm. 46), S. 36.

[49] Pizzinini, Meinrad: Josef Arnold der Ältere, Der Fahnenschwur, in: Ammann, Gert (Hg.): Heldenromantik. Tiroler Geschichtsbilder im 19. Jahrhundert. Von Koch bis Defregger, Katalog Tiroler Landeskundliches Museum im Zeughaus Kaiser Maximilians I. 1996 und Südtiroler Landesmuseum Schloß Tirol 1996, Innsbruck 1996, S. 112, Kat.-Nr. 18, Abb. S. 113.

[50] Joseph Anton Koch schenkte das Bild 1839 dem Tiroler Landesmuseum Ferdinandeum (Ältere Kunstgeschichtliche Sammlungen, Inv.-Nr. Gem 353). Auf einer Vorzeichnung im Tiroler Landesmuseum Ferdinandeum (Graphische Sammlungen, Inv.-Nr. K 343) stellte der Künstler in der rechten unteren Ecke ein Dokument dar, mit dessen Text Koch an das 1809 von Kaiser Franz I. gegebene Versprechen erinnert, die alte Landesverfassung wiederherzustellen. Neuwirth: Malerei und Grafik (wie Anm. 13), S. 234, Abb. S. 233.

[51] Lutterotti, Otto von: Große Kunstwerke Tirols, Innsbruck 1951, S. 202.

[52] Lutterotti: Kunstwerke (wie Anm. 51), S. 203.

[53] Dankl, Günther: Von der „totalen Idee vom Ganzen des Tiroler Krieges" zum historischen Genre. Der Tiroler Freiheitskampf bei Joseph Anton Koch und Franz von Defregger, in: Ammann, Gert (Hg.): Heldenromantik. Tiroler Geschichtsbilder im 19. Jahrhundert. Von Koch bis Defregger, Katalog Tiroler Landeskundliches Museum im Zeughaus Kaiser Maximilians I. 1996 und Südtiroler Landesmuseum Schloß Tirol 1996, Innsbruck 1996, S. 35–40, S. 37.

[54] Lutterotti: Kunstwerke (wie Anm. 51), S. 201.

[55] Tiroler Landesmuseum Ferdinandeum, Ältere Kunstgeschichtliche Sammlungen, Inv.-Nrn. Gem 2096 a–d.

[56] Schloss Bítov (Vöttau, Tschechien), Inv.-Nr. 3453/2132 (4339/3453), RA 3809; ehem. Sammlung Hugo Franz Salm-Reifferscheidt-Raitz, Schloss Rájec (Raitz) nad Svitavou (Tschechien). Eine kolorierte Entwurfszeichnung befindet sich im Tiroler Landesmuseum Ferdinandeum, Graphische Sammlungen, Inv.-Nr. S 161.

[57] Telesko, Werner: Geschichtsraum Österreich. Die Habsburger und ihre Geschichte in der bildenden Kunst des 19. Jahrhunderts, Wien–Köln–Weimar 2006, S. 319.

[58] [Hormayr, Josef von]: Geschichte Andreas Hofer's, Sandwirths aus Passeyr, Oberanführer der Tyroler im Kriege von 1809 2, Leipzig–Altenburg 1817.

[59] Strasoldo-Graffemberg, Alexander: Ludwig Ferdinand Schnorr von Carolsfeld (1788–1853), Phil. Diss., Freiburg im Breisgau 1986, S. 76.

[60] Tiroler Landesmuseum Ferdinandeum, Ältere Kunstgeschichtliche Sammlungen, Inv.-Nr. Gem 485. Strasoldo-Graffemberg: Schnorr von Carolsfeld (wie Anm. 59), S. 77 und S. 208, Kat.-Nr. 23.

[61] Tiroler Landesmusem Ferdinandeum, Museumsakten, Zl. 1830/83.

[62] Das Bild wurde noch im Entstehungsjahr 1869 um 1.200 Gulden vom Tiroler Landesmuseum Ferdinandeum (Ältere Kunstgeschichtliche Sammlungen, Inv.-Nr. Gem 422) erworben.

[63] Belvedere, Wien, Inv.-Nr. 2551.

[64] [o. Verf.]: Die Portraits von Andreas Hofer, in: Bote für Tirol und Vorarlberg (Extrabeilage), 14.2.1879, S. 285.

[65] Rapp: Tirol (wie Anm. 4), S. 577f.

[66] Das Gemälde wurde 1895 vom Tiroler Landesmuseum (Ältere Kunstgeschichtliche Sammlungen, Inv.-Nr. Gem 908) erworben.

[67] Ammann, Gert: Anno Neun im Historienbild, in: Ammann, Gert/Forcher, Michael, 1809 – Der Tiroler Freiheitskampf. In Bildern von Franz v. Defregger und Albin Egger-Lienz, Katalog Kurhaus Meran 1984, Lana 1984, S. 29–115, S. 70, Abb. S. 71.

[68] Ammann: Anno Neun (wie Anm. 67), S. 64.

[69] Eine Ölskizze des Gemäldes *Andreas Hofers letzter Gang* befindet sich im Tiroler Landesmuseum Ferdinandeum, Ältere Kunstgeschichtliche Sammlungen, Inv.-Nr. 3886, Leihgabe Land Tirol.

[70] Defregger, Hans Peter: Defregger 1835–1921, Rosenheim 1983, S. 293, mit Abb.

71 Sporer-Heis: Ehrenmedaille (wie Anm. 17), S. 136, Abb. S. 137.

72 Dankl, Günther: Franz von Defregger, in: Ammann, Gert (Hg.), Franz von Defregger und sein Kreis, Katalog Museum der Stadt Lienz auf Schloss Bruck, Städtische Galerie im Rathaus Lienz, Tiroler Landesmuseum Ferdinandeum Innsbruck, Innsbruck 1987, S. 76ff.

73 Privatbesitz, Überlingen.

74 Frey, Bernhard: Franz Josefs Neunte, in: Deutsches Waffenjournal, August 2008, S. 82–85.

75 Vansca, Eckart: Überlegungen zur politischen Rolle der Historienmalerei des 19. Jahrhunderts, in: Wiener Jahrbuch für Kunstgeschichte 28, 1975, S. 145–158, S. 156.

76 Ein Gemäldeentwurf, gemalt 1669, befindet sich im Belvedere, Wien, Inv.-Nr. 2746.

77 Tiroler Landesmuseum Ferdinandeum, Ältere Kunstgeschichtliche Sammlungen, Inv.-Nr. Gem 872.

78 Pizzinini, Meinrad: Andreas Hofer. Seine Zeit – Sein Leben – Sein Mythos, Innsbruck–Wien–Bozen 2008, S. 248.

79 Mairoser, Renate: Die Andreas-Hofer-Kapelle in St. Leonhard in Passeier, Dipl.-Arbeit, Innsbruck 2001, S. 19–54.

80 Tiroler Landesmuseum Ferdinandeum, Bibliothek, FB 6411: Christian Johann Georg Perlberg Andreas Hofers Erschießung zu Mantua, 1867, Stahlstich, Detail aus: Gedenkblatt des Andreas Hofer. Zur hundertjährrichen Geburtstagsfeier den 22 Oktober 1867.

81 Telesko, Werner: Kulturraum Österreich. Die Identität der Regionen in der bildenden Kunst des 19. Jahrhunderts, Wien–Köln–Weimar 2008, S. 339.

82 Tiroler Landesmuseum Ferdinandeum, Graphische Sammlungen, Inv.-Nr. W 75.

83 Pizzinini: Andreas Hofer (wie Anm. 78), S. 307.

84 Caramelle, Franz: Das Innsbrucker Riesenrundgemälde. Der Tiroler Freiheitskampf von 1809. Auf 1000 m2 Leinwand, in „Tirol … immer einen Urlaub wert" 23, 1983/84, S. 3–20, S. 9f., Abb. S. 16.

85 [o. Verf.]: Panorama der Schlacht am Berg Isel in Innsbruck am 13. August 1809. Kolossal-Rundgemälde von Michael Zeno Diemer, Innsbruck o.J., S. 14f., Abb. S. 15.

86 [o. Verf.]: Kunstausstellung, in: Der Föhn. Eine tirolische Halbmonatsschrift für Literatur, Kunst und Leben, 1909/10, S. 191, Abb. n. pag.

87 [o. Verf.]: Zur Jubiläums-Kunstausstellung in Innsbruck, in: Tiroler Anzeiger, 23.8.1909, S. 9.

88 [o. Verf.]: Korrespondenz [Denkmal für Andreas Hofer], in: Bote für Tirol und Vorarlberg, 2.12.1859, S. 1166.

89 Knöpfler, Alois von: Aufruf!, in: Bote für Tirol und Vorarlberg (Beilage), 28.2.1881, S. 413.

90 Kammerhof Museen Gmunden, Inv.-Nr. 14.895-Nat 25.

91 [o. Verf.]: Heinrich Natters Modell zum Andreas-Hofer-Denkmal, in: Bote für Tirol und Vorarlberg, 13.8.1888, S. 1480f. – Semper, Hans: Natters Modell eines Hoferdenkmals, in: Bote für Tirol und Vorarlberg, 17.8.1888, S. 1503.

92 Im Tiroler Landesmuseum Ferdinandeum (Ältere Kunstgeschichtliche Sammlungen, Inv.-Nr. P 519) befindet sich eine Marmorbüste Andreas Hofers, die ihn – im Gegensatz zur ausgeführten Denkmalstatue – mit freundlichen Gesichtszügen und Ehrenkette zeigt. Natter schuf die Studienbüste 1888 im Rahmen seiner Entwurfsarbeiten für das Bergisel-Denkmal. Natter, Ottilie: Heinrich Natter. Leben und Schaffen eines Künstlers, Berlin–Wien 1914, Abb. S. 101f., Tafel LXVI.

93 Noch 1893 stellte der in Wien tätige Bildhauer Hermann Klotz (Imst 1850–1932 Dornbirn) die bronzenen Modelle zweier mehransichtiger Figurengruppen mit Tiroler Freiheitskämpfern in der Innsbrucker Kunsthandlung Unterberger aus, die sich heute im Tiroler Landesmuseum Ferdinandeum (Ältere Kunstgeschichtliche Sammlungen, Inv.-Nrn. B 342 und B 356) befinden. Sie waren als Endstücke einer halbkreisförmigen Marmorbalustrade gedacht, in deren Zentrum Natters Hofer-Monument stehen sollte. Den Mittelpunkt der rechten Figurengruppe bildet Peter Mayr, begleitet vom Feldpater Joachim Haspinger und von einem Gefolgsmann. Links sah Klotz als Zentralfigur den Kommandanten Josef Speckbacher vor, dem er Katharina Lanz – das sogenannte Mädchen von Spinges – sowie einen spähenden Landstürmer zur Seite stellte. Das Erweiterungsvorhaben des Hofer-Denkmals blieb jedoch unausgeführt. Gürtler, Eleonore: Profane Plastik und bürgerliches Denkmal von 1850 bis zum Ersten Weltkrieg, in: Naredi-Rainer, Paul/Madersbacher, Lukas (Hg.): Kunst in Tirol 2: Vom Barock bis in die Gegenwart (= Kunstgeschichtliche Studien – Innsbruck, NF 4), Innsbruck–Wien–Bozen 2006, S. 483–494, S. 484, mit Abb.

94 [o. Verf.]: Das Andreas Hofer-Denkmal auf dem Berge Isel, in: Tiroler Tagblatt, 28.9.1893, S. 1ff.

95 [o. Verf.]: Der Kaiser in Innsbruck, in: Innsbrucker Nachrichten, 28.9.1893, S. 4.

96 Nutzenberger: Andreas Hofer (wie Anm. 1), S. 382f.

97 Brugger, Paul: Das Andrä-Hofer-Denkmal in Meran. Die wechselvollen Schicksale eines Standbildes, das Südtirol wiedergegeben ist, in: Dolomiten, 20.2.1980, S. 3, mit Abb.

98 Matscher, Hans: Das Meraner Andreas-Hofer-Denkmal, in: Der Schlern 33, 1959, S. 97f., S. 98.

99 Abbildung des Modells für das Wiener Andreas-Hofer-Denkmal von Josef Parschalk, Tiroler Landesmuseum Ferdinandeum, Bibliothek, W 9964/28.

100 [o. Verf.]: Besichtigung des Modells zum Wiener Hoferdenkmal durch den Kaiser, in: Innsbrucker Nachrichten, 27.6.1907, S. 7.

101 [o. Verf.]: Parschalk und sein Wiener Hoferdenkmal, in: Innsbrucker Nachrichten, 22.11.1907, S. 7.

102 Natter: Heinrich Natter (wie Anm. 92), S. 97.

103 [o. Verf.]: Das Andreas Hofer-Denkmal für Wien, in: Innsbrucker Nachrichten, 23.7.1914, S. 5.

104 Blattl, J[osef]: Das Andreas-Hofer-Denkmal und die Kriegerkapelle in Kufstein, in: Andreas-Hofer-Festschrift. Herausgegeben anläßlich der Enthüllung des Andreas-Hofer-Denkmals und der Kriegerdenkmal-Einweihung am 11. Juli 1926 in Kufstein, Kufstein 1926, S. 16f.

ANDREAS HOFER AUS BAYERISCHER SICHT

Günther Hebert

„Du liebe Frau ich bitt, vergiss den Hofer nit", endet ein Lied, das noch gegen Ende des 20. Jahrhunderts auch in München gesungen wurde; zwar hat ihm die Mutter Gottes zuletzt nicht so geholfen, wie manche es sich vorstellten, aber vergessen ist er nicht, weder in Tirol noch in Bayern oder sonst wo.
Seit zweihundert Jahren ist es allgemein, das Bild des frommen Sandwirts mit dem Bart und dem breitkrempigen Hut, der für die alten Freiheiten Tirols kämpfte; zusammen mit dem „Odysseus" Speckbacher und dem Pater Joachim — jener, der gleich einer Reinkarnation des Marco D´Aviano mit dem Kreuz in der Hand den Insurgenten voraneilte — sowie den anderen „Bauernführern" wurde er zum Symbol des gerechten Bauernaufstandes. Andreas Hofer wurde zum Mythos. Die Tatsache seines Scheiterns, wie des Scheiterns der Erhebung von 1809 überhaupt, schmälerte nicht seinen Ruhm, war vielmehr Motiv ungebrochenen Gedenkens; der erfolgreiche Tiroler Aufstand von 1703 ist nicht annähernd so populär geworden.
Das Faktum einer Revolte von Untertanen des neuen Königreichs Bayern trat in den Hintergrund hinter dem alles beherrschenden Kampf um den katholischen Glauben, die Freiheit und die hergebrachten Rechte gegenüber Napoleon. Dieser Kampf mutierte zu dem gegen Frankreich, sodann gegen das Welsche im Allgemeinen, was immer darunter im Einzelnen zu verstehen sein mochte, und schließlich gegen das Italienische; dass der Mann aus dem Passeiertal Südtiroler war, blieb letzten Endes ohne Belang. Andreas Hofer ist immer deutscher geworden, ein Mythos in Tirol wie König Ludwig II. in Bayern oder Manfred von Richthofen anderswo.

DIE WIRTSCHAFTLICHE SITUATION

Mit dem *Frieden von Pressburg* ist 1805 Tirol an Bayern gekommen; man sah es hier nicht als Gewinn, weil dafür das wirtschaftlich und kulturell entwickeltere Würzburg abging. Ökonomen galt Tirol als wenig urbanes, kleinteiliges Land, in dem die Landwirtschaft vielfach bloß das Subsistenzmittel der ländlichen Bevölkerung zum Lebensunterhalt bildete; nicht unerheblich war die Landflucht.[1] Die Montanindustrie, die einst den wirtschaftlichen Wert des Landes ausgemacht hatte, befand sich seit dem 18. Jahrhundert im Niedergang. Lediglich die Produktion von Bau- und Brennholz sowie von Wein im Süden erbrachte im Gegenzug Getreide, auf dessen Einfuhr man angewiesen war. Bei begrenzten Ressourcen und expandierender Bevölkerung war Tirol vom wirtschaftlich aktiven frühkapitalistischen Herzland der Habsburger zum Agrarland am Rande geworden,[2] gewissermaßen zum Zuschussbetrieb.[3] Bedeutende Handelsplätze befanden sich im Süden des Landes, in Bozen, aber auch in Meran, wo der Austausch von Gütern zwischen Deutschland, Frankreich, Italien und der Schweiz eine bedeutsame Verteilungsfunktion hatte.[4] Die Kontinentalsperre, die Englands angebliches Wirtschaftsmonopol brechen sollte, dabei vielen europäischen Staaten auf dem Kontinent schadete, sollte auch Südtirol quasi im Nerv treffen. Der Kontinentalsperre gegen England entsprach das Kontinentalsystem im napoleonischen Machtbereich. Die französische Wirtschaftspolitik, mit dem Ziel französischer Dominanz, schuf eine Art Freihandelszone für den Absatz französischer Produkte, wobei auf dem Kontinent Frankreich ohnehin in der Industrialisierung am weitesten fortgeschritten war. Die Absicht Bayerns, mit Italien ein Zollabkommen zu vereinbaren, das auch Südtirol genützt hätte, zerschlug sich wegen etlicher Einwände Napoleons.[5] Andreas Hofer, Südtiroler mit Deutsch als Muttersprache und guten Kenntnissen des Italienischen, hatte 1789 den väterlichen Betrieb von seinem Schwager übernommen. Trotz Gastronomie und Landwirtschaft brachte der Besitz an sich offensichtlich zu wenig ein. Hofer betrieb zusätzlich Handel mit Wein, Spirituosen und Vieh; Letzteres steht im Widerspruch zu der permanenten Charakterisierung des angeblich so naiven Freiheitshelden – ein naiver Viehhändler wäre wohl weder in Tirol noch sonst wo erfolgreich gewesen. Erfolgreich aber war Hofer durchaus: Briefe belegen einen expandierenden Handel mit Wein und Kaffee.[6] Er hielt zwischen 13 und 16 Saumpferde und übernahm Proviantlieferungen im Auftrag der kaiserlichen Streitkräfte.[7] Militärische und politische Entwicklungen der napoleonischen Ära mit den damit verbundenen Wirren behinderten seine wirtschaftlichen Kontakte und brachten seinen Handel zu Erliegen; zum Zeitpunkt des Aufstandes besaß er nur noch zwei Saumtiere. Die Folge waren finanzielle Probleme, weil seine Schuldner zahlungsunfähig waren und er dadurch selbst in Zahlungsschwierigkeiten geriet. Daraus entstand der Topos vom verganteten Sandwirt, dem Mann mit der Flasche und dem Rosenkranz,[8] dem nichts anderes übrig blieb als der Aufstand. Seine vielfältigen Kontakte, seine soziale Stellung als Gastwirt und Handelsmann sowie frühe politische Aktivität und freiwilliger Kriegseinsatz für den Kaiser in traditionellen Tiroler Einheiten, verbunden mit einer dezidiert klerikal-katholischen Überzeugung ließen den malkontenten Hofer als geeigneten Protagonisten des Aufstandes erscheinen; die Wahl fiel nicht zufällig auf ihn.[9]

ASPEKTE DER POLITIK

Österreich plante spätestens seit 1808 den Krieg; der Staatskanzler Philipp Graf Stadion baute seine Hoffnungen vor allem auf die anfänglichen französischen Niederlagen gegen die Engländer in Portugal und gegen die spanischen Linientruppen.[10] In Spanien gebundene französische Streitkräfte, die von der Guerilla mehr als

belästigt wurden und von deren Kampfweise sowie Erfahrungen man in Österreich Nachricht hatte, vor allem aber die dadurch bedingte Abwesenheit Napoleons bewogen Kaiser Franz I. und seinen Kanzler, die günstige Gelegenheit zu nutzen für einen Krieg, dem sich zumindest der Süden, wenn nicht das gesamte Deutschland anschließen würde: Österreichs Schwert als Initial des deutschen Kampfes für die Befreiung von der Knechtschaft Napoleons! Neben den regulären Linientruppen, umfassend reformiert von Erzherzog Carl, einem Bruder Kaiser Franz', standen Einheiten der Landwehr, die sich unter Erzherzog Johann, ebenfalls einem Bruder des Kaisers, im Aufbau befanden. Sie besonders sollten zumindest nach außen den Charakter des Volkskrieges betonen. Schon 1805 hatte Johann geplant, Tirol mit regulären Truppen, Miliz, Schützen und Landsturm zu behaupten; als er im Herbst 1805 das Land verlassen musste, verabschiedete er sich von einer Abordnung seiner *lieben Tiroler*, in der sich auch Andreas Hofer befand.[11] Anderseits, wenig typisch für einen Volkskrieg, kam es zu einem Aufgebot von Erzherzögen an militärischen Kommandostellen wie nie zuvor. Flankiert wurden die militärischen Vorbereitungen von einem regelrechten Propagandafeldzug, dessen Hauptziel eine Demontage des Rheinbundes war. „Aufrührer und gekaufte Schreiberlinge", schrieb der französische Gesandte in München über die deutschen Staaten, „wollen sie dazu bringen, den zu bekämpfen, der sie aus dem Nichts gezogen hat, und mitten in Deutschland eine österreichische Regierung etablieren."[12] Staatskanzler Graf Stadion hoffte, speziell Bayern zum Verlassen des von Napoleon dominierten Rheinbundes zu animieren, und delegierte im März 1807 seinen Bruder als Gesandten nach München. Friedrich Lothar Graf Stadion, ein Geistlicher, baute in Bayern und ganz Süddeutschland ein antifranzösisches Spionage- und Informationsnetz auf; ihm halfen dabei nicht unerhebliche Geldsummen.[14] Aus alten Zeiten war er, der vielleicht einst Illuminat gewesen war, nicht nur mit König Max I. Joseph befreundet, sondern auch mit den beiden Ministern der Finanzen und des Äußeren. Bayern aus dem Rheinbund herauszubrechen gelang

Maximilian Joseph
König von Bayern.

Maximilian I. Joseph, König von Bayern (1756–1825), nach einem Gemälde von A. Klotz, Regensburger Potraitgalerie, Universitätsbibliothek Regensburg, Graphische Sammlung des Hauses Thurn und Taxis, Portraitsammlung, Sig. 9994/PoS MF Nr. 309

Stadion freilich nicht, Max Joseph, selbst ein ehemaliger Soldat und Regimentskommandeur, traute dem österreichischen Militär und seinen Generalen nicht viel zu,[14] warnte vielmehr vor den Fähigkeiten Napoleons. Doch gewann der Gesandte das Vertrauen des bayerischen Kronprinzen, des einzigen Österreichfreunds am bayerischen Hof, eines entschiedenen Gegners Napoleons, der seinem Vater Vorwürfe machte, jedoch später als König Ludwig I. ganz selbstverständlich ein Reich übernahm, das jener Napoleon verdankte, und der seine „teutsche" Gesinnung so trefflich mit bayerischem Partikularismus, seine ideale „Freyheit" mit groben Rechtsbeugungen zu verbinden wusste. Zwar erwähnte Stadion die kleinen Schwächen des Kronprinzen, Geiz und Frauen, doch hob er auch dessen Absicht hervor, im Krieg bei der ersten Gelegenheit zu den Österreichern überzulaufen. Dazu ist es dann freilich nicht gekommen.

Erzherzog Johann, den seit 1807 eine herzliche Freundschaft mit dem bayerischen Kronprinzen verband, begeisterte sich für das bewaffnete Volksaufgebot; beeinflusst von seinen Lehrern, war ihm die Schweiz ein Vorbild und Tirol schien ihm als Festung geeignet, deren Zugänge mit geringem Aufwand zu sichern wären. Andreas Hofer gehörte zu den Vertrauensmännern, mit denen der Erzherzog in Verbindung blieb; seit 1806 stand er mit ihm im Briefwechsel. Im Januar 1809 kamen Hofer und andere Verschwörer nach Wien zu Beratungen und Absprachen wegen des geplanten Aufstandes. Als Vermittler und Organisator fungierte Josef Freiherr von Hormayr, quasi die rechte Hand Erzherzog Johanns, der dann eine wichtige Rolle als Intendant im Frühjahr 1809 während der kurzen Verwaltung Tirols spielen sollte. Hormayr, eine der bedeutendsten Persönlichkeiten der Romantik, erwarb sich Verdienste beim Aufbau und der Organisation des Archivwesens in Wien und später in München; schließlich wurde er bayerischer Gesandter in Hannover, weil selbst sein Gönner, König Ludwig I., den notorischen Störenfried nicht mehr zu halten vermochte.[15] Hormayr, ein Intellektueller von aggressiver Wesensart und bornierter Eitelkeit, spielte im Aufstand eine zwiespältige Rolle. Er ließ tausende Flugblätter in deutscher und italienischer Sprache drucken und konspirativ in Tirol verteilen. Er verfasste vor der Abreise der Tiroler Gruppe aus Wien am 3. Februar 1809 eine allgemeine Instruktion. Hormayr betonte später[16] seine eigene hervorragende Rolle bei der Insurrektion: um der Gefahr einer ungeregelten Ausweitung des Volksaufstandes durch einen *Enragé* zu begegnen, habe er den „schwachen, langsamen, kindlichen Hofer" für das „angemessenste Werkzeug" gehalten. Doch lagen Organisation und Führung des Aufstandes in Tirol eindeutig in der Hand Andreas Hofers. Die außeralltägliche Qualität seiner Persönlichkeit, die Eigenschaften, die keinem anderen, auch nicht Speckbacher oder Haspinger, gegeben waren und derentwillen er als Führer gewertet wurde, kennzeichnen klassisch sein Charisma.[17] Nicht zuletzt seine mündliche sowie schriftliche Diktion, die präzise die Herzen seiner Landsleute traf, befähigten ihn zur Führung; insofern geht der bis heute immer wieder geäußerte, läppische Spott über Hofers mangelhafte Orthographie völlig in die Irre. Erzherzog Johann glaubte an den dauernden Erfolg eines Klein- und Gebirgskrieges, sogar dann, wenn alle Verbindungen unterbrochen sein sollten.[18] Ganz ähnlich sollte jetzt Tirol mit Teilen der innerösterreichischen Landwehr, flankiert und unterstützt von Insurgenten, die Induktion zur allgemeinen Volkserhebung werden. So bestechend eine solche idealistische Strategie sein mochte, so gebrach es ihr völlig an der Lösung der logistischen Probleme, vernachlässigte sie politische Realitäten und Gefahren, war sie letzten Endes irreal. Aus militärpolitischen Gründen war denn auch Erzherzog Carl skeptisch gegenüber dem „Bauernrummel" und die Kaiserin bezweifelte das Recht, mit welchem man die Tiroler zur Empörung und Untreue „aufmuntern" könne gegen ihren rechtmäßigen Herrn, den König von Bayern, dem Österreich das Land feierlich abgetreten habe.[19]

ÜBER DIE BAYERISCHE HERRSCHAFT IN TIROL

Die Bewohner Tirols, soweit sie nicht Italiener waren, galten als Bajuwaren wie die des altbayerischen Teils des Königreichs. In den Talschaften um den Brenner hatten seit alters die Breonen gesiedelt, keine germanische *Gens*, doch ebenso wenig italische Romanen; sie wurden Opfer bayerischer Alpensiedlungspolitik. Um das Jahr 550, zu Zeiten des Herzogs Garibald I. war das Land vom Lech bis ins Trauntal und von der Gegend um Nürnberg bis zum Südfuß des Brenners bayerisch.[20] Heinrich der Löwe war der letzte bayerische Herrscher, der Hoheit (1157) im Land im Gebirge besaß; 1363 ging Tirol an die Habsburger. Mehr als fünf Jahrhunderte sind gewiss eine „lange Reihe von Jahren", wie Kaiser Franz I. im April 1809 aus Schärding schrieb, aber keine Ewigkeit, wie manche glauben machen wollten. Die Verwandtschaft mit den bayerischen Nachbarn war allerdings getrübt durch militärische Auseinandersetzungen in den Jahren 1363, 1368 und vor allem 1703; der *Bayerische Rummel* war durchaus noch gegenwärtig im Bewusstsein der Bevölkerung und die Bayern waren Fremde geworden, nicht immer besonders beliebte zumal. Das hieß nicht, dass keine Verbindungen bestanden hätten: Ein großer Teil der Maurer und Zimmerleute in Oberbayern kamen aus Tirol und im Herbst, wenn die Almen im grenznahen Gebirge verlassen waren, bezogen diese oft Tiroler, um von dort aus zu wildern und sich mit den bayerischen Förstern Gefechte zu liefern.[21] Schon zu Zeiten Maria Theresias und Josefs II. war es in Tirol wegen Reformen zu lokalen blutigen Unruhen gekommen und seit 1789 drohte in Tirol ein Aufstand, ähnlich denen in Belgien und Ungarn.[22] Die Kaiser Leopold II. und Franz II. (I.) kamen den Tirolern entgegen. Auf dem zugestandenen offenen Landtag 1790 in Innsbruck, bei dem die italienischen Tiroler aus wirtschaftlichen Gründen unterrepräsentiert blieben,[23] war Hofer zum ersten Mal aufgetreten. Doch blieb der Kern der Verwaltungs- und Justizreformen in Kraft; in Tirol wurden die alten Landesfreiheiten nicht wirklich wiederhergestellt, sondern Österreich kontrollierte und leitete das Land von Wien aus. Die bayerische Führung hingegen kam mit ihrer Politik den Tirolern nicht einmal psychologisch entgegen, indem sie etwa alte Einrichtungen hätte formal bestehen lassen. Sie agierte im Land der neuen Untertanen und alten Stammesverwandten genauso wie in Altbayern. Auch dort waren die Reformen

umstritten, nicht selten übereilt und sich überschlagend, auch dort stieß man das fromme, von einer Unzahl von weltlichen Priestern und Ordenspriestern betreute, katholische Volk vor den Kopf mit Maßnahmen, die das Ende der *Bavaria sancta* zu besiegeln schienen. In Tirol vollendeten die bayerischen Reformen zwar die josephinischen, allerdings wurden sie mit mehr Rücksichtslosigkeit und weniger politischem Gespür durchgesetzt, als es ein österreichisches Regime je riskiert hätte. Dennoch besteht eine gewisse Kontinuität auf dem Gebiet der Verwaltung sowie der Justiz von Maria Theresia und Josef II. über die bayerische Herrschaft bis zur Habsburger Monarchie des Vormärz;[24] resigniert stellten die Tiroler nach 1814 fest, dass die meisten der durch die Bayern eingeführten Reformen in Kraft blieben.[25] Die Umsetzung der Reformen, die Verwaltung in Tirol überhaupt, wurde auch nicht erleichtert durch altbayerische Beamte, deren sprichwörtliche Grobheit man zu Hause als gewohnt hinnahm, die vielleicht sogar landesüblich sein mochte, die jedoch in den hinzugekommenen Gebieten des Königreichs der Integration wenig förderlich war. Etwa, wenn ein Generalkommissär in Franken, der bei den Altbayern als ein Ausbund der Herablassung galt, seine Beamten, taumelnd von den Genüssen der Nacht, im Bett mit den herzlichen Worten begrüßte: „Grieß Di Gott, Sauschwanz! Wie lang bist denn scho hie?" Um dann dem ob dieser Ausführungen Entzückten zu empfehlen, sich „a frisch Mensch" und „an Fetzen Rausch" zuzulegen,[26] im Übrigen könne er ihn… – wir wissen es schon. Etliche Staatsdiener, auch Geistliche, die man nicht zu den besten zählte, versetzte man nach Tirol. Doch gab es auch andere: Für den Etschkreis wurde in Trient ein Appellationsgericht konstituiert, als dessen Präsidenten der König Johann Maria Freiherr von Bassus ernannte, einen bayerischen Juristen italienischer Abstammung. Seine Mitarbeiter stammten aus Nord- und Südtirol, einer aus Italien. Nach etlichen Schwierigkeiten bei der Anstellung des Personals sowie der Ausstattung erledigte man Verwaltung und Rechtsprechung vor, während und nach dem Aufstand und der Besetzung Tirols. Andreas Hofer ließ dem Gericht im August 1809 übermitteln, schnellstens die Rechtsprechung im Namen des Kaisers von Österreich fortzusetzen.[27] Von Bayern eingesetzte Beamte arbeiteten in der Zeit des *Oberkommandanten von Tirol* Hofer als unter kaiserlichem Siegel weiter. Die „verhaßte Fremdherrschaft"[28] schickte auch fähige Beamte, nicht nur abgehalfterte und unliebsame, doch sie blieb verhasst, zumindest unbeliebt; sie besaß keine Erfahrung im Umgang mit fremden Völkern.

Noch verhältnismäßig behutsam, durchaus mit Einfühlung und Verständnis für die Tiroler ging der erste bayerische Hofkommissär Carl Graf Arco vor; tatsächlich blieb es während seiner Amtszeit zwischen 1806 und 1808 halbwegs ruhig im Land. Arcos Familie gehörte zur Spitze des bayerischen Adels; sie stammte ursprünglich aus der Gegend nördlich des Gardasees, wo sie auch noch Güter besaß. Der Graf hatte erfolgreich eine Reihe von Ämtern bekleidet. Er war eine etwas schillernde Figur: 1797 war er von Kurfürst Carl Theodor als Gesandter nach London abgeschoben worden, weil er mit der habsburgischen zweiundzwanzigjährigen Gemahlin des zweiundsiebzigjährigen Kurfürsten ein Verhältnis unterhalten hatte.

Nach Artikel 8 des *Pressburger Friedens* war Tirol ein Staatskörper sui generis. Das änderte sich mit der Konstitution von 1808. Tirol und die ehemaligen Hochstifter Brixen und Trient wurden in drei voneinander unabhängige Kreise aufgeteilt; als *Südbayern* beraubte man das Land sogar seines traditionellen Namens. Kaiser Franz ließ wohl die Vereinbarkeit dieser Änderungen mit dem *Pressburger Frieden* prüfen, doch kann auch nach heutiger Erkenntnis von Rechtsbruch keine Rede sein, wie dies damals Erzherzog Johann vermutete;[29] man berief sich auf den Friedensvertrag, der zur Beibehaltung der alten Verfassung interpretiert wurde.[30] Ihre Aufhebung beklagte Johann, sein Adlatus Hormayr agitierte entsprechend. Sie betraf die Mitglieder der Landstände und damit auch Hofer, der sein heimatliches Tal auf dem offenen Landtag damals vertreten hatte; nach dem realen Inhalt fragte offenbar niemand. Allerdings hätte auch unter anderen Umständen die Konstitution von 1808 den Tirolern keine Verbesserung gebracht. Andere

Maßnahmen, wie die Beseitigung des Steuerprivilegs für den Adel und die Kirche sowie die Abwertung der österreichischen Papiergulden auf zwei Fünftel ihres Nennwertes, waren zwar notwendig und sinnvoll, förderten jedoch nicht das Ansehen der bayerischen Administration bei Gewerbetreibenden, wie Hofer und andere Wirte es waren.

Derjenige, der bis zum heutigen Tag im einschlägigen Schrifttum, sei es historisch-populär oder populärhistorisch, als Initiator allen Unheils gilt, das Tirol so hart traf und seine Bewohner in den Aufstand trieb, war nicht ein fanatischer Revolutionär vom Schlag Robespierres, sondern der Minister Maximilian Graf von Montgelas, Sohn eines bayerischen Generals, geboren in München. Hier ist er 1838 auch gestorben, wohlversehen mit den Tröstungen der römisch-katholischen Kirche, deren Regeln für ihn ein Leben lang maßgeblich waren; mit ein paar Freiheiten – mit seiner Frau, einer Schwester des Grafen Arco, und dem Finanzminister Johann Wilhelm Freiherrn von Hompesch unterhielt er über eine geraume Zeit eine ménage à trois. Montgelas war wohl frankophil, in der Familie sprach er nur französisch, aber durchaus ein bayerischer Patriot, der die politischen Situationen nutzte, aber nicht an den dauernden Erfolg Napoleons glaubte; er war der „Architekt des modernen bayerischen Staates". Montgelas wusste von Andreas Hofer wenig, Haspinger war ihm unbekannt.[31] Nicht nur Bayern, sondern jeden anderen Staat hätten Schwierigkeiten erwartet, angesichts der politischen Situation, des napoleonischen Drucks sowie der Reformen, auch wenn diese behutsamer betrieben worden wären; nicht wenige der administrativen Maßnahmen waren für Tirol von Vorteil. Kaiser Franz konnte die Tiroler mit seinen Handbillets täuschen, sie nach dem *Frieden von Schönbrunn* im Stich lassen und dem Aufstand Hofers politisch den Boden entziehen, Erzherzog Johann konnte mit verspäteten Erklärungen und lahmen Mahnungen Hofer in ein lebensbedrohliches Dilemma stürzen, – dennoch blieb der eine angestammter Herrscher, dessen Münzbild Hofer ehrfürchtig küsste, und der andere der hochverehrte „Prinz Hannes", der gewiss Rettung bringen würde.

Carl Maria Graf von Arco, Lithographie nach einem Gemälde von D. Haiz, 1846,
Bayerische Staatsbibliothek, Portrait- und Ansichtensammlung

KRIEG UND AUFSTAND

Ursprünglich planten die Österreicher 1809 von Böhmen
über Sachsen vorzugehen und mit der Aussicht, unzu-
friedene deutsche Staaten zum Übertritt zu veranlas-
sen, ohne größere Verluste an den Rhein zu gelangen.
Stattdessen verlegten sie drei Wochen lang Truppen von
der sächsischen Grenze an die bayerische und gewährten
Napoleon die rechte Zeit zur Rückkehr. Ohne ihn operier-
ten, wie nicht selten, seine Marschälle etwas planlos.
Als Erzherzog Carl am 10. April den Inn überschritt,
richtete er an die bayerischen Truppen einen Aufruf, er
komme als Befreier, nicht als Eroberer. Nach den Erfahrungen der letzten hundert Jahre konnten die Bayern
das nicht recht glauben. Seit dem Februar hatte man in
München Kenntnis von den Vorbereitungen der Österreicher und ihren Kriegsplänen. Kronprinz Ludwig, der gerne
den Oberbefehl über die bayerischen Truppen übernommen hätte, was Napoleon verbot, lief mit der Division,
die er statt dessen formal kommandieren durfte, nicht zu
den Österreichern über. Der bayerische General Bernhard
Erasmus Graf von Deroy hatte Mühe, sich bei Landshut
einer sieben- bis achtfachen Übermacht halbwegs zu
erwehren. Die österreichische Hauptarmee in Deutschland, die einen raschen und konzentrierten Angriff hätte
führen sollen, agierte jedoch defensiv, als gelte es,
die Monarchie zu schützen und nicht eine Offensive zu
führen. Die Armee Erzherzog Johanns schlug am 15./16.
April bei Pordenone und Sacile Eugène de Beauharnais,
den Vizekönig von Italien. Feldmarschallleutnant Johann
Gabriel Marquis von Chasteler de Courcelles marschierte
seit dem 9. April mit 10.600 Soldaten von Kärnten durch
das Pustertal, um Brixen zu erreichen.
Aus Passeier forderten Martin Theimer und Andreas
Hofer zum Aufstand auf. Einige Tage später widerstan-
den 600 Bauern an der Ladritscher Brücke bayerischen
Kompanien und am 12. April feierten die Tiroler in den
Wirtshäusern um Sterzing den Sieg und die Vertreibung
der Bayern aus dem Ort. Am nächsten Tag nahmen 6.000
Bauern Innsbruck ein; Hofer wollte frei operieren, allerdings unter dem Oberstleutnant Graf von Leiningen, und

Erzherzog Johann versprach ihm Munition und Kanonen
. Österreichische Truppen besetzten Nordtirol; Chasteler
besetzte bis zum 26. April Welschtirol und plante den
Vorstoß nach Süden, um sich mit Erzherzog Johann zu
treffen. Kaiser Franz I. ließ die Tiroler am 18. April aus
Sterzing wissen, wie sehr er mit ihnen zufrieden sei und
dass er auf sie zähle und sie auf ihn zählen könnten.
Es sah nicht gut aus für die Bayern und in Dillingen,
wohin er geflüchtet war, fürchtete sich ihr König; nicht
ohne Grund, denn wenn die Österreicher weiterhin so
energisch zugriffen, würde das Land glatt überrannt
werden.[33] Schließlich aber kam Napoleon, wie er es dem
König, noch aus Valladolid, versprochen hatte, „comme
un éclair". Die Operationen, die er nach dem verfehl-
ten Aufmarsch leitet, wird er später auf St. Helena als
seine besten überhaupt beurteilen. Als der Kaiser der
Franzosen „am 20. April frühmorgens bei Abensberg aus
dem Nebel heraus auf die bayerischen Truppen zuritt,
dem leibhaftigen Kriegsgott gleich", und eine meister-
hafte Ansprache hielt, die Kronprinz Ludwig übersetzte,
da stimmte sogar dieser, sein erbitterter Feind, in das
begeisterte „vive l´Empereur" ein.[34] Die Österreicher
erlitten eine Niederlage und zwei Tage später eine bei
Eggmühl gegen ein Heer, das größten Teil aus bayerischen und württembergischen Verbänden bestand. Am
23. April war Napoleon in Regensburg.
Die günstige militärische Entwicklung wollten die Bayern
mit Hilfe der Franzosen nützen: Ende April kam General
Carl Freiherr von Wrede über Salzburg; ein weiteres
Korps mühte sich durch Scharnitz und aus dem Süden
näherten sich die Franzosen. Der bayerische Hof wagte
es wegen drohender Einfälle noch nicht, nach München
zurückzukehren und der König schrieb aus Augsburg am
5. Mai an Napoleon,[35] zwei Tiroler Kreise seien in Auf-
ruhr und der dritte von der Armee Beauharnais' besetzt;
zwei Kreise seien schutzlos den Einfällen der Tiroler
ausgesetzt. Der französische Kommandeur Marschall
Lefebvre monierte, er habe festgestellt, die in ihre Ämter
zurückgekehrten bayerischen Beamten wollten sogleich
Rache nehmen. Er habe den Tirolern Pardon versprochen,
sie liebten „die erhabene Person E. M." Dem war

Graf von Wrede

Königlich Bayrischer General der Cavallerie.

Wien, bey Artaria und Comp.

Carl Philipp Graf von Wrede (1767–1838) nach einem Stich von J.G. Mansfeld, Regensburger Potraitgalerie, Universitätsbibliothek Regensburg, Graphische Sammlung des Hauses Thurn und Taxis, Portraitsammlung, Sig. 9994/PoS MF Nr. 415

nicht so: Der Krieg wurde auf beiden Seiten mit Härte und gnadenloser Grausamkeit geführt. Am 19. Mai zog Wrede in Innsbruck ein, aber König Max Joseph glaubte weder, dass der Aufstand niedergeschlagen sei, noch dass ihn die Tiroler plötzlich lieben würden. Das etwas protzige Bulletin, in dem die Rede war vom „Genie Sr. Maj. des Kaisers Napoleon", das seine Feinde gelähmt habe,[36] erwies sich denn auch als verfrüht. Hofers Losung „Für die Religion und den Kaiser siegen oder sterben" folgten genügend Tiroler und zehn Tage nach Wredes Einzug bekamen die Bayern am Bergisel Prügel; der nächtliche, geordnete Rückzug durch die Mitte der Gegner war aus militärischer Sicht gewiss ein Glanzstück, doch änderte er nichts am Faktum der Vertreibung aus Tirol. Als am 2. Juni die Tiroler aus Brixlegg Kaiser Franz in einem Schreiben Kampf und Sieg schilderten, Geld sowie Munition erbaten und Truppenverstärkung unter tätigerer Führung beantragten, blieb das Echo dürftig, obwohl zu diesem Zeitpunkt die Lage – nach Aspern und vor Wagram – günstig und einige Tage zuvor kaiserlicherseits versichert worden war, ohne Tirol werde kein Frieden geschlossen.

In Caldiero sammelte Beauharnais seine zerstreute Armee. Erzherzog Johann dachte an einen Offensivstoß durch Tirol, um Napoleon in die Flanke zu treffen; er wurde aber abgedrängt. Als er am 28. April von den Niederlagen seines Bruders erfuhr, mochte er erkennen, seine italienischen Erfolge seien ohne Nutzen. Er wollte Carl wenigstens jetzt helfen, kam aber zu spät; Konflikte, vielleicht nur Verzögerungen der militärisch dekorierten Brüder verhinderten die Vereinigung der Kräfte mit der Hauptarmee im Raum Wien, um zumindest zahlenmäßig mit den Franzosen gleichzuziehen. Obwohl Erzherzog Carl Ende Mai bei Aspern und Essling seinen ersten und einzigen Sieg über Napoleon erkämpft hatte, waren alle Hoffnungen gesunken,[37] als er nun mit dem Mut des Verzweifelten die Schlacht annahm. Durch die italienische Armee Beauharnais und das Korps Marmont auf 150.000 Mann verstärkt, überschritt Napoleon in der Nacht die Donau und eröffnete bei Wagram am

Morgen des 6. Juli mit 90.000 Mann den Angriff auf Erzherzog Carls 135.000 Soldaten. Als Marschall Davout am Mittag den linken österreichischen Flügel aufzurollen begann und das Zentrum wankte, gab Carl auf; weniger etwaige Führungsfehler des Erzherzogs oder Kaiser Napoleons Genie, sondern eher die Zahlen hatten knapp entschieden. Ein paar Tage später vereinbarte Erzherzog Carl, sehr zur Entrüstung seines kaiserlichen Bruders, in Znaim einen Waffenstillstand. Eigentlich war nun alles schon zu Ende. Die Brüder Stadion mussten bald darauf sich zurückziehen und Klemens Wenzel Graf Metternich-Winneburg wurde Außenminister. Niemand, mit Ausnahme der Tiroler, hatte sich gegen Napoleon erhoben, weder die Ungarn noch irgendwelche Rheinbundstaaten oder sonst wer in Deutschland; Österreich hatte den Krieg verloren. Die Strategie war obsolet, als deren Bestandteil der Volksaufstand zum Zwecke der Unterstützung der militärischen Operationen eingeplant war. Dazu kam, dass weder Kaiser Franz noch Metternich Volkserhebungen schätzten, gleichgültig, gegen wen sie sich richteten; auch Kurfürst Max Emanuel war ein Jahrhundert zuvor wenig erbaut gewesen über den Aufstand seiner Untertanen, obgleich er sich partiell gegen seine Feinde richtete. Metternich verfolgte eine andere Politik. Wohl hatte er als Student in Straßburg einen Aufruf zur Volksbewaffnung verfasst, doch das war lange her. Er war überzeugt von Napoleons überragenden Fähigkeiten und Preußens absehbarem Untergang; Österreich sollte von beidem profitieren. Schon als Gesandter in Paris begann Metternich, die Ehe der Kaisertochter mit Napoleon einzufädeln, die diesem dann den Zorn des Zaren eintragen sollte, weil er dessen Schwester quasi einen Korb gab; es sollte der Anfang seines Endes werden. Stadion hatte den Widerstand gegen Napoleon betrieben, Metternich riet nun Kaiser Franz zum Frieden, weil er Napoleon für unüberwindbar erachtete, und rechnete mit Vorteilen, was letzten Endes in den Frieden von Schönbrunn mündete.

Die Tiroler hatten keine Kenntnis von diesem Paradigmenwechsel und Andreas Hofer schon gar nicht, der dem Kaiser treu war und Erzherzog Johann vertraute, aber von Österreich nur vage Vorstellungen hatte.[38] Man hätte es ihm sagen können, ihm die Einstellung der Kämpfe befehlen können, und der Erzherzog mit seinen konspirativen Verbindungen wäre der Rechte dazu gewesen; ihm, dem „es um Tirol zu tun war, daß in allem sein Wohl befördert werde"[39]. Manchem wäre der Tod als Held erspart geblieben; nach patriotisch günstigen, unsicher belegten Angaben sollen es gut tausend gewesen sein.[40] Stattdessen wurde versichert, Tirol und die anderen Erblande würden bis zum letzten Blutstropfen verteidigt. So lange Chasteler noch in Tirol war, organisierte er von Reutte und Füssen aus Beutezüge nach Bayern; Waffen, Munition und Nahrungsmittel wurden requiriert.

Am 17. Juli verkündeten Kanonenschüsse und Glockengeläute in der Festung Kufstein, die der bayerische Kommandant gehalten hatte, den Waffenstillstand von Znaim; die „geliebten Tiroler" waren ausdrücklich ausgeschlossen. Die Bayern und Franzosen konnten alle Kräfte zu ihrer Unterwerfung verwenden. Dies war gewiss die brutalste Lösung des Tirolproblems, aber eine völlig legitime, denn Tirol war Teil des Königreichs Bayern – das bestritt auch der Kaiser nicht – und kein Souverän der damaligen Zeit wäre anders als mit Gewalt gegen rebellierende Untertanen vorgegangen. Auch die kaiserliche Diplomatie war skeptisch, denn was in Tirol „heute dort für den Kaiser geschieht, könnte ein andermal gegen ihn geschehen". Während die letzten österreichischen Truppen abmarschierten, entschuldigte ein Aufruf „diesen für das Herz des Kaisers so schmerzlichen Schritt" mit dem Drang der politischen und militärischen Ereignisse.[41] General Wrede, der sich von einer Verwundung erholte und in diesen Tagen von Kaiser Napoleon zum Grafen erhoben, dekoriert und beschenkt wurde, glaubte nicht an die dauernde Schwächung Österreichs und schlug dem bayerischen König in einem Bericht vom 20. Juli vor, „Teutsch-Tirol", für das er gut stehe, gegen einen Ansturm zu sichern, denn Bayerns Erbfeind Österreich werde sein „Auge immer und ewig auf Bayern" gerichtet lassen. Max Joseph klagte, man schlage sich immer noch mit den Tirolern, und hoffte, sie würden sich bald ergeben. Napoleon hieß den Herzog von

Danzig, Marschall François Joseph Lefebvre energisch mit größter Strenge vorgehen, um die Scharte aus der Vergangenheit auszuwetzen. Gemäß Instruktion vom 30. Juli sollte er hundertfünfzig Geiseln aus verschiedenen Gegenden festnehmen, die Häuser der Anführer sowie die, in denen ein Gewehr gefunden werde, plündern und niederbrennen. Jeder bewaffnete Tiroler sei zu erschießen. Der Marschall war kein Stratege, eher ein Troupier, der Häuser-Niederbrennen und Aufhängen für probate Maßnahmen hielt bei der Beruhigung Aufständischer. Der bayerische König hielt „ihn für einen braven Grenadierfeldwebel, aber nie für einen General"; sein Herz sei gut, nicht so sein Kopf.[42] Zwei bayerische Divisionen rückten über Lofer, durch Pongau, Pinzgau und Zillertal, eine Abteilung von Tegernsee nach Tirol.

Andreas Hofer hielt die Nachricht vom Waffenstillstand lange Zeit für feindliche Desinformation. Als er sie endlich glauben musste, nahm er die Wiener Beschönigungen und Vorwände als wörtliche Wahrheit und beschloss, den Kampf fortzusetzen, um dem Kaiser Tirol zu erhalten. Die Belange der Religion einzuflechten, mag ihm ein Bedürfnis gewesen sein, geschickt war es ohne Zweifel: „Für Gott und den Kaiser Franz siegen oder sterben!" Doch nicht mehr alle schlossen sich ihm an. Lefebvres Kolonnen stießen auf Hindernisse. Verteidigte Engpässe, abgebrochene Brücken, verschüttete Wege und wohlgezieltes Feuer von den Höhen brachten ihnen hohe Verluste. Deprimiert erreichte Lefebvre Innsbruck und dachte schon an Rückzug. Offenbar entnervt meldete er, der Herzog von Danzig, ein Müllersohn aus dem Elsass, der schon mit den zerlumpten Revolutionsarmeen durch halb Europa gezogen war und auch in Spanien gekämpft hatte, wo die Guerilla wirkte, der es vom Niemand zum nobilitierten Marschall gebracht hatte, Napoleon seinen „ersten Rückzug im Leben vor rasenden Bauern". Halb empört, halb bewundernd schrieb er, „diese Wilden in Tirol seien mit rasendem Geschrei ins Inntal herabgestiegen, das Kruzifix an der Spitze, mit ihren Priestern, rasend wie die Tiger"[43]. Hofer und Speckbacher siegten schließlich bei einer neuen Bergisel-Schlacht am 13. August. Am nächsten Tag begann der allgemeine Rückzug;

Geiseln wurden mitgenommen. Nicht alle in Bayern traf die Niederlage an sich so hart. Die Königin schrieb an ihre Mutter, endlich hätten die bayerischen Truppen Tirol geräumt und sie hoffe, sie würden auch nicht wieder einmarschieren, jedenfalls nicht unter demjenigen, der sie mehr als einmal so schlecht geführt habe.[44] Hofer und seine Tiroler hatten zunächst gesiegt und verwalteten ihre Heimat für den Kaiser! Dieses theokratisch-patri-archalische[45] Regiment des „Andre Hofer, Oberkomman-dant von Diroll" war gut gemeint, aber nur so gut, wie es unter den obwaltenden Umständen sein konnte.

Noch im September wollte Erzherzog Johann durch Volksaufgebote ein Heer mit einer halben Million Mann zusammenbringen. Andreas Hofer versprach man Unterstützung. Die bayerische militärische Führung, natürlich auch der Kronprinz, wehrte sich nicht nur gegen die Tiroler, sondern auch gegen Lefebvre. Nicht immer mit Berechtigung, wie die von Ludwig gebilligte Aufgabe Halleins belegt, das der Marschall fünf Tage später mit einer Handvoll Franzosen zurückeroberte. Im Oktober, als Divisionskommandeur wider Willen und auf väterliche Weisung, schickte Kronprinz Ludwig einen Stabsoffizier zu Andreas Hofer mit der Aufforderung zur Aufgabe der Kampfhandlungen; der Friede stehe an und Widerstand sei zwecklos. Die Aufforderung war es natürlich auch, aber „hätte Andreas Hofer mir gefolgt, hätten viele das Leben nicht verloren und er auch nicht!"[46] Den baye-rischen König interessierte vornehmlich der Friedens-schluss und der für ihn damit verbundene Gewinn; an der Seite Österreichs wäre er, wie er nicht zu Unrecht glaubte, untergegangen. Als schließlich am 14. Oktober Frieden geschlossen wurde, zögerte Kaiser Franz mit der Ratifizierung – er wollte nur die Hälfte der Millionenkon-tribution erlegen – aber fünf Tage später fügte er sich. Erzherzog Johann ließ geraume Zeit vergehen, bis er sich des Auftrags entledigte, die Tiroler zur Beendigung der Kämpfe aufzufordern. Offensichtlich glaubte man in Wien, was mit pathetischen Sprüchen bei aufrechten, aber mangelhaft informierten Patrioten initiiert worden war, könne man mit einem dürren Brief quasi einfach abblasen. In Schönbrunn erklärte Napoleon dem bayeri-schen Bevollmächtigten im Hauptquartier, Generalmajor von Verger, über Tirol anderweitig zu verfügen, „um es mit mehr Energie zu regieren"[47].

Den Widerstand, der vereinzelt noch bis zum Dezember auflöderte, mag man verherrlichen, an seinen Erfolg glaubte kaum noch jemand, von ein paar Fanatikern – um sie nicht anders zu nennen – um Johann Simon Haspin-ger abgesehen, jenem merkwürdigen Menschen, der jahrelang brauchte, bis er sich entschloss, nicht Jurist, nicht Mediziner, nicht Soldat, sondern Pater Joachim OFM Cap. zu werden. Nachdem Andreas Hofer von einem französischen Gericht zum Tode verurteilt worden war, setzte sich Eugène de Beauharnais für ihn ein, bei Na-poleon sich dabei sehr unbeliebt machend, sowie König Max I. Joseph, der als Hofers Landesherr gegen dieses Urteil protestierte; sehr vorsichtig zwar. Kaiser Franz I., der als Schwiegervater Kaiser Napoleons vielleicht die meisten Chancen gehabt hätte, bat zu spät und nicht sehr energisch um das Leben des Treuen; des Kaisers sensibler Bruder, Erzherzog Johann, fiel ob der Ereignis-se in seelische Depressionen und musste über drei Jahre hinweg Kuren zur Wiederherstellung seiner Gesundheit in Rohitsch-Sauerbrunn in Anspruch nehmen.[48]

DER GUERILLAKRIEG

„Welch ein Mann, dieser Andreas Hofer. Ein Bauer wird ein Feldherr, und was für einer! Seine Waffe – Gebet; sein Bundesgenosse – Gott! Er kämpft mit gefalteten Händen, er kämpft mit gebeugten Knien [...]."[49] Ganz so war es freilich nicht, aber der erfolgreiche Kampf der ländlichen Bewohner Tirols unter der organisatorischen Leitung des Sandwirts gegen reguläre und durchaus kriegserfahrene Truppen erregte Staunen in ganz Europa. Ungeachtet dessen, dass in Spanien ein Jahr früher eine neue Methode erfolgreicher Kriegsführung kreiert wurde, woher uns auch die Bezeichnung dafür stammt, führten die Tiroler einen der ersten modernen Guerilla-kriege. Ausgelöst wurde die Erhebung durch die Vorfälle von Axams, wo sich Bauernburschen der Einberufung zum Militär durch die Flucht entzogen. Wie von allen

Der Sandwirt Hofer hält Revue über die Insurgenten vor Innsbruck, 1809, kolorierte Radierung, herausgegeben von Friedrich Campe, Nürnberg, TLMF, Bibliothek FB 6504/42

Rheinbundstaaten verlangte Napoleon auch von Bayern Soldaten. Zunächst wurde es mit der Werbung Freiwilliger versucht, mit allen üblen Begleiterscheinungen und teilweise zweifelhafter Freiwilligkeit der Betroffenen. Einerseits war der Erfolg dieser Werbungen gering, weil sich die meisten Burschen zurückhielten, anderseits konnte man mit denen, die sich meldeten, wenig anfangen. Schließlich entschloss man sich 1809 zur Konskription, einer bedingten Wehrpflicht bestimmter Jahrgänge mit Ausnahmen durch Loskauf und Gestellung von Ersatzmännern. Die Konskription betraf demnach in erster Linie die ärmeren Schichten und widersprach der vielgerühmten *Magna Charta Tirols*, die dem Land ein Sohn Kaiser Ludwigs des Bayern 1342 gewährt hatte; jedenfalls sah man es so. Später, nach dem Aufstand, nützten alle verbrieften Freiheiten freilich wenig; beim Untergang der bayerischen Armee 1812 in Russland sollen auch etliche tausend Tiroler dabei gewesen sein. Nicht einen Aufstand niederzuschlagen, sondern einen monatelangen Krieg gegen die Bewohner zu führen, bedeutete für das reguläre Militär Schwierigkeiten[50]. Diese Bewohner verfügten über gründliche Kenntnisse des schwierigen und unzugänglichen Geländes (von Tirol existierten keine genauen, militärisch verwendbaren Landkarten). Sie waren beweglich, ausdauernd und die Verpflegung der Kämpfer erledigte sich quasi von selbst. Brot war oft nur bei den wohlhabenden Bauern üblich, die ärmeren ernährten sich von Milch; Kartoffeln und Maismehl führten sie im Rucksack mit sich. Wenn es zu ausgedehnten Gelagen in Wirtshäusern kam und niemand die Zeche bezahlte, so waren die Gründe dafür nicht Hunger und Entbehrungen, sondern Verwahrlosungserscheinungen, die einerseits mit der Herkunft etlicher Kämpfer aus bäuerlichen Unterschichten zusammenhingen und anderseits im Krieg allgemein sind. Der Nachschub von Munition, bei dem man auf österreichische Bestände oder Beute aus Feindbesitz angewiesen war, gestaltete sich gegen Ende der Kämpfe problematisch. Die französischen und bayerischen Truppen hingegen, soweit sie sich aus dem Land versorgten, fanden kaum Brauchbares zur Requirierung.

Wo sie eindrangen, verließen die Einwohner ihre Häuser und schleppten Nahrungsmittel sowie Vieh ins Gebirge[51] – unerreichbar für Armeen, die noch keine Gebirgstruppen kannten. Der reguläre Nachschub durch enge Täler auf schmalen Straßen, deren Verlauf man häufig nicht genau kannte, war durch Überfälle gefährdet, weil er rückwärtig kaum zu sichern war und die Spitze durch offensive feindliche Operationen angehalten wurde. Nächtliche Überfälle waren unter diesen Umständen den Soldaten gar nicht möglich; soweit sie die Bauern unternahmen, blieben sie ihnen beinahe hilflos ausgeliefert. Die Bayern wunderten sich sogar über die Tiroler, weil sie nicht öfter zu solchen Mitteln griffen. Der taktische Einsatz der Infanterie war durch die örtlichen Verhältnisse behindert und auf die Tälern beschränkt, der Einsatz der Artillerie nur bedingt nützlich; lediglich vor der Kavallerie, obwohl auch sie kaum mit Erfolg einzusetzen war, scheinen die Tiroler Respekt gehabt zu haben, weil sie ihr nichts entgegenzusetzen hatten.[52] Ihre Kampfweise widersprach der militärisch üblichen: Sie konzentrierten selten die Kräfte, vermieden die Konfrontation mit überlegenen Formationen, hielten die Höhen und mieden die Täler. Sie griffen überraschend aus den Bergen an, zogen sich zurück, flohen ins Gebirge, ohne „nackte Felsen zu vertheidigen, welche der Gegner einige Augenblicke nachher von selbst wieder verließ". Diese Art der Kriegsführung erschien einem, der dabei war und es später zum bayerischen Generalstabschef brachte, als das Klügste, es *„war das Einzige, was der Localität angemessen war [...] und verdient mehr der Nachahmung als des Vorwurfs* [der Feigheit][53]. Immer wieder, nicht selten auch in den vielen Hagiographien aus seiner Heimat, werden Andreas Hofers geringe militärische Fähigkeiten angeführt; im Grunde habe er gar keine Anordnungen getroffen,[54] lediglich im dritten Bergiseltreffen, am 13. August, habe er eingegriffen.[55] Hormayr behauptete sogar, Hofer sei bei seiner Exekution zum ersten Mal im Feuer gestanden. Der größte Vorteil des Guerillakämpfers ist jedoch unmilitärischer Natur:[56] Er muss der aktiven und passiven Unterstützung der örtlichen Bevölkerung gewiss sein. Hofer konnte sich auf eine solche Unterstützung verlassen, womit ihm mit einer vergleichsweise kleinen, bodenständigen Streitmacht in kurzer Zeit das begrenzte Ziel der Befreiung Tirols von den – allerdings geringen – Besatzungstruppen gelang. Die Befreiung Tirols konnte als eine Angelegenheit des ganzen Volkes dargestellt werden, ohne dass das ganze Volk wirklich beteiligt gewesen wäre. Der größte Teil der Kämpfer war im deutschsprachigen Norden zu Hause, ein kleinerer Teil nur im welschen Süden. Nicht ohne Probleme, aber dennoch bemühte sich Hofer um die italienisch sprechenden Landsleute.[57] Die ländliche Bevölkerung beteiligte sich mehr als die städtische; der Adel und die höhere Geistlichkeit hielten sich zurück. Es wird kein Zufall gewesen sein, wenn ein überproportionaler Anteil des Führungspersonals Wirte waren und nicht aus dem Süden stammten. Ursache der bayerischen und französischen Misserfolge waren nicht so sehr die grölenden, alkoholisierten Bauernknechte und Kleinhäusler, bewaffnet mit schlechten, alten Flinten, Musketen oder auch nur Messern. Nicht mit Sensen und Dreschflegeln bewaffnete „Bauern" mit Bärten und grimmigen Gesichtern, wie sie später Defregger und Egger-Lienz malte, brachten den Franzosen als der größten Militärmacht des damaligen Europa das Fürchten bei. Der Schrecken waren diejenigen, die diese Stürme vorbereiteten, die den marschierenden Kolonnen empfindliche Verluste bereiteten. Frei, nicht aufgelegt und mit bloßem Auge, ohne Hilfsmittel schossen die Stutzenschützen zielgenaues Einzelfeuer auf 150 bis 300 Schritt (ca. 100 bis 225 Meter), vornehmlich auf die weithin erkennbaren Offiziere. Die Tiroler Schützen, geübt durch zahlreiche sportliche Treffen, waren berühmt. In der Kombination lag der Erfolg: überraschend aus der Deckung in der Höhe durch gezieltes Feuer die jeweilige Marschkolonne zu stören und zu verwirren, sie dann im Sturm möglichst zu vernichten und sich rasch zurückzuziehen. Damit erklären sich die hohen Verluste der Franzosen und Bayern und die relativ geringen der Tiroler. Andreas Hofer konnte sich letzten Endes, und gewiss bis zum September, auf den größten Teil der Bevölkerung – auch der italienischen – verlassen und deren Unterstützung

erwarten. Die Nachrichtenverbindung hielt er mit seinen *Handzetteln*, einem Informationssystem, das schneller war als alle militärischen Kurierdienste. Der Gedanke der „Volkserhebung" appellierte an die Interessen der Unterdrückten gegenüber der Regierung – das machte sie bei Metternich verdächtig – sprach anderseits auch nationalistische Gefühle an und nutzte den Hass gegen ausländische Besatzer für sich aus. Andreas Hofer war, wie die meisten erfolgreichen Guerillakämpfer, konservativ; er kämpfte gegen politische Verhältnisse, aber ohne revolutionäre Absichten gegen die bestehende Gesellschaftsordnung. Die gesteckten Ziele, der Umsturz des herrschenden Regimes, die Unterwerfung seiner Administration und die Vertreibung der Besatzungsstreitkräfte, hat Hofer wohl erreicht. Die Etablierung der Herrschaft konnte ihm nicht gelingen, und während der kurzen Zeit, in der er es versuchte, versagte er. Verantwortlich dafür war nicht er, sondern die Führung in Wien, die entweder glaubte, realistische Konzepte für eine konsequente Politik durch romantische Plattitüden ersetzen zu können, oder aber an einem Volksaufstand nicht interessiert war, ihn politisch für nicht tunlich hielt. Der Guerillakrieg ist, damals wie heute, Instrument der Politik, ab einem gewissen Zeitpunkt entwickelt er sich zum regulären Krieg oder ist auf reguläre militärische Unterstützung angewiesen.

RELIGION UND AUFSTAND

Weder in Bayern noch in Tirol war die Bewegung zur Reformation des christlichen Glaubens unbemerkt oder ohne Zustimmung geblieben; schon einmal hatte es in Tirol einen Kämpfer für Glauben und Freiheit gegeben,[58] dem übel mitgespielt worden war. Über den *Bund von Thron und Altar* schrieb Jacob Burckhardt, die Kirche liebe zwar keinen Staat, doch neige sie demjenigen Staatswesen zu, welches das bereitwilligste und fähigste sei, für sie die Verfolgung zu vollziehen.[59] Wie in Bayern die Wittelsbacher, wie anderswo die Habsburger, so engagierte sich denn auch in Tirol das Erzhaus für den alten, katholischen Glauben, setzte ihn durch, wo sich Widerstände auftaten, nicht so sehr aus theologischen als politischen Erwägungen heraus. Der Bund der Landstände mit dem Herzen Jesu im Jahre 1796 dokumentiert signifikant die Bindung der Tiroler an ihre Religion. Die Volksmission der Jesuiten hatte das *Heilige Land Tyrol* geschaffen,[60] wo man 1805 nicht weniger als 4024 Geistliche zählte.[61] Die Habsburger hatten zwar die Hochstifter säkularisiert, doch erst die Bayern legten sich mit den Bischöfen an, drohten ihnen. Den Bischof von Chur, Karl Rudolf von Buol-Schauenstein, einen gebürtigen Innsbrucker, der seine Zweitresidenz in Meran schätzte, schickten sie in die Schweiz; Emanuel Maria Graf Thun, den Bischof von Trient, verbannten sie nach Reichenhall und beiden sperrten sie ihre Temporalien, minimierten ihre Befugnisse. Wie zu Hause auch, schafften die Bayern etliche bäuerliche Feiertage ab, schränkten Bittgänge sowie Prozessionen ein und regelten die Gottesdienstordnung. Dass bayerische Beamte die mitternächtliche Christmette verboten hätten, ist nur die halbe Wahrheit, aber dass sie die Verlegung auf den Ersten Feiertag sieben Tage vor Weihnachten[62] bekannt machten, war ebenso eine ganze Dummheit wie das Gebot, Kaiser- in Königsbirnen umzutaufen. Gewiss ist es eine Legende, auch wenn sie ein heiligmäßiger Mann erzählte,[63] Montgelas habe 1809 alle katholischen Zeremonien verboten und der König von Bayern habe dieses gottlose Dekret nicht zurückgezogen, doch eigneten sich die rigoros gehandhabten Maßnahmen trefflich zur gegnerischen Agitation; ob sie teilweise sinnvoll, vielleicht sogar notwendig waren, mochte unerheblich, vielleicht gar nicht erkennbar sein für eine ländliche, im Glauben fest verwurzelte Bevölkerung in einer gewissen, geographisch bedingten Isolation, wo nicht selten Priester die einzigen anerkannten Autoritäten waren. Um die Einschränkung oder gar Abschaffung der katholischen Religion an sich ging es nicht und viele Tiroler Priester sahen dies auch so. Offenbar war den Tiroler Bistümern eine direkte Einmischung in die Politik zuwider. Bischof Graf Thun vermied größeren Schaden, indem er einen Generalvikar anerkannte. Josef Daney[64], kein „bayerisch gesinnter", sondern ein ob seiner Schreib- und Sprach-

gewandtheit von Hofer geschätzter Priester, konzedierte keine wesentlichen Änderungen, was die bayerische Gottesdienstordnung betraf, doch dem Volk schien sie verdächtig, fast verächtlich.[65] In diesem Milieu fühlte sich der fromme, tiefgläubige Hofer als ein Streiter des Glaubens, quasi als von Gott gesandt, der nach Kampferfolgen mit Gesten und Worten darauf hinwies, allein der Herrgott im Himmel habe sie vollbracht. Als ohne Schuld Hofers die dauernde Bewährung ausblieb, schien er gottverlassen und seine charismatische Autorität schwand. Ein wie auch immer formuliertes Mandat des Klerus, sei es offiziell oder informell, hatte er zu keiner Zeit; Priester, die sich am Aufstand beteiligten – es waren wenige und am unteren Ende der kirchlichen Hierarchie stehende – konnten nicht mit wohlwollender Duldung ihrer Oberen rechnen.

BEDINGTHEITEN DES AUFSTANDES

Bauernaufstände in der Neuzeit richteten sich häufig gegen Eingriffe in hergebrachte Rechte und nicht selten gegen Fremdherrschaft. Vaterlandsliebe und hausherrliche Pflichten, Frau, Kinder und Eltern zu schützen, legitimierten den militärischen Widerstand als ein Naturrecht.[66] Wo solche Aufstände von religiösen Überzeugungen geprägt waren, wurden sie mit besonderer Erbitterung geführt. Obwohl jede Erhebung ihren eigenen, ganz spezifischen Charakter besaß, gibt es gewisse Parallelen zwischen drei Konflikten, bei denen unter den jeweils Beteiligten Bayern waren. Der oberösterreichische Bauernaufstand von 1626 wandte sich gegen die Rekatholisierung durch bayerische Instanzen, allenfalls auch gegen eine Fremdherrschaft als solche, die in Gemeinderechte sowie in die Kontrolle der örtlichen Kirchen und Schulen eingegriffen hatte. Ein bäuerliches Heer von schließlich 40.000 Mann konnte nach seinen anfänglich erfolgreichen Operationen erst durch Kavallerie-Einheiten mit brutaler Härte besiegt und geschlagen werden; Beteiligte, soweit sie überlebten und man ihrer habhaft wurde, erlitten strenge Bestrafung. Zwangsrekrutierung und enorme Kontributionen,

Maximilian Joseph Graf von Montgelas (1739–1865), nach einer Zeichnung von J. Egolfstein, Regensburger Potraitgalerie, Universitätsbibliothek Regensburg, Graphische Sammlung des Hauses Thurn und Taxis, Portraitsammlung, Sig. 9994/PoS MF Nr. 738

aber auch das Verhalten der Administration forderten 1705/06 zum Aufstand eines Teils der bayerischen bäuerlichen Bevölkerung heraus, gegen die österreichische Besatzung. Die Revolte gegen Fremdherrschaft rückte den Aufstand von 1705/06 in die Nähe des oberösterreichischen, doch fehlte die religiöse Komponente. Dafür trat mit dem Landesdefensionskongress in Braunau, seiner parlamentarischen Struktur samt bäuerlicher Beteiligung, jetzt ein Aspekt in Erscheinung, der 1626 höchstens rhetorisch erkennbar gewesen war. Der Patriotismus der Bauern identifizierte sich zwar mit dem Staat, forderte aber auch Beteiligung. Allerdings überrollten die Ereignisse den Plan eines solchen Kongresses; er mochte zukunftsweisend sein, die Realisierung ließ noch sehr lange auf sich warten. Der Aufstand von 1809 war bedingt durch die Religion und die Fremdherrschaft, gleich dem von 1626, aber auch von den aufgezwungenen politischen Veränderungen eines von Teilen der Bevölkerung als fremd sowie aggressiv empfundenen Regimes. Die Tiroler Landstände sahen eine Vertretung der Bauern vor, wie überhaupt die Selbstverwaltung der Gemeinden, zumindest formal, ausgeprägter als in Bayern war; auch erschien die Religion gefährdet, nicht eine reformierte, sondern die hergebrachte römisch-katholische, die mächtig in alle Dinge des bäuerlichen Alltags einwirkte. Ja sie begleitete das ganze Leben der Tiroler Bauern und teilte den Ablauf der Jahreszeiten noch mehr ein als die Natur ihres Landes. Dieses ihr Tirol wurde 1805 von Napoleon den Bayern gewissermaßen zugewiesen. König Max I. Joseph und auch Montgelas hätten andere Länder vorgezogen. Napoleon beabsichtigte zuvor, Tirol Ferdinand zu geben, dem ehemaligen Großherzog von Toskana, hielt es dann aber für beruhigender, den Zugang nach Italien in wittelsbachischer statt in habsburgischer Hand zu wissen. Eben diese Verbindung mit Italien bot Bayern die Chance einer mitteleuropäischen Schlüsselrolle und einer Position, wie es sie im frühen Mittelalter einmal besessen hatte; in München konnte oder wollte man diese Rolle aber nicht übernehmen. Die Bevölkerung Tirols nahm zunächst die bayerische Herrschaft ebenso

hin, wie sie die frühere hingenommen hatte. Kurzfristiger Ländertausch war üblich zu diesen Zeiten. Nicht wenige Regionen in Europa wechselten mehrfach die Herrschaft, mussten veränderte Grenzziehungen erdulden; etliche öfter als Tirol. War es damals Napoleon, der Königreiche, Großherzogtümer und sonstige Gebilde schuf, so waren es später die Agierenden auf dem Wiener Kongress, die Landkarten zeichneten und wie selbstverständlich erwarteten, dass die betroffene Bevölkerung nicht nur die Ergebnisse solcher Ordnung hinnahm, sondern dem jeweiligen Landesherrn, dem alten oder dem neuen, ergebene Untertanentreue erwies. 1809 propagierte Österreichs Staatskanzler Stadion den „Krieg der Nationen"[67] gegen Napoleon. Sein Bruder, als Gesandter in München, täuschte sich bei aller Kenntnis der Verhältnisse über die Stimmung und Lage in Süddeutschland und bestärkte ihn und wohl auch Kaiser Franz I. in der Vermutung, nicht nur Norddeutschland, sondern auch Bayern mit seinen alten und neuen Teilen sowie seiner Armee werde sich bei Ausbruch des Krieges zu Gunsten Österreichs erheben; die unzufriedenen Schwaben und Franken im Königreich würden auf ihre Befreiung hoffen. Obgleich man also mit bayerischer Mitwirkung rechnete, nahm es, mit Skepsis zwar, der Generalissimus Erzherzog Carl hin, dass Erzherzog Johann, Protagonist der Kriegspartei, quasi als flankierende Maßnahme den Aufstand im Tiroler Teil des Königreichs Bayern initiierte. Volkserhebung war ihm eine romantische Vorstellung, deren reale Konsequenz ihm kaum bewusst war. Mit Andreas Hofer fand er den idealen Organisator des Aufstandes: Er war Leidtragender der Reduzierung des Handels, litt unter neuen, hohen Steuern sowie Abgaben, der Konkurrenz des bayerischen Biers, und er verfügte über Verbindungen zu anderen Betroffenen, was vielleicht die große Zahl der Wirte, Wein- und Viehhändler unter den Führern des Aufstandes erklärt.[68] Hofer hatte wohl nicht den großen politischen Überblick, hingegen waren ihm die Treue zum Herrscherhaus sowie der katholische Glaube selbstverständlich; so war er aufgewachsen, so war es zu Hause Brauch, ohne kritisches Hinterfragen. Der, wenn auch gefilterte, gesellschaftliche Kontakt zu einem Erzherzog war ihm, dem schlichten Wirt eines heruntergekommenen Gasthofs in einem entlegenen Tal, Ehre und Verpflichtung. Sowohl die Vorbereitungen für einen Krieg als auch die für einen Aufstand in Tirol blieben in München nicht unbemerkt; gefürchtet hat man dort aber nur den Krieg. Bayern war finanziell am Ende, nicht mehr kreditwürdig; später konnte man während des Krieges zeitweilig nicht nur keinen Sold auszahlen, sondern auch die Verpflegung lediglich mangelhaft gewährleisten. Marschall Ney war 1805 ziemlich ungehindert durch Tirol marschiert, deshalb beurteilte man die Auswirkung eines Aufstands als gering. Über die Kampfkraft der Miliz, auch der Schützen, spottete Montgelas. Dass 1805 Schützen nicht zum Einsatz gekommen waren, hatte er vergessen. Simultan zum Krieg lief der Aufstand in Tirol, und die Geschwindigkeit, mit der man die Besatzer in wenigen Tagen vertrieb, überraschte. Der folgende Versuch, den Aufstand niederzuschlagen, misslang. Es kam zu Streitigkeiten zwischen der bayerischen und der französischen militärischen Führung. Nicht erfolgreich verlief der Krieg im Allgemeinen und Erzherzog Johanns Feldzug im Besonderen; sein Interesse an Tirol und dem Volksaufstand sank, ungeachtet pathetischer Versicherungen. Unbedeutende Siege über den Vizekönig von Italien, die manche später in bedeutende zurechtredeten, verhinderten nicht die Versammlung seiner Truppen und Verstärkung der Armee Napoleons. Dagegen traf den Erzherzog der Vorwurf, zu spät gekommen zu sein, um Carls Truppen bei Wagram zu verstärken; fraglich ist allerdings, ob das die Niederlage verhindert hätte. Unter anderem wegen seiner Zusicherung gegenüber den Tirolern zögerte Kaiser Franz, den Waffenstillstand zu akzeptieren; er tat es schließlich doch und in Schönbrunn ratifizierte er schließlich einen Friedensvertrag, wie ihn in seiner Härte bis dahin kaum je ein Habsburger eingehen musste. Erzherzog Johann erhielt den Auftrag, die Kämpfer um Andreas Hofer zur Einstellung der Kämpfe aufzufordern. Ebenfalls in Schönbrunn wurden dem bayerischen Vertreter harte Urteile über die Unfähigkeit

des bayerischen Militärs vorgetragen, in der lautstarken, perfekten, mediterranen Theatralik, über die Napoleon bei Bedarf verfügte und die sogar seine Brüder immer wieder beeindruckten; allerdings wurde Lefebvre durch General Jean-Baptiste Drouet d´Erlon ersetzt. Weniger theatralisch, diplomatischer, aber nicht milder beurteilte der französische Außenminister Jean Baptiste Nompère Champagny die bayerische Politik in Tirol.[69] Andreas Hofer wollte sich dem freilich etwas matten Gebot des immer noch verehrten „Prinzen Hannes" unterwerfen, doch unter dem Druck Pater Joachim Haspingers und dessen Extremisten, vielleicht sogar unter Gefahr seines Lebens, wurde er zum Weitermachen genötigt. Ein Rest der Tiroler Kämpfer setzte die Revolte fort. Doch war dem Aufstand gewissermaßen der ideologische Boden entzogen. Außerdem hatten die Franzosen und Bayern auch taktisch dazugelernt; das Ende war unvermeidlich.

NACHRUHM UND ERINNERUNG AN ANDREAS HOFER

Andreas Hofer und der Freiheitskampf der Tiroler begeisterten Deutsche und Engländer; im Österreich des Vormärz schwieg man. Wohl wurde Hofer nobilitiert, seine Familie mehr oder minder versorgt, doch für seine Exhumierung, Jahre nach seinem Tod in Mantua, wurden die beteiligten Offiziere zwar gewürdigt, aber auch bestraft. Ein bayerischer Schriftsteller wunderte sich, wie schwer sogar der ländlichen Bevölkerung Tirols der „volkstümliche Heros" nahe zu bringen gewesen sei.[70] Die Bewunderung der Deutschen, auch der Bayern, wie sie sich in Büchern, Theaterstücken und Liedern schon bald nach Hofers Tod äußerte, war im Lande selbst nur schwer zu retten vor der kühlen Anschauung der Söhne der Freiheitskämpfer. Erst in der Mitte des 19. Jahrhunderts entsann man sich des aufrechten Mannes aus dem Passeiertal. Die katholisch-konservative Gruppierung Tiroler Aristokratie, des höheren Klerus und besitzender Landwirte erkor ihn zum späten Symbol der Identität, aber auch der Dominanz des Deutschen in Tirol. Der Sieg von Custozza, den der Sohn des Helden von

Aspern gegen die Italiener erfocht, wie überhaupt das Verhältnis zum Königreich Italien, spaltete die Tiroler lange vor dem Jahr 1919. Die italienisch sprechenden Tiroler gerieten in Misskredit und nicht wenige der deutsch Sprechenden verdächtigten sie des *Irredentismo*. Das Trentino wurde zu „Italienischtirol", und besonders national eingestellte Politiker zweifelten, ob Italienischsprachige überhaupt Tiroler seien.[71] Der bärtige Mann von Denkmälern in Stein und Erz mit dem entschlossenen, kühnen Blick, die Fahne im Arm, der so wenig Ähnlichkeit mit dem freundlichen Sandwirt authentischer Gemälde hatte, war zum Symbol geworden. Zur Sicherung Tirols, des Trentino wie des Nordens, wurde 1915, nach der Kriegserklärung Italiens, eine verstärkte deutsche Division, das Alpenkorps, aufgeboten, ein Verband mit bayerischem Stab und mehrheitlich bayerischen Soldaten. Mit ihnen durfte General Viktor Dankl zwar nicht den Krieg gegen Italien führen, doch die Tiroler stifteten ihnen das Edelweiß[72] von den Kappen der Kaiserjäger und Landesschützen; es wurde zum signifikanten Emblem der deutschen Gebirgstruppen bis zum heutigen Tag. Zu Zeiten schließlich, als ein anderer Hofer[73] in Innsbruck residierte, wurde die Gestalt des Sandwirts für das Erziehungsmaterial der deutschen Jungmädels im BDM herangezogen. In den Blättern für die Heimabendgestaltung erscheint unter den großen Gestalten der deutschen Geschichte neben Hermann dem Cherusker, Heinrich dem Löwen und Königin Luise auch Andreas Hofer.[74] Als eine große Gestalt war Hofer zum Deutschen geworden.

Früher noch als in Tirol oder in Österreich ganz allgemein, unter König Ludwig I. um 1830, suchte man in Bayern historische Begebenheiten, mit denen sich die Verbundenheit des Volkes mit dem Herrscherhaus dokumentieren ließ, suchte man eine Identifikationsfigur. Der Aufstand der Bauern 1705/06 gegen die österreichische Besatzung schien ihre Treue bis in den Tod für den Kurfürsten Max Emanuel im Exil und seine Kinder, die Kaiser Josef I. hatte entführen lassen, zu belegen: „Lieber bayrisch sterben, als in des Kaisers Unfug

verderben!" Zwar wurde der Aufstand im 18. Jahrhundert allgemein verurteilt, doch erst spätere, solide Forschungen[75] rückten die Ereignisse zurecht. Auch der Held der *Sendlinger Mordweihnacht*, der Schmied von Kochel, hielt der Verifizierung nicht stand; mochte er nun Balthasar Schmied geheißen haben, Mayer oder Heinrizi sein Name und Schmied sein Beruf gewesen sein. Mit dem Andre Hofer, als einer realen und nachweisbaren Person, war das etwas anderes. Der Sandwirt schwang auch nicht eine Keule, wie der Schmiedbalthes auf dem Gemälde von Lindenschmit an der Sendlinger Kirche, sondern er besaß einen Stutzen und war ein trefflicher, anerkannter und berühmter Schütze. Bayerische Schützenbünde in großer Zahl wählten für sich seinen Namen.[76] Obwohl er ein Tiroler war, wurde er in Bayern Symbol kernigen, trachtentragenden Volkstums. Nicht nur dies, sondern auch viele Produkte wurden und werden nach ihm benannt. Meran war vor dem Ersten Weltkrieg fast so etwas wie ein Vorort derjenigen Münchner, die sich die Sommerfrische dort finanziell leisten konnten. In bayerischen Medien ist Andreas Hofer noch jetzt gegenwärtig;[77] ein Film über sein Schicksal ist gemeinsam produziert worden[78] und ein Musikstück, das seinem Kampf gewidmet ist,[79] wird seit Jahren in verschiedenen Orten Bayerns aufgeführt. Gemäß § 1 der Satzung mit Sitz in München existiert ein Andreas-Hofer-Bund[80], der sich für die Selbstbestimmung der Südtiroler einsetzt mit dem Ziel der „Tiroler Landeseinheit". Im Übrigen waren die Tiroler auch nicht nachtragend, was ihre Zwistigkeiten mit den Bayern Anno 1809 betraf. Bedingt durch den aufkommenden Tourismus erinnerte man sich der gemeinsamen bajuwarischen Herkunft und ihr Land blieb bis heute ein bevorzugtes Urlaubsgebiet der Bayern. Auf beiden Seiten fühlte man sich vertraut und zusammengehörig, wohl auch durch die verwandten Alltagssprachen, die sich unterscheiden von denen, wie sie in anderen Gebieten Deutschlands üblich sind. Wer in den späten fünfziger oder frühen sechziger Jahren des 20. Jahrhunderts in einem der Pionierbataillone Süd- und Südostbayerns Dienst getan hat, wird sich an tirolischbayerische vertraute Verbundenheit erinnern.

ANMERKUNGEN

1   Stuart, Sir James: Untersuchung der grundsätze der staats-
    wirtschaft, Hamburg 1769 1770, S. 286.

2   Cole, Lawrence: Andreas Hofer: The Social and Cultural
    Construction of a National Myth in Tirol 1809 1909, in: EUI
    Working Paper EUF 94/3, San Domenico 1994, S. 10.

3   Weis, Eberhard: Montgelas 2. Der Architekt des modernen
    bayerischen Staates 1799 1838, München 2005, S. 388.

4   Justice, Alexander: A general treatise of monies and exchanges,
    in which those of trading nations are particularly describ´d and
    consider´d, London 1707, S. 273.

5   Junkelmann, Marcus: Napoleon und Bayern. Von den Anfängen
    des Königreichs, Regensburg 1985, S. 211.

6   Dal Ponte, Lorenzo: Andreas Hofer e il Trentino, in: Cardini,
    Franco (Hg.), Andreas Hofer eroe della fede, Atti del Convegno
    Andreas Hofer eroe della fede. Un popolo in movimento, Rimini
    1998, S. 60.

7   Paulin, Karl: Andreas Hofer und der Tiroler Freiheitskampf 1809,
    Wien 1996, S. 11, S. 13.

8   Heigel, Karl Theodor von: Zwölf Charakterbilder aus der neueren
    Geschichte, München 1913, S. 184.

9   Hormayr, Joseph von: Geschichte Andreas Hofer´s Sandwirths
    aus Passeyr, Oberanführers der Tyroler im Kriege von 1809,
    Leipzig Altenburg 1817, Abschnitt „Insubordination und das
    mindeste Übel" (abgedruckt auch in: Sandbichler, Gerhard:
    Andreas Hofer 1809. Eine Geschichte von Treue und Verrat,
    Innsbruck 2002, S. 96.).

10 Weis: Montgelas (wie Anm. 2), 389.

11 Paulin: Andreas Hofer (wie Anm. 7), S. 15.

12 Zitiert bei: Junkelmann: Napoleon und Bayern (wie Anm. 5), S. 206.

13 Weis: Montgelas (wie Anm. 2), S. 390.

14 Weis: Montgelas (wie Anm. 2), S. 402.

15 Hemmerle, Josef: Hormayr und Bayern (1826 1832), in:
    Archivalische Zeitschrift 73, 1977, S.112 130.

16 Hormayr: Geschichte Andreas Hofer´s (wie Anm. 9).

17 Weber, Max: Wirtschaft und Gesellschaft. Grundriss der
    verstehenden Soziologie, Neu Isenburg 2005, S. 179.

18 Köfler, Werner: Erzherzog Johann und Tirol, in: Klingenstein,
    Grete/Cordes, Peter (Hg.): Erzherzog Johann von Österreich 2.
    Beiträge zur Geschichte seiner Zeit, Graz 21982, S. 66.

19 Brief der Kaiserin Maria Ludovika an Erzherzog Johann 1809
    April 16, zit. in: Paulin: Andreas Hofer (wie Anm. 7), S. 24.

20 Menke, Manfred: Die bairisch besiedelten Landschaften im
    6. und 7. Jahrhundert nach den archäologischen Quellen,
    in: Die Bajuwaren. Von Severin bis Tassilo 488 788, Katalog
    Landesaustellung Bayern Salzburg 1988, S. 70 78.

21 Baur, Karl von: Der Krieg in Tirol während des Feldzugs von
    1809 mit besonderer Hinsicht auf das Corps des Obersten
    Grafen von Arco, München 1812, S. 148f.

22 Weis: Montgelas (wie Anm. 3), S. 429.

23 Pircher, Gerd: Militär, Verwaltung und Politik in Tirol im Ersten
    Weltkrieg, Innsbruck 1995, S. 49.

24 Weis: Montgelas (wie Anm. 3), S. 430.

25 Cole: Andreas Hofer (wie Anm. 2), S. 34.

26 Lang, Heinrich Ritter von: Memoiren. Skizzen aus meinem
    Leben und Wirken, meinen Reisen und meiner Zeit 2, Braun-
    schweig 1842, S. 251.

27 Volkert, Wilhelm: Marginalien zur bayerischen Geschichte
    1800 1810. Aus einem Adelsarchiv, in: Zeitschrift für
    Bayerische Landesgeschichte 25, 1962, S. 458f, S. 461.

28 Pizzinini, Meinrad: Die bayerische Herrschaft in Tirol, in: Glaser,
    Hubert (Hg.): Wittelsbach und Bayern III/1. Krone und Verfas-
    sung. König Max I. Joseph und der neue Staat, München 1980,
    S. 255.

29 Pfaundler, Wolfgang/Köfler, Werner: Der Tiroler Freiheitskampf
    1809 unter Andreas Hofer, München 1984, S. 12.

30 Pizzinini: Die bayerische Herrschaft (wie Anm. 28), S. 258.

31 Weis: Montgelas (wie Anm. 3), S. 438.

32 Schemfil, Viktor: Der Tiroler Freiheitskrieg 1809. Eine militär-
    historische Darstellung, hg. v. Bernhard Mertelseder
    (= Schlern-Schriften 335), Innsbruck 2007, S. 75.

33 Bayern, Adalbert Prinz von: Max I. Joseph von Bayern, München
    1957, S. 561.

34 Spindler, Max: Die Regierungszeit Ludwigs I. (1825 1848), in:
    Spindler, Max (Hg.): Handbuch der bayerischen Geschichte 4.
    Das neue Bayern 1800 1970, München 1978, S. 96.

35 Bayern: Max I. Joseph (wie Anm. 33), S. 566.

36 Heigel: Charakterbilder (wie Anm. 8), S. 197.

37 Rauchensteiner, Manfried: Von Valmy nach Waterloo, in:
    Klingenstein, Grete/Cordes, Peter (Hg.): Erzherzog Johann von
    Österreich 2. Beiträge zur Geschichte seiner Zeit, Graz 21982,
    S. 45.

38 Heigel: Charakterbilder (wie Anm. 8), S. 189.

39 Köfler: Erzherzog Johann (wie Anm. 18), S. 72.

40 Schemfil: Tiroler Freiheitskrieg (wie Anm. 32), S. 261.

41 Heigel: Charakterbilder (wie Anm. 8), S. 200.

42 Bayern: Max I. Joseph (wie Anm. 33), S. 577, S. 580.

43 Lefebvre an Napoleon, Innsbruck 1809 August 12, zit. in:
    Schemfil: Tiroler Freiheitskrieg (wie Anm. 32), S. 215.

44 Caroline von Bayern an Amalie von Baden, 1809 August 20,
    zit. in: Bayern: Max I. Joseph (wie Anm. 33), S. 576.

45 Heigel: Charakterbilder (wie Anm. 8), S. 203.

46 Bayern: Max I. Joseph (wie Anm. 33), S 580.

47 Weis: Montgelas (wie Anm. 3), S. 419.

48 Smola, Gertrud: Über Leben und Wesen des Erzherzogs, in:
    Klingenstein, Grete/Cordes, Peter (Hg.): Erzherzog Johann von
    Österreich 2. Beiträge zur Geschichte seiner Zeit, Graz 21982,
    S. 368.

49 Auszug aus einem Brief der Königin Luise an Friederike von
    Berg, Königsberg, 1809 August 15, zit. in: Sandbichler,
    Bernhard: Andreas Hofer 1809. Eine Geschichte von Treue und
    Verrat, Innsbruck 2002, S. 49.

50 Baur: Der Krieg in Tirol (wie Anm. 21), S. 147.

[51] Baur: Der Krieg in Tirol (wie Anm. 21), S. 149.

[52] Baur: Der Krieg in Tirol (wie Anm. 21), S. 160.

[53] Baur: Der Krieg in Tirol (wie Anm. 21), S. 164.

[54] Baur: Der Krieg in Tirol (wie Anm. 21), S. 169.

[55] Schemfil: Tiroler Freiheitskrieg (wie Anm. 32), S. 263.

[56] Hobsbawn, Eric John: Ungewöhnliche Menschen. Über Widerstand, Rebellion und Jazz, Wien München 2001, S. 254 268.

[57] Cole: Andreas Hofer (wie Anm. 2), S. 14.

[58] Forcher, Michael: Um Freiheit und Gerechtigkeit. Michael Gaismair, Leben und Programm des Tiroler Bauernführers und Sozialrevolutionärs 1490 1532, Innsbruck 1982.

[59] Burckhardt, Jacob: Über das Studium der Geschichte. Der Text der „Weltgeschichtlichen Betrachtungen", hg. v. Peter Ganz, München 1982, S. 314.

[60] Pizzinini: Die bayerische Herrschaft (wie Anm. 28), S. 254.

[61] Heigel: Charakterbilder (wie Anm. 8), S. 188.

[62] Pfaundler/Köfler: Der Tiroler Freiheitskampf (wie Anm. 29), S. 15.

[63] Luciani, Albino (Johannes Paul I.): Illustrissimi. Lettere ai Grandi del passato, Padua 1996, S. 132.

[64] Gelmi, Josef: Geschichte der Kirche in Tirol, Innsbruck Wien Bozen 2001, S. 275 277.

[65] Pfaundler/Köfler: Der Tiroler Freiheitskampf (wie Anm. 29), S. 15.

[66] Blickle, Peter: Bauernaufstände im frühneuzeitlichen Europa, in: Zeitschrift für bayerische Landesgeschichte 71/2, 2008, S. 371.

[67] Ziegler, Walter: Franz I. von Österreich (1806 1835), in: Schilling Anton / Ziegler Walter (Hg.): Die Kaiser der Neuzeit 1519 1918. Heiliges Römisches Reich, Österreich, Deutschland, München 1990, S. 312.

[68] Cole: Andreas Hofer (wie Anm. 2), S. 11f.

[69] Weis: Montgelas (wie Anm. 3), S 440.

[70] Steub, Ludwig: Drei Sommer in Tirol, München 1842.

[71] Pircher: Militär (wie Anm. 23), S. 45, S. 141.

[72] Bayerisches Hauptstaatsarchiv, IV (Kriegsarchiv): Alpenkorps, Bd. 121, Akt 3.

[73] Hofer, Franz M.d.R. (1902¬1975), geb. in Bad Hofgastein, Gauleiter von Tirol 1932 1933, Gauleiter von Tirol-Vorarlberg 1938 1945, 1940 Reichsstatthalter, Goldenes Parteiabzeichen, NSKK-Obergruppenführer.

[74] Miller-Kipp, Gisela: „Auch du gehörst dem Führer". Die Geschichte des Bundes deutscher Mädel (BDM) in Quellen und Dokumenten, Weinheim München 2001, S. 135 137.

[75] Riezler, Sigmund: Geschichte Baierns 8, Gotha 1914.

[76] Z.B. Zimmerstutzen-Schuetzen-Gesellschaft Andres Hofer in Hof, Forchheim, Oberbichl.

[77] Siehe Homepage des Bayerischen Rundfunks: http://www.br-online.de (Zugriff: 11. November 2008

[78] Gemeinschaftsproduktion BR, ORF, RAI 2001: „Andreas Hofer. Die Freiheit des Adlers".

[79] Tanzer, Sepp: „Tirol 1809", Suite in 3 Sätzen.

[80] Homepage des Andreas Hofer Bundes: http://www.andreas-hofer-bund.de (Zugriff: 11. November 2008).

HERR HOFER VOR DER BACKSTEINWAND

TIROL – WIEN – TIROL: SPURENSUCHE AUF HARTEM BODEN

Susanne Schaber

Andreas-Hofer-Straße in Wien/Floridsdorf

Nichts Besonderes. Eine Straße, ziemlich unbelebt, eine Reihe von Wohnbauten, alle in den vergangenen fünfzig Jahren entstanden, keines dabei, das als schön oder originell durchgehen dürfte. Dazwischen ein Café. *Feeling* heißt es, *Café für Sinn und Sinnlichkeit*, schräg gegenüber der Freizeitclub *Flori*, ein paar Häuser weiter ein Zahntechniker, „Reparatur von Prothesen".
Ins tiefste Floridsdorf hat man ihn also verbannt, den Tiroler Freiheitshelden. Eine wenig repräsentative Adresse, weit weg von allem, was Wien an touristischen Highlights zu bieten hat. Die Andreas-Hofer-Straße läuft vom Hoßplatz nordwärts, kreuzt die Schenkendorf-, die Ostmark- und Siegfriedgasse. Das ist also die Ecke, in die man den Hofer gesteckt hat. Doch damit nicht genug. Die Andreas-Hofer-Straße darf nicht einfach Straße sein wie viele andere. Man schneidet ihr den Weg ab, lässt sie auf eine Mauer zulaufen. Backsteine, abgeschlagen und schmutzig, die Reste eines einstigen Fabriksgebäudes. Andreas Hofer wird ein zweites Mal an die Wand gestellt. Sein Weg, ein Irrweg.

Sind das schon Spuren von Tiroler Patriotismus, diese leicht ironische Klage darüber, dass man Andreas Hofer so ins Abseits gestoßen hat? Ich staune über mich selbst. Mit dem Hofer hab ich's nicht so, das Verhältnis ist schon lange abgekühlt. Und doch werde ich ihn nicht los. Wer in Tirol geboren wird, kommt an ihm nicht vorbei. Ich bin in Innsbruck aufgewachsen, in Amras. Von dort hat man den Bergisel im Blick. Volksschule, Gymnasium, Studium, Übersiedlung nach Zürich, dann Wien. Spätestens jetzt müsste Andreas Hofer längst aus meinem Blickfeld verschwunden sein. Ist er es auch? Dass mich Andreas Hofer weiter verfolgen würde, damit hatte ich nicht gerechnet.

Es beginnt schleichend. Kaum bin ich in das Haus meines Mannes gezogen – und das ist bald zwanzig Jahre her –, liegt eine Broschüre in der Post, gerichtet an meinen Schwiegervater, damals schon tot: die Vereinsnachrichten der alpinen Gesellschaft *Die Speckbacher*. Sie wurde nicht etwa in Tirol gegründet, sondern in einem Vorstadtgasthaus in Wien-Ottakring. In der Speckbachergasse sei dieses Lokal gestanden, weiß die Vereinschronik, deshalb und aus Verehrung für Josef Speckbacher, den Mitstreiter des Andreas Hofer, habe man sich 1901 für diesen Namen entschieden. Im Frühjahr 1927 erfüllt man sich einen Traum und erwirbt ein Jagdhaus im Voralpenland: die *Speckbacherhütte* in Breitenstein am Kreuzberg unweit des Semmering. Im Vereinsleben spiele der Speckbacher allerdings keine Rolle mehr, bekennt Johann Braun, den ich dieser Tage kontaktiert habe. Er ist langjähriger Obmann der Gesellschaft und kramt in seinen Erinnerungen. Ob ich denn wisse, dass es einen *Speckbacher-Marsch* gebe, Anfang des 20. Jahrhunderts von Karl Mühlberger komponiert. Karl Mühlberger – so heißt mein Mann, so hat auch mein Schwiegervater geheißen. Das also auch noch.

Er selbst habe keine Verbindung zu Tirol und zum Freiheitskampf, erzählt Johann Braun weiter. Allein die *Andreas-Hofer-Messe*, die lasse er sich nie entgehen. Ob ich die kenne? Nein. Jedes Jahr im Jänner oder Februar, jeweils am Sonntag nach dem *Tiroler-Ball* in Wien,

werde ich belehrt, treffen sich Exil-Tiroler, Landespolitiker, Abordnungen der Schützen und Blasmusikanten zu einer Gedenkmesse im Stephansdom: mit festlicher Predigt und *Andreas-Hofer-Lied* im Inneren des Gotteshauses, mit Märschen und Ehrensalven vor dem Dom. Das alles ist an mir vorbeigegangen. Und überhaupt: Vom „Spöck", wie ihn der Hofer genannt hat, weiß ich nicht mehr viel. Auch nicht, dass er nach Wien flüchten musste und dort, ähnlich wie Pater Haspinger, im Exil gelebt hat. Der Speckbacher hatte einen Sohn, an ihn freilich erinnere ich mich noch genau, Anderl hat er geheißen. Ein tapferer, mutiger Bub: hatte vom Vater verboten bekommen, am Ausmarsch teilzunehmen, weil er dafür noch zu klein sei. Doch dem Anderl ist das egal, er schließt sich den Aufständischen an und begegnet dabei seinem Vater in St. Johann bei einer Lagebesprechung. Kinder ziehen in den Krieg. Das geht Kindern ans Herz.

Die Herren Speckbacher und Hofer, der Tiroler Freiheitskampf und die Schlachten am Bergisel, das alles gehört in meine Kinderwelt. Die Volksschule in Amras steht nicht mehr, man hat sie abgerissen und durch einen Neubau ersetzt. Heimatkunde hieß das Unterrichtsfach, in dem man festen Schrittes durch die Tiroler Geschichte und Geographie marschierte. Was davon geblieben ist? Mythen, Legenden, historische Splitter: Kaiser Maximilian, der Kaiser Max, der beim Klettern in der Martinswand stecken blieb und von dort auf wundersame Weise befreit wurde. Die Liebesgeschichte von Philippine Welser und Erzherzog Ferdinand II., ein Rührstück und Plädoyer für die klassenlose Gesellschaft. Die Mannestaten des Andreas Hofer, die Porträts des Helden: das leicht gewellte, dunkle Haar, der dichte Bart, die gütigen Augen. So könnte auch der liebe Gott aussehen. Kein Wunder, dass man sich dem Andreas Hofer blindlings in die Arme stürzte. Er hat sich für Tirol geopfert, für die Heimat und die gerechte Sache. Am 20. Februar 1810 hat man ihn erschossen. Am 20. Februar, dem Geburtstag meiner Oma. Geschichte geht nahe, wenn man acht oder neun Jahre alt ist und auf einer Schulbank sitzt. Den Lesebuchgeschichten folgen die Exkursionen. Zuerst hinauf zum Schloss Ambras, in den Spanischen Saal und die Wunderkammer des Ferdinand, zum Kochbuch der Philippine Welser. Weiter in die Hofkirche, zu den Schwarzen Mandern, den Grabmälern des Kaisers Max und des Andreas Hofer, des Speckbacher und des Haspinger. Alles nichts gegen den Ausflug ins Riesenrundgemälde. So etwas Wunderbares und Aufregendes habe ich vorher noch nie gesehen. Zum Fürchten schön. Pulverdampf scheint in der Luft zu hängen, die Fantasie hebt ab. Schwer, sie beim Einschlafen zurück und zur Ruhe zu rufen.

Bis in die Gymnasialjahre hinein bleibt Andreas Hofer Lichtgestalt. Doch dort wird er im Geschichtsunterricht nur kurz erwähnt, als winziges Rädchen im Getriebe des Weltgeschehens. Vieles relativiert sich. Als ich 1986 nach Wien übersiedle, liegt *mein* Andreas Hofer längst hinter den sieben Bergen begraben. Ich denke nicht mehr an ihn. Doch er schiebt sich ins Bild, wieder und wieder. Zuerst durch die Vereinsnachrichten der *Speckbacher*, kurz darauf am Südtiroler Platz im vierten Wiener Gemeindebezirk, direkt am Gürtel, wo eine Stadtautobahn vorbeizieht, wo sich graue Wohnbauten in den Himmel schieben. Viele Jahre lang habe ich hier, auf Nummer 2, meine Schwiegermutter besucht. Lange Zeit ohne zu bemerken, dass mir dabei Andreas Hofer ganz nah war. Auf einem Eckhaus am Gürtel ein Bild: ein Tiroler Schütze, die Streitkeule geschultert, begleitet von einer Marketenderin. An der Stirnfront des Platzes ein Gemeindebau, das *Andreas-Hofer-Haus*. Und in einer Ecke das Denkmal. Ein steinerner Block, entworfen von Clemens Holzmeister, „errichtet von den Tirolern in Wien, 1978, Union für Südtirol". Auf der linken Seite die Tiroler Landeshymne, „Zu Mantua in Banden…", fünf Strophen. Und vorne, ganz bescheiden, der Namenszug Hofers, darüber der Tiroler Adler. Eine Taube sitzt auf dem Sims, am Rasenstück direkt neben dem Denkmal steckt ein kleines Schild: „Wer Tauben füttert, füttert Ratten." Hinter dem schmutzigen Steinblock grüne Plastiktonnen und ein heller Container: „Problemstoff-Sammelstelle".

Hausfassade am Südtiroler Platz in Wien

Mir ist der Hofer schon lange nicht mehr geheuer. Wenig rühmliche Gewissheiten haben an Raum gewonnen: dass Andreas Hofer Schützen und schlecht bewaffnete Bauern zu einem Zeitpunkt in die Schlacht getrieben hat, da ihm die Vergeblichkeit seiner Bemühungen längst hätte klar sein müssen, dass er eigentlich nicht für die Freiheit des Landes kämpfte, sondern gegen die Reformen der Aufklärer und die vorsichtigen Modernisierungstendenzen innerhalb der Kirche. Besonders fremd bleibt mir Hofers Antisemitismus: Just in jenen Tagen, da er und seine Mannen von der Hofburg aus regierten, wurden Geschäfte und Wohnungen vieler in Innsbruck lebender Juden geplündert und demoliert.

Andreas-Hofer-Denkmal am Südtiroler Platz in Wien

Von all dem haben wir im Heimatkundeunterricht nichts erfahren. Juden – gibt's die in Tirol überhaupt, hat es die hier je gegeben? Eher nein, so mein Eindruck als Kind, Juden leben anderswo, weit weg, jenseits des Meeres. Und wenn sie von dort bis nach Tirol gelangt sind, hat man sie schnell vertrieben. Besser so. Auf dass es keinem Kind so gehen würde wie dem armen Anderl von Rinn. Einer der ersten Schulausflüge hat uns von Amras nach Rinn und nach Judenstein geführt. Der Höhepunkt des Schuljahres: das gemeinsame Singen – mein Volksschullehrer war leidenschaftlicher Kapellmeister und Musikant –, das Völkerballspielen auf offener Wiese.

Nur in Judenstein wurde es mir bang. Einst, so hörten wir damals, hätte ein Onkel seinen kleinen Neffen Anderl an jüdische Händler verkauft, als ihm diese einen Hut blinkender Taler überließen und zudem das Versprechen ablegten, aus dem Buben dereinst einen vermögenden Mann zu machen. Die Männer zogen mit dem Anderl ab, um es dann in Judenstein unweit von Rinn zu töten. „Auf einem großen Stein entkleideten sie das Kind", lese ich heute noch in Karl Paulins damals weit verbreiteter Sammlung der *Schönsten Sagen aus Nordtirol*, „knebelten seinen Mund und schnitten ihm die Adern am ganzen Körper auf, so dass das Märtyrlein in stummer Qual verbluten musste. Dann hingen die Unmenschen das entseelte Körperlein an einen Birkenbaum und suchten das Weite." So stellte man sich das damals noch vor. Jeder Fels, den wir bei jenem Ausflug passierten, schien mir die Geschichte des armen Buben zu spiegeln, wieder und wieder.

Es dauerte viele Jahre, bis mir die jüdische Geschichte Tirols vertrauter wurde. Erst nach und nach setzten sich die Puzzlesteine, die ich unterwegs aufsammelte, zu einem Ganzen zusammen: Als sich im 14. Jahrhundert erste jüdische Kaufleute in Tirol niederlassen, bleibt die Bevölkerung

Andreas Hofer in der Feldherrenhalle im Heeresgeschichtlichen Museum in Wien

Ende. Der Tiroler Antisemitenbund formiert sich, lautstark unterstützt von der Christlichsozialen Partei, den Deutschnationalen, dem Bauernbund und den Mitgliedern diverser Burschenschaften und Turnvereine.

Die Heimholung Österreichs ins Reich aller Deutschen habe zu den Sehnsüchten des Andreas Hofer gehört, gibt Gauleiter Franz Hofer nach dem Anschluss zu Protokoll. Etwa siebenhundert Tiroler sind von den Nürnberger „Rassengesetzen" betroffen. In der „Reichskristallnacht" schändet man die Synagoge in der Innsbrucker Sillgasse, die heiligen Thorarollen landen auf der Straße, Geschäfte werden ausgeraubt und Wohnungen verwüstet. Die Behörden nehmen zweihundertachtzehn Juden fest, achtzehn Menschen werden misshandelt, drei getötet, ein vierter erliegt seinen Verletzungen. Die jüdische Gemeinde Tirols ist klein, gemessen daran gehören die Ausschreitungen in Innsbruck zu den brutalsten im deutschsprachigen Raum. „Im übrigen ist durch die großen Fortschritte der Entjudungsaktion", schreibt die *Neueste Zeitung – Das Innsbrucker Abendblatt* am 11.11. 1938, „gerade Innsbruck und damit unser Gau in der glücklichen Lage, in allerkürzester Zeit von jeglicher jüdischer Belastung endgültig befreit zu werden." Mehr als hundertsechzig Jüdinnen und Juden, die aus Tirol stammen, sind während der NS-Zeit umgebracht worden, nur zehn oder elf Familien kehrten nach dem Krieg in ihre frühere Heimat zurück.

Die Volkszählung von 2001 spricht von neunundneunzig Juden, die heute in Tirol leben, das sind 0,01469% der Bevölkerung. Es dauert viel zu lange, ehe man sich der Vergangenheit zu stellen beginnt: Erst 1985 macht sich Bischof Stecher daran, den Kult um das Anderl von Rinn zu verhindern. „Wer von der viel zitierten Prominenz des Landes", so die Frage des Politologen Anton Pelinka, „widmet dem Schicksal der Tiroler Juden zwischen 1938 und 1945 auch nur annähernd so viel Aufmerksamkeit wie den Mitstreitern Andreas Hofers?" Und weiter: „Die einen sind die echten Tiroler. Und die anderen sind die jüdischen Tiroler. Die einen nützen, und die anderen stören."

Ein Weltbild in Schwarzweiß. Sind das nicht auch die Farben des Andreas Hofer gewesen? Sein starrer Blick, der Trotz, die mangelnde Einsicht. Der Kaiser hätte ihn verraten, dessen ist er sich bis zuletzt sicher. So aber

zurückhaltend, ja argwöhnisch. Allein die Landesfürsten geben sich pragmatisch und nützen die weit reichenden Geschäftsbeziehungen der Juden, um ihnen gleichzeitig hohe Schutzgebühren abzuknöpfen, den sogenannten Leibzoll. Gleichzeitig verpflichtet man alle Juden, „an iren Ober-Röcken auf der linggen Seite aufwendig jederzeit ain gelben Ring ofentlich und unverborgen ze tragen".

Erste Verfolgungen sind aus den Zeiten der Pest und der Bauernaufstände überliefert, da man den Juden vorwirft, Brunnen vergiftet zu haben. Gerüchte von jüdischen Ritualmorden machen die Runde, die Legende vom Anderl von Rinn entsteht zu Beginn des 17. Jahrhunderts – und mit ihr die Wallfahrtskirche in Judenstein. Vorurteile und Ressentiments wachsen weiter. Und das, obwohl man 1910 in Tirol gerade einmal tausendsechshundertvierundzwanzig Juden zählt, das sind 0,2% der Bevölkerung. Trotz dieser winzigen Zahl nehmen die Anfeindungen kein

Andreas Hofers Hosenträger, 1809, TLMF, Historische Sammlungen, Patriotika 3

muss er sich gefangen nehmen und in Mantua vor Gericht stellen lassen. Einzig ein jüdischer Anwalt ist bereit, den Angeklagten zu verteidigen. Retten kann er ihn nicht. Wien scheint's egal gewesen zu sein. Spätestens Ende des 19. Jahrhunderts haben sich auch die Habsburger mit dem alpinen Rebellen versöhnt und ihn in ihre Propagandamaschinerie eingespannt. Einen wie Hofer, kaisertreu und tapfer, den kann man brauchen. Als Kaiser Franz Joseph I. den Bau der Feldherrnhalle anordnet, Herzstück des Heeresgeschichtlichen Museums, will er dort auch den Tiroler Freiheitshelden sehen. Seine Statue thront zwischen denen der prominentesten Strategen und Kriegsherren des Reiches: Kaiser Maximilian I., Prinz Eugen von Savoyen, Josef Wenzel Radetzky von Radetz. Andreas Hofer ist der einzige marmorne Held ohne fein onduliertes Haar, ohne Helm und Uniform. Milde lächelnd steht er auf seinem Podest, ein kräftiger Kerl, dicke Waden, kräftiges Haar, zupackende Hände. Wie sich alle Bilder gleichen.

Im ersten Stock des Museums die historische Dokumentation. Andreas Hofer und Wien: Ganz so leicht lässt sich das belastete Verhältnis dann doch nicht umkehren. Die Exponate in den Vitrinen sprechen eine eigene Sprache. Radierungen, Lithographien, Ölbilder, etliche davon aus unbekannter Hand, zeigen einen Helden voller Einfalt: Andreas Hofer allein oder inmitten seiner Getreuen, eine unförmige, grobe Statur, dumpfe Augen, das Gesicht zur Grimasse verzogen. Die Tracht ein Faschingskostüm, von einem Bühnenbildner wie für eine Posse entworfen. Auch da hakt die Erinnerung wieder ein: Im Februar 1984 – das Ferdinandeum zeigt eine große Hofer-Ausstellung – fühlt sich auch das Tiroler Landestheater bemüßigt, den Tiroler Freiheitskampf nochmals auf die Bühne zu bringen. *Das Gericht in Mantua* heißt das Stück, sein Autor ist ein gewisser Georg Fraser. Ich studiere noch, arbeite nebenbei als Journalistin. Anlässlich der Fraserschen Premiere soll ich recherchieren, wie viele Dramen den Tiroler Freiheitskampf umkreisen. Es sind mehr als achtzig, fand ich damals heraus, darunter Stücke von Karl Schönherr, Franz Kranewitter und Karl Immermann, dazu die Werke ungezählter Autoren, deren Namen mir unbekannt sind. Interessieren

kann mich keines. Die Gedichte über das Tirol des Jahres 1809 liegen mir näher – Joseph von Eichendorff, Friedrich Rückert, Max von Schenkendorf – und bleiben mir doch auch fremd, viel Pathos, viel romantische Energie. Jahre später, ich bin längst in Wien, die Begegnung mit der Lyrik von Ernst Herbeck, dem Dichter aus Gugging.

Andreas Hofer
Andreas Hofer hat ein Denkmal auf dem Berg Isel.
Andreas Hofer wurde im Jahre 1809 erschossen.
Andreas Hofer war ein Verteidiger Tirols.
Andreas Hofer ist auf dem Berg Isel versteckt gewesen.
Andreas Hofer war bei den Tirolern als Anführer sehr populär.
Andreas Hofer ist in Mantua gefangen gewesen.
Andreas Hofer war erst beim 13. Schuss tot.
Andreas Hofer hat eine sehr große Familie gehabt.

So könnte es gewesen sein. So könnte ich's auch für mich sehen, und es damit gut sein lassen. Doch der Hofer gibt immer noch keine Ruhe. Die Vorbereitungen fürs Jubeljahr 2009 verfolge ich mit einem Auge. Der Hofer ist unübersehbar. Kaum bin ich über der Grenze und zurück in Tirol, springt er mir entgegen, auf den Plakaten der Tirol-Werbung, auf Bierdeckeln, auf den Porträts, die eine Autobahnraststätte bewerben. Das Inbild des Ur-Tirolers, das ist immer noch der Sandwirt aus Passeier. Es funktioniert bis heute. Im Innsbrucker Zeughaus die Dokumente des Tiroler Freiheitskampfes. Hier regieren die Fakten. Allein in einer der Laden schlummern die Kuriositäten: Hofers Essbesteck, seine Pfeife, die Ehrenkette, die ihm Kaiser Franz geschenkt hat. Daneben ein goldenes Amulett, eine Reliquie, auf rotem Samt gebettet: die Barthaare des Helden, weiß geworden und dünn. Sie verschwinden unter dem Glas, sind kaum mehr zu sehen. Direkt daneben des Hofers Hosenträger, aus grünem, dünn gewordenen Stoff: sechzig Zentimeter lang, am Brustlatz vierunddreißig Zentimeter breit. Historische Sammlungen, Patriotika. Das ist er also auch gewesen: ein Mann mit grünem Hosenträger. So kommt er mir nahe, ehe er wieder in seiner Lade verschwindet. Und dort soll er jetzt bleiben.

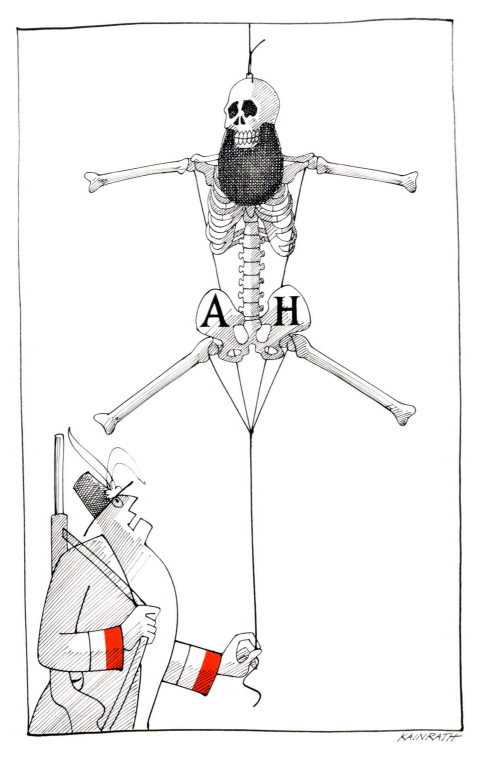

Dietmar Kainrath, Ohne Titel, 2008, Feder, Tusche, Besitz des Künstlers

164

DES HOFERS LANGER BART
ANDREAS HOFER UND SATIRE – EIN BEFREIUNGSSCHLAG?

Roland Sila

Zahlreiche Tiroler berichten von ihrer Kindheit, dass sie, meist von ihren Vätern, im Kindesalter auf den Bergisel geführt wurden. Dort standen sie dann vor einem großen, mit Kinderaugen gesehen sehr, sehr großen Denkmal, das einen Mann darstellte, der bedrohlich mit einem Finger auf sie zeigte, schwarz und Angst einflößend. Dass es sich bei diesem Mann, Andreas Hofer, um den größten Helden der Tiroler Geschichte handle, wurde erzählt, und dass er den Aufstand gegen die Bayern und Franzosen angeführt habe. Steht man heute vor dem Denkmal, so verwundert es nicht, dass der erste Eindruck für Kinder ein abschreckender gewesen sein muss. Beinahe aggressiv blickt er auf seine Nachkommen, den Finger direkt auf den Betrachter gerichtet. Kein Ort, der sich für einen fröhlichen Sonntagsausflug eignet, könnte man behaupten.

So mag auch der Eindruck entstehen, dass die Auseinandersetzung mit der Figur Andreas Hofer eine vielfältige ist, eine traditionelle, kritische, verbissene oder beliebige, selten jedoch eine humorvolle. Ein Eindruck, der richtig und falsch zugleich ist.

„Nimm Gut und Blut, wir geben's gern
Und zieh'n hinaus auf's neu,
zu senden in des Feindes Herz,
geweihtes, heißes Blei!
Dann reißen wir dich hier heraus
und tragen Mann für Mann,
wie zu Andreas Hofers Zeit,
dich unser'm Sturm voran."[1]

Wie die Ereignisse um das Jahr 1809 wurde auch die Person Hofer, seine Popularität und Bekanntheit, in der Vergangenheit häufig ge- und benutzt. Gerade in einer politisch schwierigen Zeit, als die Südtirol-Problematik den Alltag bestimmte und mit der 150-Jahr-Feier der Bevölkerung die Möglichkeit zum Bekenntnis für ein Gesamttirol gegeben wurde, würde man daher keine satirische Auseinandersetzung mit der Figur Hofer erwarten. Doch gerade die Faschingszeitungen dieses Jahres bieten eine Fülle an Material. Hofer wird verwendet, um Tagesgeschehen zu kommentieren:

„Vom gleichen Platz, nämlich vom Berg Isel, von dem Andreas Hofer, wie es im Liede heißt, den Tod ins Tal geschickt hat, schickt man heute zeitgemäß die Schispringer ins Tal. Damit aber auch für den Motor etwas geschieht, wird von den historischen Stätten beim Lemmenhof und Sonnenburgerhof die Autobahn ihren Ausgang nehmen, den Sonnenburger Bichl rasieren, das Vogelschutzgebiet beim Ahrntal ‚erschließen' und noch allerhand Unfug stiften. […] Die Autobahn wird ‚Bayern, Sachsen und Franzosen, rote Röckeln, blade Hosn' über den Brenner lötzln. Unsere Vorväter haben noch gefragt: ‚Was haben denn dö bei üns herin ztian?' […]
So wenig i von der Autobahn halt, so viel halt i vom nuien Tiroler Adel. Dem mitn weiten Mantl und Andreas-Hofer-Huat und in Tiroler Adler aufn Bauch. Kruzi Türggen, weart dös schian sein, wenn sie alle beim Festzug auf die Haflinger daherreiten! [...]
Wozu brauchn mir da noch an Andreas-Hofer-Gspiel im Thiater? Der Franz Kranewitter, ders gschriebn hat – nit der heilige Franz, der von die sieben Todsünden – hat eh koan Ahnung von foiner gehobener Ausdrucksweise.
Er laßt in Andreas Hofer daherreden wia an gwöhnlichen Menschen. Dös is nix. Glabt hat er aa nix – nit der Andreas Hofer, der Franz Kranewitter – nit ünser Franz, der von die Sieben Todsünden. [...] Mir hobn do so viel andere Hofer-Stück. Wia i hear, hat bald an iads Mitglied vom Turmbund unter seine literarischen Todsünden mindestens oan Andre Hofer in der Schreibtischschublad. Außer damit!"[2]

Die Zuordnung von Kleidungsstücken, die Bedienung von Klischees, die dem Sandwirt unterstellt werden und die zugleich für eine Mentalität stellvertretend sind, funktioniert sehr gut, der Leser ist sich der Satire bewusst und kann sich bei den Beschreibungen etwas vorstellen. Aber auch Hofer selbst kommt zu Wort:

„Unser ständiger Mitarbeiter im Himmel hatte Gelegenheit, den Sandwirt über seine Meinung zum beginnenden Gedenkjahr 1959 zu befragen. [...]
Auf unsere Frage, wie er über diese Millioneninvestitionen denke, antwortete der Sandwirt mit sichtlichem Grimm: ‚Wann i anno neune so vül Geld ghabt hätt, wia dös Festkomitee heut, dann wär die Sach dazumal anders ausganga. Da hätt mi der Bonapartle nit ummiglupft!'" [...]
Verehrtester Herr Sandwirt, wie denken Sie über die imposante Gedächtnishalle, die Herr Holzmeister auf dem Berg Isel bauen wollte, gegen die jedoch leider die Schützenkompanien und die Kaiserjäger nebst der übrigen Bevölkerung Sturm liefen?
‚Alle Hochachtung vor meine braven Tiroler Schützen, und vor die Kaiserjaga und Kaiserschützen! Dös san no Mander, dö das Herz auf'n richtigen Fleck hab'n und nit in der Brieftaschen. [...] Übrigens, wer isch denn eigentlich der Herr Holzmaster? [...] '
Da der Sandwirt immer mehr in Zorn geriet, suchten wir ihn mit einer andern Frage zu besänftigen. Wir teilten ihm mit, daß es durch großzügige Subventionen möglich sein werde, die Tiroler Schützenkompanien für den Jubiläumsfestzug funkelnagel neu auszustaffieren und daß demnächst alle Schneidermeister Nordtirols einem neuen Konjunktur-Frühling entgegensehen.
‚Waaaas, neie Gwandeln solln's kriagn? Dö alten wärn mir lieaber. [...] Wia i dazumal in die schiane Hofburg als Oberkommandant einziagn hab miaßn, da hat mir mei guats Weib mein altn Rock sauber ausbürscht, dös war alles. Und wann i an die speckige Kuttn vom Haspinger denk, muaß i heit no lachn [...].'
[...] Abschließend verriet uns der Sandwirt, daß er ursprünglich die Absicht gehabt hatte, zum Gedenkjahr 1959 vom heiligen Petrus einen kurzen Erdenurlaub zu erbitten.

‚Dös wär mei erschter Urlaub in mein Leben g'wesn, aber wia i dös ellenlange Fest- und Bauprogramm glesen hab, is mir der Erdenappetit glei verganga. Macht's enk euer Fest alloane [...].'"[3]

Andreas Hofer, Du Held der Heimat,
Du bist Vorbild für unser Land.
Am Bergisel galt Dein Einsatz,
für Kaiser, Gott und Vaterland.
ANDREAS HOFER
Im Passeiertal wurdest Du geboren,
hast schon früh beide Eltern verloren.
Tiroler Brauchtum hast Du gepflegt,
beim Ranggeln die besten Plätze belegt.
Als Händler, Wirt und Bauer hat Dich jeder gekannt,
in ganz Tirol war Dein Name bekannt.
Deine Frau, die hast Du geliebt,

Faschingsblatt „Die blaue Welle" kommentiert die Vorbereitungen zur 150-Jahr-Feier, 1959, TLMF, Bibliothek

Höttinger Nudl, 1984, TLMF, Bibliothek

mit ihr ein schönes Leben geführt.
Die Ehre hast Du hochgehalten,
keiner konnte Eure Ehe spalten.
Sechs Töchtern, einem Sohn habt Ihr das Leben geschenkt, Gott hat Euch auf den richtigen Weg gelenkt.

Mitgewirkt am kirchlichen Leben,
für den Glauben wirklich alles gegeben.
Auf die Hilfe Gottes hast Du geglaubt,
die Sitten der Vorfahren waren Dir vertraut.
Als Vater Hofer, Sandwirt hat Dich jeder gekannt,
in ganz Tirol war Dein Name bekannt.[4]

Die Jahrhundertfeiern bieten für die satirische Auseinandersetzung bereits im Vorfeld, aber auch in der
Nachbetrachtung reichlich Material. Auch im Jahr 1984
finden sich zahlreiche Texte in Faschingszeitungen bzw.
Maturazeitungen, die Andreas Hofer zum Thema haben:

„Andreas Hofers Tagebücher entdeckt!!
Kann es denn wahr sein? Was niemand mehr für möglich
hielt, wurde jetzt bestätigt: Andreas Hofers Tagebücher
leben und befinden sich in bester Gesundheit in einem
Schweizer Safe [...]
Jahrzehntelange Nachforschungen des Historikers Konrad
Coul aus Vilnöß haben ergeben, daß Andreas Hofer durchaus schreiben konnte, und daß von ihm niemals berichtet
worden sei, daß er keine Tagebücher verfaßt hat [...]
Ohne Übertreibung können wir feststellen, daß nach
diesem epochalen Fund die Geschichte Tirols neu geschrie-
ben werden muß. Zumal einige Seiten der Tagebücher Fle-
cken tragen, die eindeutig von Tomatensugo herrühren, wie
uns ein Sprengfachmann bestätigen konnte. Auch steht jetzt
endgültig fest [...], daß Pater Haspinger am Bergisel Waffen
kubanischer Fabrikation eingesetzt hat, sowie Beziehungen
zu türkischen Rauschgiftringen und zu bulgarischen Hotelbe-
sitzern unterhielt. Einige pikante Neuigkeiten bezüglich des
Verhältnisses zwischen Andreas Hofer und dem Mädchen
von Spinges [...] hoffen wir in einer unserer nächsten Aus-
gaben dem reiferen Publikum auftischen zu können [...].
Trotz hochziffriger Angebote von seiten etlicher Verla-

ge werden wir die Hofer-Tagebücher vorerst nicht vor
Abschluß der Gedenkfeierlichkeiten 84 veröffentlichen,
um deren fröhlichen Verlauf nicht zu stören. Wir freuen
uns aber trotzdem schon auf die baldige Verleihung des
goldenen Ehrenzeichens des Landes Tirol [...]."[5]

Und auch als moralische Instanz wird Andreas Hofer
gebraucht, so ziert ein Hofer als Innsbrucker Stadtturm die
Ausgabe 1984 der *Höttinger Nudl* und fordert auf: „Mander,
es isch Zeit, Politiker werdet's wieder sauber!!"[6]

Diese Tradition wird in der *Höttinger Nudl* auch im Jubiläumsjahr 2009 fortgesetzt. Die Ablehnung einer Sonderbriefmarke zu Andreas Hofer mit einem Schlachtenmotiv
von Joseph Anton Koch durch den Tiroler Landeshauptmann
Günter Platter wird wie folgt kommentiert:

„Political sehr korrekt bischt a, weil der, um die heute
noch viel strapazierte Freiheit kämpfende Andreas Hofer
jetzt als friedlicher Sankt Ander auf die Sonderbriefmarke
kimmt [...]."[7]

Zahlreiche weitere Beispiele könnten in Faschingszeitungen
genannt werden, auffallend ist jedenfalls, dass sich die
humorvolle Kritik in wesentlichen inhaltlichen Fragen über
die letzten 50 Jahre hinweg kaum verändert hat.

Andreas Hofers Taten,
sie leuchten uns voran,
wir kämpfen wie Soldaten,
voll Mut und Freiheitsdrang.
Und sollten wir auch sterben
in blutdurchtränkter Schlacht,
:die Saat wird nicht verderben,
wo deutsche Treue wacht.:[8]

Ob Paul Flora die Taten Andreas Hofers im Kopf hatte, als
er sich 1969 den verwurzelten Tirolern widmete, kann nicht
sicher festgestellt werden. Es scheint aber durchaus ein Ste-
reotyp eines Tirolers, für das sich Andreas Hofer als Symbol
bestens eignete, Vorbild für den Zyklus gewesen zu sein.

ANDREAS HOFER, DAS WELTLICHE HAUPT DES AUFSTANDES

Paul Flora, Andreas Hofer, das weltliche Haupt des Aufstandes, in: Die verwurzelten Tiroler und ihre bösen Feinde, Zürich 1970

Der als Buchillustrator und Karikaturist bekannt gewordene Zeichner Flora nahm Hofer jedenfalls (dankbar) in sein Werk auf und das Augenzwinkern ist den Blättern auch beinahe 40 Jahre später noch anzumerken. Flora selbst merkte zu seinen Zeichnungen an:

„Man hört immer und immer wieder Sprüche von den ‚verwurzelten Tirolern'. Ich hab' mir nie viel darunter vorstellen können, so hab' ich mir einmal gedacht, zeichnest solche Wurzelmandeln. Und weil gerade die Tiroler von 1809 so verwurzelt waren, wie man immer hört, hab' ich sie und die Bayern zum Vorwurf genommen."[9]

Paul Flora steht jedenfalls am Anfang einer Reihe von zeichnerischen Auseinandersetzungen mit der Figur Andreas Hofer. Gerade für die politische Karikatur eignet sich seine Person sehr gut, da sie wie keine andere historische Figur für die Einheit Tirols steht. Der Dolomiten-Karikaturist Peppi Tischler stellt Hofer 1984 mit dem Südtiroler Landeshauptmann Silvius Magnago und dem italienischen Ministerpräsidenten Giulio Andreotti dar, der, auf Hofer weisend, Magnago ermahnt: „Diesen Umgang solltest du meiden!"[10]

Gerade Peppi Tischler findet in seinen Karikaturen viele Tagesbezüge zu Andreas Hofer. Ganz stark wird immer wieder die Vereinnahmung Hofers durch verschiedene Interessensverbände thematisiert, ob es nun um Auseinandersetzungen zwischen der Südtiroler Volkspartei und dem Südtiroler Schützenbund geht, die beide an den Händen Hofers ziehen, natürlich in die gegengesetzte Richtung.[11] Oder wenn der Sandwirt als Objekt touristischer Begierde von einem Messer wetzenden Metzger für die „touristische Ausschlachtung" benötigt wird.[12] Aber auch für die italienische Tagespolitik wird Hofer herangezogen. Der Anführer der populistischen Partei Lega Nord Umberto Bossi wird am Denkmal Hofers in Mantua dargestellt: Ein kritischer Hofer blickt auf Bossi, der sich rechtfertigt: „Keine Angst, ich bin kein Franzos!"[13] Und wenig später tröstet Hofer Bossi, der eine Wahlniederlage erlitten hat und zerknirscht beim Denkmal sitzt: „I hon a afn Deckl krieagtr, unt heint hon' i a Denkmol!"[14] Fest steht jedenfalls für Tischler, dass

die Südtiroler Ahnenreihe von drei Personen bestimmt wird, Ötzi, Andreas Hofer und Silvius Magnago.[15]

Der für die Südtiroler Wochenzeitung FF tätige Karikaturist Egon M. Rusina platziert Andreas Hofer gar sehr prominent. Auf einer 1992 entstandenen Zeichnung sieht er den Hofer am heruntergeklappten Hosenlatz des Südtiroler Politikers Pius Leitner und kommentiert: „Der treue Pius hat den Hofer am rechten Fleck."[16]
Dietmar Kainrath wiederum lässt Andreas Hofer in einer 2008 entstandenen Arbeit sein Gesicht verdecken. In einer aus demselben Jahr stammenden Federzeichnung ist das Gerippe Hofers (gekennzeichnet durch einen langen Bart und seine Initialen) gar ein Hampelmann.
Die Tiroler Karikaturisten Robert Hechenblaikner und Florian Bloch, besser bekannt unter deren Künstlernamen Arthur & Ludwig, zeichnen und kommentieren einzelne Situationen aus den Ereignissen um 1809 und Andreas Hofer, indem sie bekannte Zitate, die Hofer und seiner Zeit zugeordnet werden, umdeuten. So wird etwa das bekannte „Mander, s' isch Zeit." zu „Mand'r, isch's no weit?".
Einen großen Publikumserfolg verzeichneten der Zeichner Jochen Gasser und der Historiker Norbert Parschalk mit ihrem Hofer-Band, der das Leben des Sandwirts und die Zeit um 1809 in einer Bildergeschichte humorvoll darstellt.[17]
Dies zeigt einmal mehr, dass Hofer sich als Symbol und Figur für die Karikatur sehr gut eignet.
In der bildenden Kunst findet Hofer in einem Werk von Anton Christian mit dem Titel *Die Errettung Franz Josef I. durch Andreas Hofer vom Loch Ness, 1982* und durch zwei Arbeiten von Hans Crepaz satirische Beachtung. Dass die Tiroler Literatur, die in den vergangenen 200 Jahren den Mythos des Helden Hofer in unzähligen Theaterstücken, Gedichten und Lobgesängen mitgeprägt hat, auch den modernen Blick auf den Sandwirt schafft, bewies Bernhard Aichner in seinem im Oktober 2008 am Tiroler Landestheater uraufgeführten Stück *Super Andi.* Die Helden von 1809, allen voran Andreas Hofer, werden als Teil eines Videospiels auf die Bühne gebracht, die kuriose Sichtweise, die sich daraus ergibt, bietet allerdings mehr Stoff zum Nachdenken denn zum Schmunzeln. [18]

Peppi Tischler, *Südtiroler Ahnenreihe*, in: Silvius Luis & Schnauzer, Bozen 1997, S. 122

Touristische Ausschlachtung

Peppi Tischler, *Touristische Ausschlachtung*, in: Silvius Luis & Schnauzer, Bozen 1997, S. 106

Kennst Du die Fahne, die auch weht in der Not,
sie trägt die Farben weiß und rot.
Kennst Du die Fahne, die nicht untergehen kann,
Andreas Hofer trug sie zum Sieg voran.
Hoch und frei im Wind geschwungen,
blieb sie jederzeit unbezwungen.[19]

Zwei konkrete politische Auseinandersetzungen der jüngeren Vergangenheit vermitteln überzeugend den Umgang mit 1809 und der Person Andreas Hofer.

Das gesamte Jahr 2004 war in Tirol geprägt von einer Diskussion über Tiroler Landeshymne.[20] Anlass war das Absingen der Tiroler Landeshymne mit dem Text „Dem Morgenrot entgegen" durch die Tiroler Jungen Sozialisten anlässlich des Gedenkens an den Februar 1934. Die Tiroler Landeshymne, die 1948 in diesen Rang gehoben wurde, existierte zu diesem Zeitpunkt bereits in zahlreichen verschiedenen Textvarianten, u.a. seit 1907 mit dem oben genannten Titel. Diese Variante wurde hauptsächlich in der DDR verwendet und zählt laut eigener Aussage zum Liedrepertoire der Sozialisten.

Die teils äußerst untergriffig geführte politische Diskussion, die darauf folgte, zeigte, wie groß die Unterschiede der Wahrnehmung dieser Zeit und der Person Hofers sind. War es für die einen ein Angriff auf die Identität Tirols, war für die anderen Hofer durchaus kritisch zu sehen, dieser habe „versucht, unterstützt von religiösen Fanatikern, das Rad der Zeit zurückzudrehen".[21] Dass in einer aufgeheizten Situation wie dieser, die gar in der Androhung von Ohrfeigen gipfelte, der Griff zu satirischen Mitteln unterblieb, mag verständlich sein, zeigt aber auch, dass ein distanzierter Blick in der Auseinandersetzung mit der Tiroler Geschichte anscheinend nur schwer möglich ist. Dass der Aufschrei der Verteidiger der Landeshymne schließlich dazu führte, das veraltete Hymnengesetz von 1948 zumindest in Teilen anzupassen, mag eine komische Seite haben, dass nach wie vor eine Strafandrohung von € 2.000 bei Verwendung „unter entstellender Veränderung ihres Wortlautes und ihrer Melodie"[22] in das neue Gesetz Einzug gehalten hat, mag jedoch manches Lächeln wieder erfrieren lassen. Der deutsche Schriftsteller Joachim Fernau erfindet in einem imaginären Dialog mit dem Sandwirt folgende Szene:[23]

Hans Crepaz, Tiroler Kentaur, 2005, Öl auf Hartfaser, Besitz des Künstlers

Arthur und Ludwig, „Mand'r, isch's no weit?", 2006, Tusche und Marker auf Papier, Besitz der Künstler

„‚Hätten S' mich erkannt?'

‚Nicht gleich'

‚Es gibt aber Bildln von mir'

‚Jawohl. Nicht nur Bilder, Hofer, es gibt auch ein Lied, fast ein Volkslied, über Sie'

‚Über mich? Ein Lied? Ja, da muß ich lachen! Warum denn das?'

‚Weil Sie so im Herzen der Tiroler liegen.'

‚O mei! Wie hätte ich das denken können. Ein Lied! Da schau her. Wie geht das? Können Sie's singen?

‚Freilich. Ich habe es noch in der Schule gelernt:

Zu Mantua in Banden

der treue Hofer war.

In Mantua zum Tode

Führt ihn der Feinde Schar.

Es blutete das Brüderherz,

ganz Deutschland, ach, in Schmach und Schmerz,

mit ihm das Land Tirol.'

Er hatte regungslos zugehört.

‚Ach, lieber Herr', sagte er dann, ‚das geht mir ans Herz. Aber über mich dichten, das hätt's nicht braucht.'"

Die zweite Situation in jüngerer Vergangenheit bezieht sich auf den Taliban-Sager („Andreas Hofer gleicht dem obersten Taliban.") des Klubobmanns der Innsbrucker Grünen im Juli 2006.[24] Der Aufschrei war enorm, persönliche Angriffe („Die Hosenscheißer sollen lieber die Lebenden beleidigen") wechselten mit Rücktrittsaufforderungen und von Verkehrung der Geschichte war die Rede.[25] Dass Gerhard Fritz, der den Aufschrei ausgelöst hatte, seinen Zweck mit der Überzeichnung des Tiroler Volkshelden aus seiner Sicht heraus erreicht hat, nämlich eine breite Diskussion über das anstehende Jubiläumsjahr 2009 auszulösen, zeigt die Berechenbarkeit der Reaktionen, wenn am Image des Helden gekratzt wird.[26] In keiner österreichischen Tageszeitung war jedoch eine humorvolle Reaktion zu vermerken.

Satire braucht den Angriff auf eine Norm,[27] die von gesellschaftlichen Rahmenbedingungen definiert ist. Auch sollte die Kritik indirekt ausgeführt werden, alles andere ließe sich eher als Brachialhumor bezeichnen. Es fällt jedenfalls auf, dass eine satirische Auseinandersetzung mit der Person Andreas Hofer beinahe nur in geschützten Bereichen stattfindet. Einerseits bieten Faschingszeitungen eine Fülle an Bezügen zum Sandwirt, andererseits gibt es zahlreiche Karikaturen und bildliche Darstellungen zur Figur Hofer. Hier soll bewusst Andreas Hofer als Figur benannt werden, denn diese Auseinandersetzung hat längst nichts mehr mit der historischen Person zu tun, vielmehr steht Hofer sinnbildlich für Tirol und das Heimatbewusstsein der Tiroler.

Auffallend bleibt jedoch, dass nur wenige satirische Texte zu finden sind, bietet Hofer doch eigentlich als Klischee eine große Angriffsfläche, jenes Tirol zu kritisieren, das er symbolisiert, was augenscheinlich nicht genutzt wird. Es scheint so, dass es ein starkes, männerdominiertes (in der Wissenschaft, der politischen Auseinandersetzung, der Kunst und Kultur sind in der Auseinandersetzung mit Hofer sind kaum Frauen zu finden) Interesse in Tirol gibt, dass jene Werte, die das Symbol „Hofer" darstellt, gewahrt bleiben und jeder satirische Angriff als Bedrohung oder Verletzung empfunden wird.

Sieht man nun aber die Fähigkeit zur Selbstironie, die humorvolle Auseinandersetzung mit der persönlichen, aber auch der Landesgeschichte als die Möglichkeit, sich der eigenen Vergangenheit zu stellen und verschobene Wahrnehmungen zurechtzurücken, und dies als Selbstreinigungsprozess, so müsste für Tirol in Bezug auf die Figur „Hofer" die Diagnose erstellt werden, dass dieser ehrliche Umgang nicht gewollt sei. Auch scheint in der öffentlichen Diskussion die oft dringend notwendige Distanz in Bezug auf die Figur Hofer zu fehlen. So gesehen wäre es schlecht gestellt um Andreas Hofer, der Erwartungen und Projektionen zu erfüllen hat, die nur ein Mythos erfüllen kann. Dass der Wirt aus dem Passeiertal, dem Geselligkeit durchaus nachgesagt wird, auch beinahe 200 Jahre nach seinem Tod ein so humorloses Andenken fristen muss, wird ihn wenig freuen. Aber vielleicht hat sich nur niemand bisher die Mühe gemacht und ist auf das Hofer-Denkmal am Bergisel geklettert und hat sich Hofers langen Bart genauer angesehen – es wäre vielleicht ein Schmunzeln auf Hofers Mund zu bemerken.

ANMERKUNGEN

1 Südtiroler Schützenbund (Hg.): Lieder für Tiroler Schützen, 1998, S. 15, aus dem Lied *Am Brenner ragt ein hölzern Kreuz*. In diesem Beitrag unterbrechen Originalzitate des aktuellen Liederbuches der Tiroler Schützen bzw. eine der Jugend Tirols gewidmete Schrift mit dem Titel *Vermächtnis*, die vom Südtiroler Schützenbund herausgegeben wurde, den Fließtext.

2 Grüne zwischen Hofnarreteien. Einmaliges Informations- und Prognosen-Blatt, 1959, S. 1f.

3 Die blaue Welle. Landesbefugtes Tiroler Inn-ereien-Protokoll, o.J. [1959], S. 1.

4 Südtiroler Schützenbund (Hg.): Vermächtnis, o.O. [Bozen] 2006, S. 21.

5 Dynamiten. Witzblatt für Südtiroler, 1984, S. 1.

6 Höttinger Nudl, 1984, S. 1.

7 Höttinger Nudl, 2009, S. 5.

8 Südtiroler Schützenbund (Hg.): Lieder (wie Anm. 1), S. 161, aus dem Lied: *Wir sind der deutsche Süden* (*Unterlandler-Lied*).

9 [o. Verf.]: Paul Floras „Verwurzelte Tiroler", in: Dolomiten, 22.7.1969, S. 5.

10 Karikatur, in: Dolomiten, 12.9.1984, S. 3.

11 Tischler, Peppi: Silvius Luis & Schnauzer, Bozen 1997, S. 54.

12 Tischler, Peppi: Silvius Luis (wie Anm. 11), S. 106.

13 Tischler, Peppi: Silvius Luis (wie Anm. 11), S. 58.

14 Tischler, Peppi: Silvius Luis (wie Anm. 11), S. 85.

15 Tischler, Peppi: Silvius Luis (wie Anm. 11), S. 122.

16 Rusina, Egon M.: Viecherei, Bozen 1997, S. 43.

17 Gasser, Jochen/Parschalk, Norbert: Andreas Hofer, Bozen 2008.

18 Strohal, Ursula: Der Mythos als Computerspiel, in: Tiroler Tageszeitung, 13.10.2008, S. 16.

19 Südtiroler Schützenbund (Hg.): Vermächtnis (wie Anm. 4), S. 19.

20 Schlosser, Hannes: Dem Morgengrauen entgegen, in: Gaismair-Jahrbuch 2006, Innsbruck 2005, S. 201–212.

21 Schlosser, Morgengrauen (wie Anm. 20), S. 204.

22 Schlosser, Morgengrauen (wie Anm. 20), S. 208.

23 Fernau, Joachim: „Guten Abend, Herr Fernau", München 1985, S. 116f.

24 Mitterwachauer, Manfred: Grüne: Hofer ein Taliban, in: Tiroler Tageszeitung 2006, 7.7.2006, 3.

25 Mitterwachauer, Manfred: Hofer-Kritik löst Welle der Solidarität mit Volksheld aus, in: Tiroler Tageszeitung, 8./9.7.2006, S. 4.

26 Mitterwachauer, Manfred: Traditionell aber nicht wehrhaft, in: Tiroler Tageszeitung, 12.7.2006, S. 2.

27 Vgl. Scheichl, Sigurd Paul (Hg.): Von Qualtinger bis Bernhard. Satire und Satiriker in Österreich seit 1945, Innsbruck 1998, S. 8f.

Kaiser Franz Joseph in St. Leonhard in Passeier, 1899

DER HOFER WAR´S … – NICHT!
ÜBER DIE POLITISCHE REZEPTION DER MYTHEN RUND UM 1809 IM 20. JAHRHUNDERT

Siegfried Steinlechner

1896 schreibt Peter Rosegger:
„Von Andreas Hofer lebt heute halb Innsbruck. Er hat sein
Volk erhöht, er gab ihm den Ruhmesglanz, nun nährt er
noch die Wirte, denen er Fremde ins Land zieht, und die
Kunsthändler, die seine Bilder verkaufen, und die
Buchhändler, die seine Geschichte verschleißen.
Welch' Segen um einen großen Mann!"

Wir befinden uns am Ende des 19. Jahrhunderts: Die
großen Helden der Geschichte sind sehr gefragt.
Waren es in der ersten Hälfte des 19. Jahrhunderts
vor allem die Romantiker, abgelöst von vor allem
deutschnationalen Kräften, die den Mythos Hofer nährten
und in zahlreichen mehr oder weniger künstlerischen
Auseinandersetzungen am Leben erhielten, ist es jetzt
Kaiser Franz Joseph I., der Helden benötigt, die seine
Position stärken helfen. Da ist der über Jahrzehnte von
Schriftstellern, Historikern, bildenden Künstlern bis hin
zu ersten Protagonisten des beginnenden Tourismus
aufgebaute Heldenmythos rund um die Person Andreas
Hofer und die Ereignisse von 1809 gerade recht und billig.
Wenn nicht viel überliefert ist: kaisertreu war er allemal,
der Herr Hofer und inzwischen hat man auch bei Hof in
Wien verstanden, dass die Bevölkerung in den Tiroler
Bergen sich einen Helden geschaffen hat. Die politische
Instrumentalisierung des Mythos um die Person Andreas
Hofer und die Ereignisse von 1809 in Tirol führt um die
Jahrhundertwende herum dazu, dass
Hofer für das habsburgische Reich ein passender Held
sein darf. Freilich: Für die Habsburger konnte Hofer
nicht der Rebell und Freiheitsheld sein, für sie war er
der kaisertreue Kämpfer für die Beibehaltung der
habsburgischen Macht in Tirol.
Die religiöse Ausprägung der Hofer-Rezeption wurde von
den katholischen Habsburgern gerne übernommen.

Die Konservativen – vor allem die großteils klerikalen
Literaten in Tirol – verwendeten die Figur Hofer als Prototyp
eines rechtschaffenen Katholiken und patriotischen Helden
in dieser Zeit so oft, dass er mit Ende des 19. Jahrhunderts
den Status eines „halboffiziellen Heiligen" erreicht hatte.
Hofer steht hoch im Kurs bei den Seinen! So kann einer, dessen Ruhm so groß ist, ja eigentlich nur die Glorie des Kaisers
mehren oder ihm zumindest als Stütze in immer schwierige-
ren Zeiten für das Haus Habsburg zur Seite stehen. Ist Hofer
doch bereits zu Lebzeiten zum Adeligen ernannt worden (am
15. Mai 1809 – vor den Bergiselschlachten!) – eine Tatsache, die in der gesamten, auch wissenschaftlichen, Rezeption bis heute gerne weggelassen wird: Passt der Nimbus des
„Volkshelden" nicht so perfekt auf einen Adeligen? Spätestens ab 1823 – eine Gruppe junger Kaiserjäger holt Hofers
Leichnam in einer Nacht- und Nebelaktion aus seinem Grab
in Mantua und transferiert die Gebeine nach Innsbruck; ein
Ehrengrab in der Hofkirche wird von den Habsburgern zur
Verfügung gestellt – kann Hofers posthumes Ansehen bei
den jeweiligen habsburgischen Regenten der Habsburger als
hergestellt betrachtet werden.
Innerhalb von drei Monaten wird vom Bayern Zeno Diemer,
einem Schüler Defreggers, 1896 das Riesenrundgemälde in
Innsbruck fertiggestellt. Auf einem Panoramabild – Bilder
dieser Art waren zu der Zeit europaweit sehr verbreitet –
wird ein Tag der sogenannten Bergiselschlachten abgebil-
det. Über Jahrzehnte ein (touristischer) Magnet für Tiroler
und neugierige Reisende, ist das Gemälde ab den 1980er
Jahren immer mehr der Bedeutungslosigkeit anheimge-
fallen. Erst seit 2006 geht's wieder zur Sache: Findige
Museumsmacher wollen das Gemälde als Herzstück eines
neuen *Bergiselmuseums* auf den Bergisel transferieren –
die denkmalschützenden Gegner des Projekts haben eine
Bürgerbewegung gegründet. Jetzt wird die Politik über
Verbleib oder Transferierung des Gemäldes entscheiden.

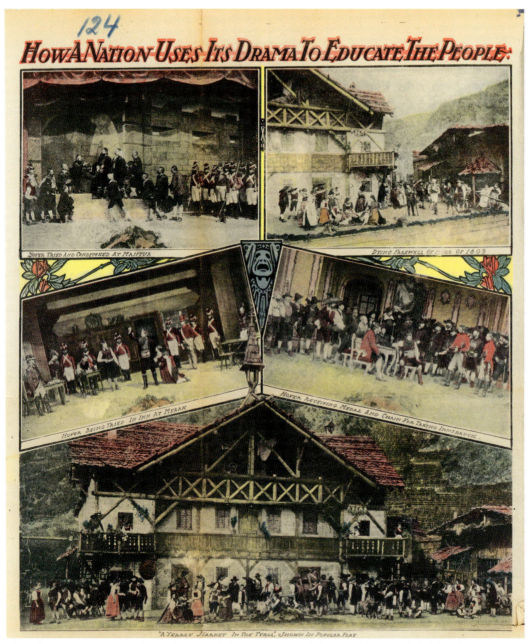

"How a Nation uses its Drama to educate the people", in: The Chicago Sunday Tribune, 1909, TLMF, Bibliothek, FB 9386/124

Eine von zahlreichen Festivitäten rund um die Jahrhundertwende zum 20 Jhdt., die den Hype rund um Andreas Hofer auf politischer Seite besser verwertbar machten, ist das 100-Jahr-Gedenken an das Herz-Jesu-Gelöbnis von 1796. Eine wahre Flut von Denkmälern, die Hofer und seinen Mitstreitern gewidmet sind, wird im selben Zeitraum an beinahe allen historischen Stätten der Kämpfe von 1809 errichtet. Allen voran das Hofer-Denkmal am Bergisel, das 1893 fertiggestellt wird.

1867 begeht man Hofers hundertsten Geburtstag mit der Grundsteinlegung einer Herz-Jesu-Votivkapelle beim Sandhof in St. Leonhard im Passeier. Diese Kapelle wird am 20. September 1899 im Beisein des Kaisers Franz Joseph I. eingeweiht. Die Kriegsjahre in Tirol im beginnenden 19 Jahrhundert sind inzwischen zum „Tiroler Heldenzeitalter" avanciert – die Ereignisse von 1809 und Andreas Hofer sind damit zum „staatstragenden Mythos" aufgestiegen. Welche Strahlkraft muss der Mythos um die Figur Hofers für den Kaiser haben, wenn er den beschwerlichen Weg von Wien nach St. Leonhard im Passeier auf sich nimmt, um dort bei der Einweihung einer Kapelle zu Ehren Hofers dabei zu sein? Es ist vor allem die Konservative Partei in Tirol, die Hofer für die Beibehaltung der katholischen Landeseinheit in dieser Zeit als „frommen Kämpfer" zum Märtyrer für ihre Sache stilisiert. Was können die wenigen historisch fundierten Beiträge dieser Zeit zum Thema gegen einen solchen Schwall von politischen Verklärungsversuchen ausrichten? So war für die große 100-Jahr-Feier 1809–1909 der Boden gut bereitet: Der Kaiser benutzt die Reise zur Jahrhundertfeier durch seine Länder zu einer Propagandatour. Für den inzwischen beinahe Achtzigjährigen eine Strapaze, die angesichts der politischen Gegebenheiten wohl Sinn macht: Der Irredentismus nagt stark an den welschtirolischen Gebieten. Nicht zuletzt ist die Teilnahme einiger Welschtiroler Schützen-Verbände an den 100-Jahr-Feiern ein Ausdruck der Zugehörigkeit zum habsburgischen Reich! Aus heutiger Sicht scheint es opportun, die nationalistische Grundtendenz in der Glorifizierung der Ereignisse von 1809 in einen Pro-Habsburg-Patriotismus umlenken zu wollen. Das Jahr 1909 wird damit zu einem bisher nicht dagewesenen Höhepunkt in der Rezeption von 1809:

Habsburger, Politiker, geistliche Würdenträger, Künstler und weite Teile der Bevölkerung schwimmen auf einer von Patriotismus erfüllten Welle durch ein Jahr der unkritisch hinterfragten Verehrung. Tirols Treue zum Kaiserhaus war die Kernbotschaft der Feiern.

Eine eigene Festzeitung berichtet über Wochen täglich von den Ereignissen, zahlreiche in- und ausländische Zeitungen geben sich ein Stelldichein: Die Heldengeschichte, von den Habsburgern in Tirol abgefeiert, erweckt sogar das Interesse jenseits des großen Teichs. *The Chicago Sunday Tribune* beschreibt unter dem Titel „How a nation uses its drama to educate the people" die Inszenierung eines Hofer-Dramas, das sich zu dieser Zeit hoher Beliebtheit erfreut. Erkennt der (unbekannte) Autor des Artikels etwa in der Überschrift, welche Macht in der unreflektierten Projektion des historischen Mythos in die jeweilige Gegenwart liegt? Liest man den Artikel zu Ende, wird man eines Besseren belehrt: einfache Wiedergabe der für ihn wunderbaren Landschaft und der heldenhaften Darsteller des Hofer-Dramas.

Die Jahrhundert-Gedenkfeiern im Jahre 1909 stehen in zahllosen Orten Tirols im Zeichen des patriotischen Gedenkens an den Freiheitskampf der Tiroler gegen ihre äußeren Feinde. Öffentliche Gelder werden großzügig zur Verfügung gestellt, um an den Mythos von 1809 zu erinnern bzw. ihn zu reproduzieren. 30.000 Schützen defilieren am 28. August 1909 stundenlang vor dem Kaiser und allen anwesenden weltlichen und geistlichen Würdenträgern. Zahlreiche Schaulustige sind gekommen – Würsteln und Semmeln gibt's: eine prägende Erinnerung für viele!

Das über mehrere Tage andauernde Rahmenprogramm ist manchem zeitgenössischen Kommentator zu viel.

Carl Techet, ein Lehrer aus Wien, 1907 nach Kufstein versetzt, ist einer von denen, die unter „der Enge der sozialen Umwelt und an kulturellem sowie wissenschaftlichem Mangel" im damaligen Tirol leiden. Am 26. Oktober 1909 wird sein Werk *Fern von Europa – Tirol ohne Maske* unter dem Pseudonym Sepp Schluiferer herausgebracht. Techet stellt die Tiroler als hinterwäldlerisch, dumm und einfältig dar. Schnell als Autor enttarnt, wurde Techet in den Medien seiner Zeit in Tirol verrissen, suspendiert nach Mähren strafversetzt und starb im Alter von 43 Jahren.

Im selben Jahr erschien Josef Hirns heute noch gültiges Werk über den Aufstand von 1809 unter dem Titel *Tirols Erhebung im Jahre 1809*. Seit hundert Jahren ist es das Standardwerk, auf das sich heute viele Wissenschafter berufen. Allerdings lässt Hirn, so wie zahlreiche weitere Historiker, Texte, die nicht in das schon damals sehr genau beschriebene und bekannte Bild des mythischen Freiheitshelden Hofer passen, gerne weg.

In den Jubiläen kommt das Geschichtsbewusstsein einer Gesellschaft zum Ausdruck – zumindest das der dominierenden, politisch vorherrschenden Gruppierung. Ziel ist, durch das Erinnern an Teile von gemeinsamer Geschichte ein Gefühl von Gemeinsamkeit in der Gegenwart zu erzeugen. Teile von individueller Identität sollen in kollektive, gemeinsame Identität gewandelt werden. Politische Ziele sind in diesem gemeinsamen Erleben von Vergangenheit in der Gegenwart leichter zu transportieren. Politiker leiten über die gezielte Auswahl von Teilen von Geschichte und deren ritualisierte Projektion gerne Aufträge für die Gegenwart und Zukunft ab. Das Interesse an der Dekonstruktion von Mythen, die den Machterhalt unhinterfragt sichern helfen, ist verständlicherweise nicht sehr groß.

Der Politiker ist Selbstdarsteller und letztlich Motor von historischen Mythen.

Es ist bezeichnend – besonders für die Geschichte des 20. Jahrhunderts –, dass historische Mythisierungen in politisch labilen Situationen steigende Bedeutung erhalten. Andreas Hofer und die Ereignisse von 1809 werden über das ganze 20. Jahrhundert bis heute in vielfältiger Weise immer wieder als Vorlage für Spielfilme, Dokumentationen, Berichterstattungen im Radio und Fernsehen verwendet. Mit zunehmendem Bedeutungswandel und Einfluss der „bewegten" Medien gegenüber dem gedruckten Wort sind der Transfer von Mythen und die Möglichkeiten der Politik, dieselben über diese Medien zu instrumentalisieren und zu formen, größer geworden. Die Popularisierung des Mythos erreicht somit eine Breitenwirkung, die er so vorher nicht gehabt hat.

Anlässlich der Gedenkfeiern 1809 – 1909 wurde der erste Film zur Thematik „Andreas Hofer – 1809" produziert Titel: *Andreas Hofer*. Weitere sechs Dokumentarfilme über die Gedenkfeiern entstanden. Der Mythos hatte damit seinen Weg zum Film gefunden!

Als eines der weiteren frühen filmischen Werke zum Thema ist das Beispiel *Speckbacher* aus dem Jahr 1913 zu erwähnen: ein Film, der mit großem Erfolg vor dem Ersten Weltkrieg in den Kinos gezeigt wurde. Das an Originalschauplätzen verfilmte Epos verschlang die enorme Summe von 60.000 Kronen – 2009 soll er digital restauriert als einer der Höhepunkte des Gedenkjahres aufgeführt werden. Zahlreiche filmische Bearbeitungen begleiten von nun an den Mythos über alle politischen Perioden hinweg bis in unsere Tage. 2009 entstehen mehrere Spielfilme und Dokumentationen zum Thema: Auch in filmischer Hinsicht scheint der Mythos noch lange nicht seinen letzten Auftritt gehabt zu haben.

Während des Ersten Weltkrieges wird der „Geist Andreas Hofers" mehrfach für die Stärkung des Wehrwillens der Bevölkerung heraufbeschworen. Von Straßenplakaten darf er für Kriegsanleihen und für die allgemeine Bereitschaft für den Krieg werben.

Der monarchistische, habsburgtreue Aspekt in der historischen Präsentation Andreas Hofers wird in der jungen Ersten Republik schleunigst wieder revidiert.

Blütezeit des Andreas-Hofer-Kultes mit der Stoßrichtung gegen den „welschen" Erbfeind und Eindringling, ist die Zeit nach dem Ersten Weltkrieg: Andreas Hofer wird ab sofort vielfach auf politischer und propagandistischer Ebene im Kampf für die vom Faschismus entrechteten und unterdrückten „deutschen Brüder" in Südtirol und für die Beseitigung der Brennergrenze mobilisiert. 1921 hat Hofer als Stimmenwerber für den Anschluss an das Deutsche Reich seinen Auftritt: Entschlossen fordert er die Tiroler von Plakaten herunter auf, sich bei der Abstimmung am 24. April für den Anschluss an das Deutsche Reich zu entscheiden. Diese folgen dem Ruf mit überwältigender Mehrheit – der Glaube an die noch sehr junge Erste Republik war wohl zu gering – und wurden lediglich durch das Nein der Alliierten gehindert. Dass die Bayern als Teil des Deutschen Reiches und historische Gegner von 1809 damit zu Verbündeten geworden wären, blieb ohne Widerhall in der öffentlichen Meinung

Nicht oft werden 125-Jahr-Jubiläen begangen: doch dem Ständestaat sind viele Mittel recht, um politische Propaganda gegen das nationalsozialistische Deutschland zu machen. Hofer ist schnell zum Retter des christlichen Abendlandes umfunktioniert. Da ist's nicht weiter verwunderlich, dass der Tiroler Kurt Schuschnigg in seiner Festrede die Ermordung des Bundeskanzlers Engelbert Dollfuß mit Hofers Ableben und „Heldendasein" gleichstellt. Die unauflösbare Zugehörigkeit Tirols zu Österreich wird bei dem Anlass ebenfalls in diesen historischen Kontext gestellt. Statt zu versuchen, das konfliktbehaftete Thema einer Lösung zuzuführen, erfinden, übernehmen und adaptieren die Austrofaschisten die passenden mythischen Klischees und transferieren diese ins Jetzt. Sind doch damit die Wunden der Gegenwart leichter annehmbar und die Verantwortung für diese ebenfalls irgendwo in der Geschichte zu verorten.

Anlässlich der Kampagne für die am 9. März angekündigte und für den 13. März 1938 vorgesehene Volksbefragung wird das vermeintliche Hofer-Zitat „Mander, es ist Zeit!" auf Plakaten bemüht. Schuschnigg schließt seine letzten Worte „für die Rettung Österreichs" am 9. März1938 ebenfalls mit den Worten „Mander, 's isch Zeit!" – viel Rummel um ein Zitat, dessen Authentizität bis heute nicht belegt werden konnte.

Die nationalsozialistische Propaganda hat wenig Mühe, auf die Geschichte Tirols Bezug zu nehmen. Der Boden ist gut bereitet, um Kontinuitäten vom Tiroler Freiheitskampf und Andreas Hofer über die Abstimmung von 1921, die mit einem überwältigenden Votum für den Anschluss geendet hatte, bis hin zum Anschluss 1938 herzustellen.

Andreas Hofer als deutscher Held! Er wird als Führer des „ersten deutschen Volkskrieges der neuzeitlichen Geschichte", als „deutscher" Held präsentiert. Der Tiroler Gauleiter Franz Hofer kann kaum an sich halten, wenn er von „Andreas Hofers größter Sehnsucht, der Heimholung Österreichs ins Reich aller Deutschen" ins Schwärmen gerät. Freilich: Die Verehrung hat ihre Grenzen! Gibt es doch viele lebende deutsche Helden und könnte doch der eine oder andere sich daran stoßen, dass Hofer der katholischen Kirche sehr zugetan und dem Hause Habsburg sehr ergeben war.

Wir schreiben das Jahr 1945: Schnell müssen aus loyalen Tirolern zumindest gute Österreicher werden. Wie auch andernorts greift man auf ein bekanntes Muster zurück: Man bedient sich eines alten Helden und steckt ihn in ein neues Gewand, um gerade vor den in den ersten Nachkriegsjahren vorherrschenden politischen und wirtschaftlichen Unwegsamkeiten abzulenken. Was ist zu tun? Lediglich der großdeutsche, nationalsozialistische Bezug im Mythos muss entfernt werden und schon zeigt sich der heimattreue Held, der allen kriegshinterbliebenen Tirolern zum Vorbild gereichen kann. Als zusätzliche identitätsverbreitende und stärkende Brise gibt man eine neue Landeshymne dazu: So wird das *Andreas-Hofer-Lied* mit Wirksamkeit per 31. August 1948 zur Landeshymne. Bis heute gehen die Wogen hoch, wenn jemand an die Landeshymne will. Unter Androhung einer Geldstrafe ist jegliche veränderte Wiedergabe der Landeshymne bis heute verboten. Seit dem Beginn der 1990er Jahre werden alle Versuche von Adaptierungen im Anfangsstadium unterbunden.

Wir alle sind ritualisierungs- und traditionsbedürftig. Wir haben ein Bedürfnis nach Rückblick und Gedenken. Landeshymnen, wiederkehrende Gedenkfeiern und politische

Mander 's isch Zeit! - Kampagne des Frauenreferates des Landes Tirol, 2004

oder religiöse Veranstaltungen an Erinnerungsstätten gehören zu den Ritualen, die Mythen „am Leben" erhalten. In welcher Form diese (gemeinsamen) Rituale begangen werden, steht jedem frei: Werden die Rituale von politisch Verantwortlichen verordnet, manipuliert und gesteuert, ist die Grenze zum Missbrauch von Ritualen zur Untermauerung der eigenen Herrschaftsansprüche überschritten. In der sogenannten „Südtirolfrage" wird nach 1945 vor allem wieder damit begonnen, den die Einheit Tirols bewahrenden Hofer zu forcieren. In den von politischen Unsicherheiten gekennzeichneten ersten zehn Nachkriegsjahren sehen einige Politiker die Chance, eine neuerliche Verbindung zwischen Nord- und Südtirol herbeizuführen. In den 1950er Jahren des 20. Jahrhunderts ist die politische Welt in Tirol sehr übersichtlich: Der Bauernbund dominiert mit der ÖVP die politischen Geschicke im Land. Die katholische Kirche ist unumstrittene Landesreligion. Bildungsstand, Urbanisierung und Industrialisierung sind im österreichischen Vergleich relativ niedrig anzusiedeln. Tirols Langzeit-Landeshauptmann Eduard Wallnöfer ist es, der in zahlreichen Reden die Erinnerung an 1809 und im Zusammenhang damit den Freiheitsdrang, die Rechtschaffenheit, die Wehrbereitschaft, die Selbstständigkeit, die Landschaftsverbundenheit, die Heimattreue und die tiefe Religiosität aller Tiroler hervorkehrt. Interviews als Landeshauptmann gibt er gerne in seinem Büro am Schreibtisch sitzend: hinter ihm aufragend ein Gemälde von Andreas Hofers. Der Politiker als Hofers Erbe?

Das Autonomieabkommen Südtirols war noch sehr frisch – vieles war in der Realität nicht umgesetzt. So stand das Gedenkjahr 1809–1959 unter dem Motto, Gerechtigkeit für Südtirol zu fordern. Hofer wird zur politischen Leitfigur für den Kampf um die Einheit Tirols. Eine Dornenkrone wurde als Zeichen der Leiden der Südtiroler beim großen Festumzug in Innsbruck mitgetragen. Politische, diplomatische Verstimmungen entstehen, als die italienische Regierung Tiroler Politikern die Einreise zu Gedenkfeierlichkeiten nach Südtirol verweigert. Das alles passiert vor einem politisch konservativen und katholisch intakten Hintergrund – kritische Auseinandersetzungen mit dem Thema sind nicht bekannt.

Die *Südtirolfrage*, das zentrale Motiv der Gedenkfeierlichkeiten von 1959, ist der identitätsstiftende Anlass für die Südtirolaktivisten. 1959 ist gewissermaßen der Startschuss für die Attentatswelle der frühen 1960er bis 1970er Jahre in Südtirol – die sogenannten „Bumser" schaffen sich ihren Platz in der Tiroler Geschichte. Gelten doch schon für Andreas Hofer nur jene als Patrioten, die sich am Aufstand aktiv beteiligen bzw. sich nicht gegen diesen stellen. Damit klammert übrigens dieser eng gefasste Begriff von Patriotismus all jene aus, die zwar im selben Land leben – unter Umständen aber anderer Nationalität, Meinung, Weltanschauung oder Religion sind. Dieser ausgrenzende Aspekt von regional ausgeprägtem Nationalismus ist bis heute in Tirol stark präsent.

Am 24. Mai 1961 wird das Denkmal an der Todesstätte Andreas Hofers in Mantua gesprengt und am 1. Oktober 1961 das Andreas-Hofer-Denkmal am Bergisel. Als später „Ausläufer" muss am 26. September 1979 das Andreas-Hofer-Denkmal in Meran dran glauben. Betrachtet man die Reaktionen rund um diese und weitere Sprengstoffattentate, kann man davon ausgehen, dass gerade mit der Sprengung der Hofer-Denkmäler in Mantua und am Bergisel Hofer für viele gleichsam ein zweites Mal für „Ein Tirol" als Märtyrer gestorben ist. Nicht lange wartete man, die Denkmäler restauriert wieder auf ihre angestammten Sockel zu stellen. Für manche sind die Südtirolaktivisten bis heute die Reinkarnation der Helden von 1809. Inwieweit ein Teil der Aktivisten von damals das politische Geschehen und die öffentliche Wahrnehmung der beiden Teile Tirols bis heute mitgestaltet und prägt, ist nicht genau festzustellen. Die „heile" Tiroler Welt beginnt Anfang der 1970er Jahre abzubröckeln. Erste Probleme mit dem stark zunehmenden Transitverkehr und den Ausuferungen des Tourismus werden sichtbar. Die Kirchenaustritte mehren sich, die Verbindung zwischen Kirche und Politik als strukturelles Element der Tiroler Gesellschaft verliert zunehmend an Bedeutung und das Umweltbewusstsein von einzelnen Gruppierungen wird öffentlich. Vor allem im urbanen Raum kommt es zu einer ersten Abwendung von traditionellen Werten in der Politik und dem gesellschaftlichen Zusammenleben, die einen Wandel in der Tiroler Gesellschaft

Schützenmajor Klotz beim Andreas-Hofer-Gedenkumzug in Wien, 1968

einleiten. Die Diskussion um die tirolische Identität erhält neue Aspekte und Dimensionen. Trotzdem täuschen die politischen Strukturen in Tirol nach wie vor eine Kontinuität vor, die es gesellschaftlich nicht mehr gibt. Eine Diskussion darüber, wer denn nun ein „echter Tiroler" sei, ist bis heute nur ansatzweise geführt worden. Frauen kommen darin jedenfalls nicht bzw. nur am Rande vor. Was es heißt, ein Tiroler zu sein, das wissen – so wird behauptet – die Betroffenen selbst. Darüber zu diskutieren gilt als „untirolerisch". Hatten Printmedien und Fernsehen bis zum Beginn der 1970er Jahre wesentlich am Weitertransport des Mythos Hofer mitgearbeitet, so wurden jetzt erstmals kritische Beiträge publiziert und kritische Sendungen produziert. Nun wird kräftig am Mythos Andreas Hofer gerüttelt: Das Heldische steht für so manchen Kritiker nicht mehr im Vordergrund. Und wenn man schon einen neuen historischen

Helden braucht, dann doch lieber Michael Gaismair: In den 1970er Jahren kam der über Jahrhunderte in Vergessenheit geratene Tiroler Bauernführer zu neuen Ehren. Hatten sich Nationalsozialisten an ihm versucht, so war es jetzt ein Teil der Tiroler Linken, die den „Vertreter einer demokratischen Gesellschaft" dem „Despoten" Hofer vorzogen. Freilich: Die Gründung der Michael-Gaismair-Gesellschaft 1976 kann nicht darüber hinwegtäuschen, dass es nur einen großen Helden in der Tiroler Geschichte geben kann. Eine einseitige Erinnerungskultur kann keine Kontrahenten zulassen!
Das kann die politisch linken Gruppierungen nicht daran hindern, sich der Hofer'schen Unterstützung anzuvertrauen, wenn es beispielsweise gegen die Kraftwerke Hainburg und Zwentendorf geht. Beliebig scheint der Mythos für alle politischen Richtungen zu funktionieren. Selbst die Kritiker, die von Missbrauch und Instrumentalisierungen von Mythen sprechen, tragen ihren Anteil dazu bei. Sie erzeugen neue Klischees, halten den Mythos in der öffentlichen Auseinandersetzung und schaffen mit dem Versuch der Demaskierung der Mythen, neue Mythen. Vor allem zu angesagten Jubiläen mehrt sich die Zahl derer, die den Mythos von vielen Seiten für ihre Zwecke bearbeiten.
So auch im Jahr 1984. 175 Jahre sind vergangen – ein Jubiläum der besonderen Art soll begangen werden. Mehr als fünf Jahre vorher hat die Politik die Weichen gestellt: Alle im Land sollten ihren Teil der Jubiläumsfeierlichkeiten bekommen. Nicht zuletzt sind es diese fünf Jahre währenden Vorbereitungen für das Gedenkjahr, die der ÖVP bei den Landtagswahlen 1984 mit 64,4% den höchsten Stimmenanteil seit ihrem Bestehen in Tirol seit 1945 einbrachten. Man hat mit großen finanziellen Aufwendungen die Bevölkerung nicht nur auf ein Gedenkjahr, sondern auch auf eine Landtagswahl vorbereitet. Die Aufbringung aller erdenklichen Mittel, um die Tirolerinnen und Tiroler wieder zu mehr Traditions-, Religions-, Brauchtums- und Heimatbewusstsein aufzumuntern, gepaart mit dem Charisma eines „Landesvaters" Wallnöfer, entsprach ganz dem Programm der Tiroler ÖVP. Ignaz Zangerle, einer der Kommentatoren der Feierlichkeiten 1959 tritt mit folgendem Statement an die Öffentlichkeit: „Im Jahr 2009 werden wir uns auf keinen Fall mehr den Luxus patriotischer Schattenspiele leisten können."

Alexander Kröll, Die Freiheitskämpferin, 2007, Collage

Kritiker wollen eine Wiederholung der Ereignisse von 1959 vermeiden. Es soll nicht aufs Neue zu einem unhinterfragten Abfeiern alter Traditionen kommen. Demgegenüber stand die offizielle Seite beider Tiroler Landesregierungen: Jahrzehntelang hatte man den Mythos um die Tiroler Freiheitskämpfe und Andreas Hofer instrumentalisiert und erweitert. Mehr als 30.000 Teilnehmer und über 100.000 Schaulustige sind schließlich dabei, als zum zweiten Mal eine Dornenkrone als Symbol für die Südtirolfrage beim wiederum als zentrales Herzstück der Feierlichkeiten angesetzten großen Landesfestumzug mitgetragen wird.

Zu Beginn der 1980er Jahre mehren sich Stimmen in Tirol, die sich mit dem „Heimathelden", „Freiheitshelden" oder „Volkshelden" Hofer zunehmend nicht mehr identifizieren wollen. Die historischen Fakten beginnen sich in ersten Ansätzen gegen den Mythos durchzusetzen. Vorerst bleibt die Kritik auf wenige Medien mit geringer Verbreitung beschränkt. Das Festhalten am traditionell-konservativen Image von 1809 vor allem von Seiten der ÖVP, der katholischen Kirche und der Tiroler Monopol-Zeitung *Tiroler Tageszeitung* kann nicht darüber hinwegtäuschen, dass sich gerade in intellektuellen, urbanen, jungen Tiroler Kreisen ein Umdenken

Beim Landesfestumzug 1984 wurde neuerlich eine Dornenkrone mitgetragen.

und ein Wandel der tradierten Klischeebilder im Vorfeld der Gedenkfeierlichkeiten von 1984 vollzieht.

Die gesellschaftlichen, politischen, kulturellen und wirtschaftlichen Veränderungen bewirken in Tirol eine Thematisierung der Begriffe Heimat, Landesbewusstsein, Tradition und Religion. Zu Beginn der 1980er Jahre ist der Boden für kritischere Reflexionen über Tiroler Freiheitskampf und Andreas Hofer geebnet. Trotzdem: Eine breiter geführte Diskussion über die Ereignisse von 1809 und deren Rezeption und im Zusammenhang damit über Themen wie Landesidentität, Provinz-Metropole-Verhältnis und einen „neuen Heimatbegriff" in einem

gemeinsamen Europa lassen bis heute auf sich warten. Nach 1984 wird's still um den Mythos: Sieht man von einer Diskussion um Beibehaltung oder mögliche Veränderungen der Landeshymne und den Standort der Dornenkrone aus dem Jahr 1984 ab, so führt der Mythos einen Dornröschenschlaf. Selbstverständlich: Alltagszitierbar bleibt er, der Mythos. Wenn es etwa um den Wahlkampf vor der Bundespräsidenten-Wahl 1999 geht. Richard Lugner beruft sich in einer Wahlkampfrede vor dem Goldenen Dachl wiederholt auf Andreas Hofer, mit dem gemeinsam er, Lugner, für ein „freies Tirol, für ein freies Österreich" kämpfe.

Wo sind die Grenzen der politischen Instrumentalisierung und wer darf über diese bestimmen? Sind Ereignisse und Personen des Jahres 1809 zwar über 200 Jahre häufiger von nationalen, konservativen und rechten politischen Kräften für ihre Zwecke eingesetzt worden, so macht die politische Linke vor einer Verwendung keinesfalls Halt. In den 1950er Jahren des 20. Jahrhunderts als „erster Vorkämpfer" gegen den Imperialismus, in den 1980er Jahren noch als Mitstreiter gegen Hainburg und Zwentendorf, hat´s Hofer bis zum Taliban geschafft. Der Innsbrucker Grüne Gerhard Fritz „erschreckt" die Tiroler Volkspartei 2006 mit seinem Sager, dass Andreas Hofer mit dem „obersten Taliban" vergleichbar sei. Da lässt der Landeshauptmann über die Medien ausrichten, dass „wir uns unseren Andreas Hofer nicht anschütten lassen!" Ein kleines Geplänkel im Vorfeld zu den für 2009 geplanten Feiern? Wohl weniger: 2005 beruft man von Seiten der Landesregierung eine Arbeitsgruppe ein, die sich um die Vorbereitungen der 2009er-Feiern kümmern soll. Hier versucht man die bevorstehenden Ereignisse möglichst „niedrig" zu halten – einhellige Meinung: Mehr als eine reine Pflichtübung soll nicht abgehalten werden.

Hans Haid – Volkskundler
(aus „Eine Mythosreportage" – Film 2009)
Der Anstoß muss 2009 gegeben werden, sonst hängen wir hinten nach, sonst sind wir tiefste, tiefste, tiefste alpine Provinz das sollten wir vermeiden, das könnten wir vermeiden. Der Tiroler ist immerhin eines der klügsten, vifsten Völker in den Alpen, aber auch eines der verkommensten.

Die Ereignisse spitzen sich zu: 2008 soll im Bundesland Tirol und in Südtirol ein neuer Landtag gewählt werden. Da wird am 30. November 2007 schon das Motto für 2009 von den Kulturlandesräten beider Länder bekannt gegeben: „Geschichte trifft Zukunft".
In den Jahren vor dem erwarteten Großereignis spricht man mancherorts von einer bloß „kabbalistischen" Pflicht, sich der Ereignisse zu erinnern: Lediglich den Landesfestumzug, den will man, und ein paar kleinere

Aktivitäten – flach spielen und kein Aufsehen erregen. Wer kann damit rechnen, dass parteipolitische Interessen vor Landtagswahlen die bewährten Versatzstücke der Tiroler Geschichte, Hofer, seine Mannen und die sogenannten „Tiroler Freiheitskämpfe", noch einmal ihre Dienste leisten dürfen? Flugs wird eine Agentur beauftragt, eine Kampagne zu lancieren: Jetzt soll Geschichte Zukunft treffen – und das mit geballter Ladung. Weder Mühen noch Kosten werden gescheut: Was an Tiroler Prominenz aufzutreiben ist, muss für einen Kino- und Plakatwände-füllenden Spot herhalten – „Tirol steckt in dir!" wird zum Submotto.
Dass die Südtiroler Partner diesen Teil der Kampagne nicht mittragen wollen (das Submotto wurde inzwischen von der gemeinsamen Homepage genommen), geht sang- und klanglos an der gelebten Realität vorbei. Ist´s ein Wink der Geschichte, dass der, der die Geister der alten Streiter rief und diese wortlaut vor jeglicher Auseinandersetzung schützt, letztendlich in der Niederlage enden muss? Hat man beim Motto etwa übersehen, dass die Gegenwart nach wie vor das Bindeglied zwischen Geschichte und Zukunft ist? An den Wahlerfolg von 1984 kann man jedenfalls nicht mehr anschließen – erstmals in der Zweiten Republik verliert man die absolute Mehrheit. Längst ist klar, dass die beiden Volksparteien im Bundesland Tirol und in Südtirol um ihre Mehrheiten kämpfen müssen und diese unter den veränderten Zeichen der Gegenwart keineswegs für die Zukunft gesichert gelten können.
1959 und 1984 ist es die Teilung Tirols, die bei den Gedenkfeiern Thema ist. 2009, in einem vereinten Europa, ist dieser Ansatz nicht mehr aktuell – die Brennergrenze aufgehoben. Fast scheint es, als wäre dem Jubiläum der Anlass abhanden gekommen. Doch für einige wenige stecken die Stacheln der Geschichte nach wie vor unverändert im Fleisch der Erinnerung. Eine Dornenkrone soll auch diesmal als Symbol der schmerzlichen Trennung beim Landesfestumzug mitgetragen werden. Die Politik reagiert vorerst gelassen: Das stachelige Leidenssymbol wird von beiden Landeshauptleuten im Herbst 2008 als nicht akzeptabel abgetan. Grund genug für die Proponenten der Dornenkrone-Befürworter, Mitglieder des Südtiroler Schüt-

zenbundes, einen Wettbewerb für eine an die inzwischen veränderten Umstände angepasste Dornenkrone auszuschreiben. Der Streit ist entfacht und beschäftigt über Wochen die Medien in Tirol und Südtirol. Eine zerrissene EU-Fahne auf einer Dornenkrone gewinnt den Bewerb – doch damit will die Politik sich nicht identifizieren. Ein weiterer Wettbewerb endet in einem für alle Beteiligten konsensualen Ergebnis: Eine „Rosenkrone" schlichtet die Streitigkeiten. Die Dornenkrone aus dem Jahr 1959 wird, mit Rosen geschmückt, Teil des Landesfestumzugs bilden. Glaubt man der Politik, sollen die Rosen „für das gemeinsame Tirol auf einem blühenden Weg im Herzen Europas" gestreut werden.

So mancher hat 1984 anlässlich der 175-Jahr-Gedenkfeiern das Ende der Hofer'schen Heldenverehrung herbeigesehnt, ist für eine Entstaubung des Mythos eingetreten, – 2009 scheint alles wieder anders: Hat der Mythos wieder Konjunktur?

2009 will man dem Mythos auf die Spur kommen – zum wiederholten Male: Jetzt soll die historische Figur abseits des Mythos im Mittelpunkt stehen – nur: Wer glaubt das bei all den vorgesehenen Mythos-Erhöhungen, der Wiederkehr von Dornenkrone, Festumzug und zahlreichen konservativ-revisionistischen Veranstaltungen? Was richtet dagegen wissenschaftlich fundierte Entmythologisierung aus? Wer liest und/oder sieht diese Arbeiten, und haben diese im Gegensatz zu „volksnahen" Popularisierungen und Polarisierungen des ewig Gleichen, Gestrigen eine Chance?

Die Mehrheit bekommt die leicht verdauliche Kost: Ein bisschen was von Heldentum, „Mir-sein-mir"-Image, bigotter Heiligenverehrung und Geschichts-Mythologisierung, gepaart mit politisiertem und kampagnisiertem Patriotismus, scheinen auch 2009 der passende Cocktail für erfolgreiches „Tirolertum".

Nur: Entspricht der Mythos um geschichtliche Ereignisse von religiösen, patriotischen und verteidigungsbereiten Männern den heutigen Wünschen und Erfordernissen in Tirol? Es wäre bei weitem zu kurz gegriffen,

die Genese der Mythen, die die Tiroler Realität seit 200 Jahren begleiten, auf Vermögen und Einfluss der Politik zu reduzieren. Vielmehr ist es ein vielschichtiges Agieren und Verlangen vieler, das diese Mythen 200 Jahre lang am Leben erhalten hat können. Touristiker, Vertreter des katholischen Glaubens, Trachtenverbände, zahlreiche Wissenschaftler und Künstler, Marketingfachleute und jeder Einzelne in seinem Alltag hat Beiträge zur Tradierung und Anreicherung dieser Mythenwelt geleistet.

Andreas Braun - ehemaliger Direktor der Tirol-Werbung(aus: „Eine Mythosreportage" – Film 2009)
Die Zeit 1981 bis 1994, wo ich hier mit diesem Phänomen Tirol berufsmäßig in Verbindung kam, war sicher geprägt davon, dass diese Fremdklischeebestimmung, dass diese Erwartungs- und Erfüllungsneurose des Tirolers, dass er in ein Bild hineinspringen sollte, das letztlich durch die Geschichte und alle möglichen Faktoren ein fremdbestimmtes war, dass er sich in dieser kolonialen Falle spielerisch aufhalten soll, aber sich selbstreflexiv überlegen sollte, in welche Identität er sich hier theatralisch bewegt.

Sehnsüchte und Ängste sind es, die Mythen für viele interessant werden lassen.

In einer Zeit der Angstmacherei, gepaart mit öffentlich propagiertem Unvermögen von Politik – Lösung scheint nicht das Wohl der Bürger, sondern der eigene Vorteil zu sein –, sehnen sich immer mehr Menschen danach, ihre Angst loszuwerden, sich zu schützen gegen all das Übel, das da kommen mag oder schon da ist. Da ist der Mythos ideal: Hat der Mensch im Mythos doch das Schlimmste bereits hinter sich, alles mehr oder weniger gut überstanden. Helfen Mythen doch, eigenes Unwohlsein zu relativieren! Der Mythos hilft den Menschen, wenn sie keine rationale Erklärung für ihre Ängste haben oder zulassen wollen. So ist es für viele einfacher, den Mythen und denen, die sie für sich am besten nützen können, Glauben zu schenken, als die Lage zu ergründen und politische Veränderung zumindest in ihrem eigenen Bereich zu versuchen. Der Schlüssel für einen künftig offenen, reflektierten Umgang mit eigener Geschichte und den Mythen der Vergangenheit, die sich in der Gegenwart wiederholen dürfen, liegt in einem positiven und breit angesetzten Bildungszugang und dessen Förderung durch die politisch Verantwortlichen. Mythen weichen zurück, wo Realität Platz greifen darf.

Thomas Müller – Kriminalpsychologe
(aus „Eine Mythosreportage" – Film 2009)
Angst ist die Volkskrankheit Nummer eins momentan: Angst, den Job zu verlieren, Beziehungen, finanziell, alles Mögliche. In der Situation versuche ich mich anzuklammern, und wenn es jemanden gibt, der einen positiven Mythos in seinem Sinne verdreht und in seinem Sinne verkehrt, dann kann es gefährlich werden.

Für die Menschen in Tirol im beginnenden 19. Jahrhundert ist Freiheit nicht die Freiheit von alten Werten, sondern die Freiheit sich zur Zugehörigkeit zu den Habsburgern zu bekennen, die eigene Religion als einzige zu akzeptieren, eine patriarchalische Ordnung zu verlangen und für konservative Werte zu stehen. Es ist in der Menschheitsgeschichte wiederholt zu beobachten, dass man in Zeiten drohender politischer und wirtschaftlicher Instabilität

Althergebrachtes und Erprobtes dem Neuen vorzieht. Andreas Hofer und die Ereignisse von 1809 sind in der Tiroler und österreichischen Geschichte dafür immer wieder gut gewesen und haben ihre Funktionalität unter Beweis stellen können.

Hofer- und 1809-Mythen sind nur ein Teil der Tiroler Mythenwelt: Diese reichen, wenn man sich die wesentlichen politisch wirksamen und verwendeten Mythen ansieht, vom Mythos Tirols als „ältester Festlanddemokratie", dem „heiligen Land Tirol", der „Insel der Seeligen" bis hin zu den diversen Mythen rund um die Zugehörigkeit Südtirols zu Italien. Es ist ein richtiger Mythenmix, der Vergangenheit und Gegenwart in Tirol prägt: Beinahe beliebig erscheinen die Möglichkeiten, sich aus diesem Portfolio zu bedienen. Nähren sie doch sämtliche Vorstellungen und Klischees des „Tirolseins" nach innen und außen und sind für viele Tirolerinnen und Tiroler Reservoir für ihren individuellen und oftmals institutionalisierten Wertekatalog.

Die Mythen rund um 1809 eignen sich, aus der Schublade der Geschichte genommen zu werden: Sie sind – trotz der vielen verschiedenen Werte, die man darin gesehen hat und sehen will – Mythen des Versagens, des persönlichen, menschlichen Scheiterns, und haben damit etwas, mit dem sich viele Menschen identifizieren können.

Fotoshooting Politik mit Jugend bzw. Wirtschaft anlässlich Kampagne
Tirol steckt in dir, 2008

Landesschützenkommandant Otto Sarnthein, Landeshauptmann Günther Platter und Landtagspräsident Herwig van Staa beim großen Zapfenstreich am 25. Oktober 2008

Die sogenannten Freiheitskämpfe haben den gewünschten Erfolg, die Zugehörigkeit zum habsburgischen Österreich, nicht erreicht und ihr Protagonist wurde hingerichtet.

Ein Mythos lebt durch die Personen, die ihn bilden, tragen, transformieren und ihn für die kommenden Generationen am Leben erhalten, ihm neue Attribute anhängen, alte stärker betonen, ihn in Frage stellen… Ganz einfach: Der Mythos lebt durch die Beschäftigung mit ihm selbst. Erst in der Projektion des Mythos und der praktischen Anwendung von Ritualen und Symbolen erlangt er aufs Neue an Geltung. Gesetzmäßigkeiten sind da nicht festzustellen. Wir Menschen sind es, die Mythen und Geschichten benötigen, diese erzählen wollen oder erzählt bekommen wollen. Und: Das „Tirolersein" erlebt einen neuen Hype – T-Shirts werden mit Tiroler Adlern bestickt und erfreuen sich bei der Jugend eines enormen Absatzes, Marketingkampagnen unter dem Titel „Mander, ´s isch Zeit!" füllen die Kassen – da dürfen Geschichte und vor allem damit zusammenhängende erfolgversprechende Klischees beliebig von Unterwäsche über Christbaumkugeln bis hin zu Bieretiketten transportiert werden. Grenzen dieses Handelns scheinen lediglich in Erfolg oder Misserfolg zu liegen! Sehen sich heutige Politiker in Tirol als Hofers Erben? Es sind auf alle Fälle Generationen von politisch Verant-

wortlichen, die durch ihre Art, sich des Mythos Andreas Hofers und der Ereignisse von 1809 zu bedienen, sehr viel dazu beigetragen haben, den Blick auf die Realität zu verschleiern, Realitäten nicht zuzulassen und damit einen großen Anteil an der Verklärung eines wesentlichen, aber mit Sicherheit nicht des wesentlichsten Teils der Tiroler Geschichte und Gegenwart beizutragen. Sie sind es, die Klischees und Vorurteile einem offenen, ehrlichen und ungeschminkten Blick auf die Realitäten immer wieder mit der Wiederholung der alten Muster in Hinblick auf die Verwendung historischer Mythen im Wege stehen. Der politische Eventkalender für 2009 ist prall gefüllt mit Möglichkeiten, die alten Muster zu verändern!

Luis Durnwalder – Landeshauptmann von Südtirol (aus „Eine Mythosreportage" – Film 2009)
Wenn Sie heut' z.B. Khomeini hernehmen, dann ist es der Typ Khomeini, der damals gesagt hat: Wir müssen den Islam hochhalten gegen den Schah. Oder Che Guevara, der geglaubt hat: Wir müssen gegen den Kapitalismus, wir als kleine, unbedeutende Arbeiter müssen gegen die Kapitalisten ankämpfen, und so war's auch bei Andreas Hofer. Es war anders als bei Khomeini, aber es war etwas, was übrig geblieben ist, eine ganz besondere Leistung, die nicht fingiert war.

Meinrad Pizzinini (links) überreicht LH Günther Platter das Buch
Andreas Hofer: Seine Zeit – sein Leben – sein Mythos
Dezember 2008

Jugendliche haben Andreas-Hofer-Bier-Etiketten gestaltet, 2009

AUTORINNEN UND AUTOREN

Mag. Karl C. Berger

geb. 1976 in Lienz, aufgewachsen in Matrei/Osttirol, Studium der Volkskunde und der Politikwissenschaft an der Universität Innsbruck; 2001–2008 Vertragsassistent für Europäische Ethnologie/Volkskunde an der Universität Innsbruck; seit 2008 wissenschaftlicher Mitarbeiter im Tiroler Volkskunstmuseum der Tiroler Landesmuseen; Vorstandsmitglied des Österreichischen Fachverbands für Volkskunde.

Dr. Günther Dankl

geb. 1953 in Schwaz, Studium der Kunstgeschichte und der Vergleichenden Literaturwissenschaften in Innsbruck und Salzburg; seit 1985 wissenschaftlicher Mitarbeiter im Tiroler Landesmuseum Ferdinandeum, zunächst als Kustosassistent, später als Kustos der Graphischen Sammlungen; Fachgebiet: österreichische und internationale Kunst des 20. und 21. Jahrhunderts, Medienkunst; Kuratierung zahlreicher Ausstellungen; Publikationen zur Kunst des 20. Jahrhunderts und zur Gegenwartskunst.

Mag. Dr. Franz Gratl

geb. 1973 in Innsbruck, Studium der Musikwissenschaft und der Geschichte an der Universität Innsbruck, Dissertation über die Kirchenmusik des Böhmen Johann Zach (1713–1773); 2002–2008 freier Mitarbeiter des RISM (Répertoire International des Sources Musicales – Internationales Quellenlexikon der Musik) Tirol-Südtirol & OFM Austria, Erfassung historischer Notenbestände, seit 2006 wissenschaftlicher Mitarbeiter und seit 2007 Kustos der Musiksammlung des Tiroler Landesmuseums Ferdinandeum; Forschungen und Beiträge zur Musikgeschichte Tirols, zur Kirchenmusikgeschichte und zur Musikikonographie; Lehrtätigkeit am Institut für Musikwissenschaft der Universität Innsbruck.

Mag.ª Susanne Gurschler

geb. in Meran, Studium der Deutschen Philologie/Fächerkombination an der Universität Innsbruck; Kulturjournalistin, lebt in Innsbruck, hat keinen zweiten Wohnsitz und findet, die Berge nördlich und südlich des Brenners sind ähnlich hoch.

Dr.in Eleonore Gürtler

geb. 1961 in Kufstein, Studium der Kunstgeschichte und der Germanistik an der Universität Innsbruck; seit 1988 wissenschaftliche Mitarbeiterin im Tiroler Landesmuseum Ferdinandeum, seit 2004 Kustodin der Älteren Kunstgeschichtlichen Sammlungen; Publikationen zur Tiroler Kunstgeschichte; Kuratierung zahlreicher Ausstellungen u.a.m.

Dr. Günther Hebert M.A.

geb. 1940 in München, Studium der Neueren Geschichte, Bayerischen Geschichte und Politik an der Universität München, Dissertation über das Alpenkorps; Schwerpunkt: Militärgeschichte (findet diese „nicht ganz so geistlos, wie manche meinen"), 30 Jahre Tätigkeit in der Bundeswehr, die letzten Jahre im Militärgeschichtlichen Forschungsamt mit Schwerpunkt Geschichte der NATO, Mitarbeit an einer Edition des Schriftwechsels zwischen Kurfürst Maximilian I. von Bayern und seinen drei Gesandten auf dem Westfälischen Friedenskongress zu Münster und Osnabrück 1643–1648, hg. v. der Kommission für bayerische Geschichte bei der Bayerischen Akademie der Wissenschaften.

Mag.ª Dr.ⁱⁿ Susanne Schaber

geb. 1961 in Innsbruck, Studium der Germanistik und der Anglistik; lebt seit 1986 als Literaturkritikerin und Autorin in Wien; zahlreiche Bücher, darunter *Herr Hofer und sein Hosenträger – Tiroler Gratwanderungen, Jakobsweg – Nordwestpassage zur Welt des Geistes* und *Großes Welttheater auf kleiner Bühne – Logenplätze in Friaul und Triest.*

Roland Sila

geb. 1971 in Bregenz, lebt seit 1989 in Innsbruck; seit 2007 Kustos der Bibliothek des Tiroler Landesmuseums Ferdinandeum; als gebürtiger Vorarlberger hat er keine belastete Vergangenheit bezüglich Hofer, motiviert durch den tiefen Ernst der Diskussion um 1809 machte er sich auf Spurensuche nach Humor.

Dr.ⁱⁿ Claudia Sporer-Heis

geb. 1961 in Innsbruck, Studium der Geschichte und der Klassischen Philologie an der Universität Innsbruck; seit 1988 wissenschaftliche Mitarbeiterin im Tiroler Landesmuseum Ferdinandeum, seit 2009 Kustodin der Historischen Sammlungen; Publikationen zur Tiroler Geschichte und Kulturgeschichte; Kuratierung zahlreicher Ausstellungen.

Mag. Siegfried Steinlechner

geb. in Hall in Tirol, Studium der Geschichte, der Politikwissenschaft und der Philosophie an den Universitäten Innsbruck und Wien; seit 1997 Redakteur und Projektmanager der Abteilung „Dokumentation und Archive" im ORF: u.a. Betreuung externer Projekte, Publikationen (z.B. *Des Hofers neue Kleider*), Konzepte, Drehbücher, Gestaltung und Regie von Dokumentationen (z.B. *Eine Mythosreportage*).

ABBILDUNGSNACHWEIS

Tiroler Landesmuseum Ferdinandeum, Innsbruck: 18; 20; 21; 25; 32; 34; 35; 36; 45; 47; 48; 49; 54; 56; 60; 61; 63; 64; 72; 84; 88; 89; 92 (links); 92 (rechts); 94; 96; 97 (links); 97 (Mitte); 98; 99; 100; 102 (links); 103; 104 (links); 104 (rechts); 105; 106 (rechts); 107; 108 (oben); 109; 110; 112; 113; 115; 116; 117; 119; 122; 125; 128; 129 (unten); 131 (links); 147; 162; 164; 166; 167; 169; 171 (oben); 171 (unten); 173; 178; 181.

Martin Gostner, Innsbruck: 31.

Frischauf-Bild, Innsbruck: 33; 39; 44.

Museum Schloss Bruck: 37.

Archivaufnahme: 38.

Max Weiler – Privatstiftung: 40; 41; 42.

Atelier Flatz, München: 43.

Rens Veltman, Schwaz: 50.

Markus Moosmair: 70.

Susanne Gurschler: 73; 75; 76; 77; 78; 81; 82.

Andreas Hofer: 79.

Andreas Marini, Meran: 86.

Südtiroler Schützenbund, Bozen: 90.

Abbildung mit Genehmigung des Stadtmuseums Bozen entnommen aus: Nössing, Josef/Frei, Mathias/Rizzolli, Helmut: Andreas Hofer, in: Museumsverein Bozen (Hg.): Bozen zur Franzosenzeit 1797–1814, Katalog Museumsverein Bozen 1984, Bozen 1984, Abb. S. 63.: 97 (rechts).

Franz Graf Spiegelfeld: 101.

Heeresgeschichtliches Museum Wien: 102 (rechts).

Abbildung entnommen aus: Pfaundler, Wolfgang/Köfler, Werner: Der Tiroler Freiheitskampf 1809 unter Andreas Hofer. Zeitgenössische Bilder, Augenzeugenberichte und Dokumente, München–Bozen–Innsbruck 1984, S. 282, Abb. Nr. 166.: 106 (links).

Abbildung entnommen aus: Hintze, Erwin: Gleiwitzer Eisenkunstguß, Breslau 1928, S. 34, Abb. Tafel 59, VII 19.: 108 (unten).

Schloss Bítov (Vöttau, Tschechien): 114.

Abbildung entnommen aus: Hammer, Heinrich: Franz von Defregger, Innsbruck 1940, Abb. S. 101.: 118.

Foto Lauterwasser, Überlingen: 120 (unten); 120 (oben).

Belvedere, Wien: 121.

Albert Pinggera, Meran: 124.

Abbildung entnommen aus: Der Föhn. Eine tirolische Halbmonatsschrift für Literatur, Kunst und Leben, 1909/10, S. 191, Abb. n. pag.: 126 (oben).

Heimatwerbung-Tirol: 126 (unten).

Eleonore Gürtler, Innsbruck: 129 (oben).

Foto entnommen aus: Lehmann, Gerhard/ Wieser, Dietmar: 100 Jahre Heimatmuseum. Fotosammlung: Kufstein – einst und jetzt, Kufstein 2008, Abb. S. 37.: 130.

Dietmar Wieser, Kufstein: 131 (rechts).

Universitätsbibliothek Regensburg: 137; 143; 151.

Bayerische Staatsbibliothek: 141.

Susanne Schaber: 157; 159; 160; 161.

Museum Passeier: 176.

ORF-Archiv, Wien: 183.

Abteilung Öffentlichkeitsarbeit Land Tirol: 188 (links); 188 (rechts); 189 (links).

Stiegl Bier: 189 (rechts).

Die Autorinnen und Autoren bemühten sich intensiv, die Rechte für die einzelnen Abbildungen zu wahren. Sollte es trotzdem zu unbeabsichtigten Versäumnissen gekommen sein, entschuldigen wir uns. Allfällige Ansprüche werden gerne nachträglich abgegolten